궁금해서
밤새 읽는
한국사

궁금해서 밤새 읽는 한국사

초판 1쇄 인쇄 · 2016. 7. 28.
초판 4쇄 발행 · 2019. 6. 30.

지은이 · 이근호
발행인 · 이상용 이성훈
발행처 · 청아출판사
출판등록 · 1979. 11. 13. 제9-84호
주소 · 경기도 파주시 회동길 363-15
대표전화 · 031-955-6031   팩시밀리 · 031-955-6036
E-mail · chungabook@naver.com

ISBN 978-89-368-1090-0   03900

* 잘못된 책은 구입한 서점에서 바꾸어 드립니다.
* 본 도서에 대한 문의 사항은 이메일을 통해 주십시오.
* 이 책에 사용된 사진 자료 중 일부는 저작권자를 찾지 못했습니다.
  저작권자가 확인되는 대로 정식 허가 절차를 진행하겠습니다.
* 사진 출처 : 국립중앙박물관, 전쟁기념관, 육군박물관, 규장각한국학연구원

이 도서의 국립중앙도서관 출판시도서목록(CIP)은 서지정보유통지원시스템 홈페이지(http://seoji.nl.go.kr)와
국가자료공동목록시스템(http://www.nl.go.kr/kolisnet)에서 이용하실 수 있습니다. (CIP제어번호: CIP2016017854)

한 권으로
압축한
한국사
완결판

궁금해서 밤새 읽는 한국사

이근호 지음

청아출판사

역사는 인간과 공간, 시간이 종합된 경험의 축적입니다. 역사학은 경험의 축적을 학문적으로 탐구하고 해석하는 학문입니다. 그런데 어렵습니다. 수년간을 공부하고 연구해도 이해하기가 쉽지 않습니다. 그럼에도 불구하고 배우고 공부해야 한다고 합니다. 왜? 한국인이기 때문입니다. 오늘의 '나'를 설명할 수 있는 학문이자 앞으로의 '나'를 만들어 나가는 기초가 되기 때문입니다.

몇 년 전 모 잡지에 연재한 글에서 우리 역사를 통해 '희망 찾기'를 해 볼 것을 제안한 바 있습니다. 자칫 이 말은 현실을 도피하자는 말로도 들릴 수가 있습니다. 또 예전을 회고하고 과대포장하자는 것으로도 들릴 수가 있습니다. 결코 그런 의도가 아닙니다. 인류가 이 땅에 정착해 살면서 부딪혔던 어려움을 극복해 나가는 과정, 그 과정을 통해서 새로운 세계를 만들어 나가는 모습, 그것이야말로 우리가 역사 속에서 찾고자 하는 희망입니다.

땅덩어리가 작아도 좋습니다. 역사의 시간이 짧아도 좋습니다. 어려운 역사적 현실을 헤쳐 나가며 당당히 역사의 주체로 섰던 우리 선조들의 모습을 찾아가는 것, 그것이야말로 진정한 역사에서 희망을 찾아가는 것이요, '나'를 이해하고 앞으로의 '나'를 설계하는 기초가 되지 않을까요.

이 책은 오랜 시간 속에서 활동했던 인물과 사건을 중심으로 한국사를 '사실적'으로 재구성해 본 것입니다. 물론 이 한 권으로 한국사를 다 담아낼 수도 없고, 또 반드시 그럴 필요는 없다고 봅니다.

다만 한국사의 흐름을 사실적으로 파악하는 데 도움을 주기 위한 차원에서 정리해 보았습니다. 비록 짧은 내용이지만 궁금해서 계속 읽다 보면 한국사의 거대한 흐름이 파악될 수 있을 것입니다.

부족한 부분은 시간을 두고 보완해 나가도록 하겠습니다.

2016년 7월

이근호

제1장 우리 역사의 시작

제2장 삼국 시대와 통일신라 시대

제3장 후삼국과 고려 시대

제4장 조선 시대

제5장 일제강점기

제6장 대한민국

제1장

우리 역사의 시작

만주와 한반도 일대에 인류가 살기 시작한 것은 70만 년 전 구석기 시대부터인 것으로 보인다. 그 후 신석기 시대, 청동기 시대, 철기 시대를 거치며 사회가 점차 발전하고 다양한 문화가 생겨났다.

구석기 시대에는 가족단위로 무리를 이루어 떠돌아다니며 고기잡이와 사냥 등으로 삶을 영위해 나갔고, 신석기 시대가 되어 농경생활을 시작하면서 씨족 단위의 부족 공동체를 이루었다.

이후 청동기 시대에 접어들면서 큰 변화가 시작되었다. 금속으로 만든 도구를 사용하면서 생산력이 증가되고 그에 따라 힘의 우열이 생겨나 계급이 탄생하게 되었다. 평등했던 부족 사회가 무너지고 권력을 가진 지도자가 나타나 국가라는 단위의 집단을 형성하게 된 것이다. 이를 배경으로 나타난 최초의 국가가 고조선이다.

이어 철기 문화가 보급되면서 농업의 발전과 경제 기반의 확대를 가져왔고, 우리나라 전역에 부여, 삼한 등 크고 작은 나라가 많이 세워졌다. 그 후 남북의 여러 나라는 각기 다른 자연 환경과 백성들의 적극적인 호응 속에서 보다 크게 성장해서 점차 규모를 갖춘 고대국가의 모습이 되었다.

석기 시대의 전개

요령성랴오닝성, 길림성지린성, 흑룡강성헤이룽장성 등 오늘날 중국의 동북삼성이 자리한 드넓은 만주 땅과 더불어 한반도는 우리 민족의 역사가 움트고 성장해 온 곳이다. 이 지역에 남아 있는 가장 오래된 흔적의 주인은 구석기인들로, 그들이 활동한 시기는 대략 70만 년 전까지 거슬러 올라간다.

구석기인들의 자취는 함북 웅기 굴포리를 비롯해 평남 덕천 승리산 동굴, 평양 상원 검은모루 동굴, 경기도 연천 전곡리, 강원도 강릉 심곡리, 충북 단양 금굴, 충남 공주 석장리, 제주 어음리 빌레못 동굴 등 한반도 전역에서 발견되었다. 그리고 만주 지역은 요령성 금우산 동굴과 길림성 석문산촌 동굴 등지에서 그 흔적을 찾아볼 수 있다.

구석기 시대에는 빙하기와 간빙기가 주기적으로 교대하는 가운데 해수면의 높낮이가 달라져 중국 대륙과 한반도와 일본 열도가 육지로 이어지기도 한 것으로 보인다. 그 사이를 떠돌아다니면서 구석기인들은 나무의 열매와 뿌리를 채집하거나 동물을 사냥했다. 따라서 그들이 머물렀던 유적지에서는 주먹도끼, 찍개, 찌르개, 긁개, 밀개 등의 뗀석기와 함께 털코끼리, 코뿔소, 큰뿔사슴, 닭, 토끼, 쥐 등의 동물 뼈가 출토되었다.

구석기인들은 가족 단위로 무리 지어 생활한 데다 겨우 연명할 정도로 환경이 열악했던 까닭에 경험 많고 지혜로운 연장자에게 자연스레 지도자의 역할을 맡겼다. 하지만 같은 이유로 해서 지도자는 명령자가 아닌 조언자 수준에 머물러야 했다. 그런 상태로 자연에서 구한 것들을 구성원들이 고르게 나눠 가지는 소박한 원시적 삶을 오래도록 영위해 나갔다.

이러한 삶에 서서히 변화가 생기기 시작한 것은 약 1만 년 전에 빙하기가 끝나고 기후가 따뜻해지면서였다. 이전에 볼 수 없던 간석기와 빗살무늬 토기로 대표되는 신석기 시대의 출발 시점은 기원전 8천 년경에서 6천 년경으로 짐작된다.

진흙을 빚어 구워 만든 토기는 음식물을 요리하거나 보관하는 용도로 쓰였는데, 이는 신석기인들이 농사를 지어 식량을 생산하고 저장했음을 보여 주는 증거라 할 수 있다. 빗살무늬 토기가 출토된 지역은 평남 온천 궁산리, 황해도 봉산 지탑리, 강원도 양양 오산리, 서울 암사동, 경기도 하남 미사동, 부산 동삼동 등으로 전국에 널리 퍼져 있다. 그리고 이것보다 시기적으로 앞선 이른 민무늬 토기나 덧무늬 토기는 함북 웅기 굴포리, 강원도 양양 오산리, 부산 동삼동 조개더미 등에서 출토된 바 있다.

신석기 시대를 대표하는 유물인 빗살무늬토기

대부분 강가나 바닷가에 위치해 있는 신석기 시대 유적지에서는 불에 탄 조나 피가 발견되었는가 하면, 돌괭이와 돌삽, 돌보습 등의 다양한 농기구도 출토되었다. 그 외에도 가락바퀴나 뼈바늘이 나와 당시 사람들이 옷이나 그물을 만들어 썼음을 짐작케 해 준다.

이처럼 먹는 것과 입는 것뿐 아니라 주거에서도 신석기 시대는 개선된 모습을 보였다. 원형이나 사각형으로 땅을 파고 그 둘레에 기둥을 세워 이엉을 덮은 반지하 가옥인 움집이 만들어졌던 것이다. 성인 4~5명이 생활할 수 있는 크기의 공간 안에는 취사와 난방을 위한 화덕과 식량이나 도구 따위를 보관하는 저장용 구덩이도 마련되었다.

신석기인들은 혈연에 따른 씨족 단위의 부족 공동체를 이루었으며, 다른 씨족 구성원과 혼인하는 족외혼을 통해 공동체를 유지해 나갔다. 그 규모는 구석기 시대에 비해 확실히 커졌으나, 여전히 지배와 복종의 계급 문화가 존재하지 않는 평등 사회에 머물러 있었다.

금속기 시대의 출현

계급의 출현은 청동기 시대에 들어오면서 생겨난 변화이다. 금속으로 만든 도구를 쓰면서 생산력이 비약적으로 증가했으며, 개인 간이나 집단 간에 보다 많이 가지거나 적게 가지는 불평등한 상황이 전개됨으로써 힘의 우열이 발생하게 되었다. 이런 불평등한 힘은 불평등한 관계, 즉 계급의 탄생으로 이어졌다.

한반도에서 청동기 시대가 개막된 것은 기원전 10세기를 전후해서였고 만주에서는 그보다 일찍 청동기 문화의 세례를 받았다. 이 시기의 유물로는 반달 돌칼, 바퀴날 도끼, 홈자귀 등의 석기와 비파형 동검, 거친무늬 거울, 화살촉 등의 청동기, 그리고 미송리식 토기, 민무늬 토기 등의 토기가 발굴되었다.

그중 비파형 동검은 검신이 비파처럼 생겨서 붙여진 이름인데, 요령 지방에서 많이 발견되어 요령식 동검으로 불리기도 한다. 토기 중에서는 민무늬 토기가 청동기 시대를 대표한다. 밑바닥이 좁은 팽이형과 넓은 화분형이 기본인 이 토기는 발굴된 지역에 따라 모양이 약간씩 다르지만, 빛깔은 공통적으로 적갈색을 띤다. 이러한 청동기 시대의 유물들은 땅바닥을 1미터 가까이 수직으로 파서 만든 당시의 집터와 대표적인 무덤 양식인 고인돌을 비롯해 돌널무덤, 돌무지무덤 등에서 출토되었다. 여기서 고인돌은 함경북도를 뺀 한반도 전역에서 밀집된 형태로 분포하고 있다.

한반도 지역의 주요 청동기 시대 유적지로는 함북 회령 오동리와 나진 초도, 평북 강계 공귀리와 의주 미송리, 평남 승모군 금탄리, 경기도 여주 흔암리와 파주 덕은리, 충북 제천 양평리, 충남 부여 송국리 등을 들 수 있다.

청동기인들의 지혜가 늘고 기술이 발달하면서 철기를 쓰게 된 것은 기원전 4세기경부터였다. 튼튼한 철제 농기구의 사용은 농업의 발전과 경제적인 기반의 확대를 가져왔다.

이 시기에는 진한과 변한 지역에서 철이 많이 나왔다는 기록이 전하며, 낙랑과 일본 등지로 수출까지 되었다고 한다. 또한 중국 지역과 활발한 교류가 이루어져 연나라와 제나라에서 사용한 화폐인 명도전을 비롯해, 진나라 화폐인 반량전, 한나라 무제 때 처음 만들어 쓴 오수전 등이 한반도로 유입되었다.

한편 경남 창원 다호리 유적에서는 청동기 및 철기 유물과 함께 붓이 출토되었다. 이것은 중국에서 들어온 한자가 한반도 남단에서도 사용할 정도로 이 땅에 널리 퍼졌음을 보여 주는 증거라 할 수 있다.

철기 시대에 들어와서도 한동안은 여전히 청동기가 제작되어 쓰였다. 대전 서구 괴정동과 충남 예산군 능서리에서 발굴된 대쪽 모양의 동기나 충북 청주 비하동에서 출토된 세형 동검 등은 철기와 청동기가 공존하던 시기의 다양성을 보여 준다. 청동기는 주로 제례용 도구였다.

일명 검파형 동기로 불리는 대쪽 모양의 청동기는 대나무 두 마디를 길게 쪼개놓은 것 같은 형태의 유물로, 칼집에 붙인 장식이거나 제례용 도구일 것이라는 설이 있으나 아직 정확한 용도는 밝혀지지 않은 상태다. 그리고 세형 동검은 한반도 청천강 이남에서 발견되는

한국식 동검   청동 방울

잔무늬 거울

청동기 시대를 대표하는 유물인 한국식 동검과 청동 방울, 잔무늬 거울

한국식 동검으로, 비파형 동검에 비해 검신이 곧고 투박한 특성을 보인다.

청동기와 철기가 공존하던 시기에 돌도끼나 홈자귀, 괭이, 반달 돌칼 등 기능이 개선된 다양한 종류의 간석기도 농사에 활용되었다. 주로 밭농사를 짓는 가운데, 저습지에서는 벼농사도 이루어지기 시작했다. 그리고 짐승을 사냥하는 방식에도 차츰 변화가 생겨 가축을 기르는 쪽으로 무게중심이 옮겨 갔다.

집의 구조는 땅을 파고 들어간 움집 형태에서 점차 지상 가옥 형태로 변모했다. 한반도 전역에서 발견되는 집터 유적은 넓은 지역에 걸쳐 개개의 집터들이 밀집된 취락 형태를 이루고 있다. 이들 집터는 다양한 크기를 나타내는데, 주거용 외에도 창고나 공동 작업장, 공공의식 장소 등 여러 용도의 장소로 쓰인 듯하다. 대체로 주거용 집터의 경우는 4~8명이 주거할 수 있는 크기를 보인다. 이는 일부일처제의 부부 중심 생활이 자리 잡으면서 가족끼리 모여 생활했음을 짐작케 해 준다.

청동기 시대와 그 뒤를 잇는 철기 문물의 등장은 생산력의 증가와 공동체의 확대를 낳는 한편, 보다 강한 부족이 상대적으로 약한 부족을 공격하는 정복 활동과 그에 따른 지배와 피지배의 계급 분화를 촉진시켰다. 이와 같은 커다란 경제적, 사회적 변동 속에서 계급 지배의 궁극적 형태라고 할 수 있는 국가들이 이 땅 위에 생겨나게 되었다. 일찍이 청동기 시대를 맞이한 북쪽 지역에서부터 등장하기 시작한 국가들 가운데 가장 먼저 선보인 것이 바로 고조선이었다.

단군왕검의 건국 신화

우리 민족의 시조인 고조선의 첫 임금 단군왕검檀君王儉에 관한 가장 앞선 기록은 고려 때 승려 일연이 지은《삼국유사》에 전한다.

> 환인의 서자 환웅이 늘 인간 세상을 교화할 뜻을 품었는데, 환인이 삼위태백을 내려다보니 널리 인간을 이롭게 할 만했다. 이에 환웅에게 천부인天符印 세 개를 주어 3천의 무리를 거느리고 태백산 꼭대기 신단수 아래로 내려가 세상을 다스리게 했다. (중략) 잠깐 변신하여 나타난 환웅이 (웅녀와) 결혼해 아들을 낳으니, 그 이름을 단군왕검이라 했다. 단군왕검은 요임금 즉위 50년인 경인년에 평양성에 도읍하고 조선이라 일컬었다.

단군왕검에 관한 기록은《삼국유사》외에 고려 때 이승휴가 쓴《제왕운기》를 비롯해 조선 시대 관찬인《세종실록지리지》와《신증동국여지승람》, 권람의《응제시주》등에도 나와 있다.

고조선의 건국 시점은《삼국유사》의 '요임금 즉위 50년'이라는 기록과《제왕운기》및《응제시주》등의 기록에 기초해 기원전 2333년으로 정해졌다. 우리의 역사를 '반만년 역사'라고 하는 이유이다.

우리나라의 청동기 시대 개막이 기원전 10세기 전후라는 점을 감안하면 아직 국가가 형성될 만한 시기는 아니다. 이러한 문제는 신석기 문화권의 곰 토템과 하느님 신앙이 결합해 시조 관념을 형성하고, 여기에 청동기 문화가 유입되어 건국 신화로서의 모양을 갖춰 가는 과정을 모두 반영한다고 볼 수 있다.

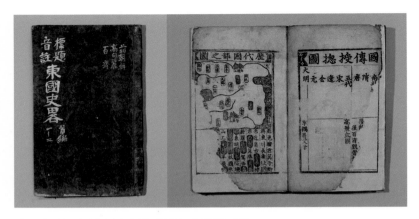
단군조선부터 고려 시대까지의 역사를 기록한《표제음주동국사략》

　단군왕검이 한민족 공동의 시조로 구체화되어 숭배되기 시작한 것
은 고려 시대에 들어와서의 일이었다. 조선 시대에는 세종조에 평양
에 사당을 짓고 고구려의 시조인 동명성왕과 더불어 국조國祖로 받들
어 모셨다. 그리고 일제강점기에는 단군교와 대종교처럼 단군을 신
앙의 대상으로 삼는 종교까지 등장했는데, 대종교에서 만든 10월 3일
개천절은 일제강점기 때 임시정부에 의해 수용되었다가, 해방 후에
정식 국경일로 자리 잡았다.

위만 조선

　기원전 210년 진시황이 죽자 혼란에 빠진 중국의 유민들이 고조선
으로 유입되었다. 이때 위만이 천여 명의 무리를 이끌고 고조선에 망
명했는데, 처음에 북방 수비를 담당하던 위만은 위력적인 철제 무기
와 유랑민 세력을 등에 업고 준왕을 축출한 다음 왕위에 올랐다. 기

원전 194년의 일이었다.

중국의 《사기》에서 위만은 오랑캐의 복장과 머리를 한 고연인故燕人으로 소개된다. 이를 근거로 해서 위만을 전국시대 때 연나라에 점령된 고조선 서부 지역의 조선인으로 보는 학설도 나와 있다.

위만의 손자인 우거왕 때에 이르러 고조선은 철기 문화에 기반을 둔 강력한 군사력으로 주변 지역들을 정복해 나갔다. 그리고 중국과 여러 나라들 사이의 교역을 중계해 막대한 경제적 이득을 취했다. 이러한 고조선의 성장은 진나라 멸망 후에 중국을 차지하고 동북아시아의 패권을 거머쥐려던 한나라와 필연적으로 충돌하게 되었다.

기원전 109년 한 무제는 육로와 해로를 통해 고조선을 침공했다. 산둥반도에서 출발한 한의 수군은 바다를 건너 고조선의 도읍인 왕검성을 공략했으나, 위만의 군대에 참패했다. 그리고 한의 육군도 패수 서쪽에서 고조선의 군사들에게 격파당했다.

이런 가운데 추진되던 양국 간의 화의가 결렬되자, 한 무제는 위만조선을 재침공했다. 고조선 군대의 선방으로 싸움이 장기화되는 사이, 전쟁을 독려하는 우거왕과 화의를 주도하던 귀족들 사이가 벌어지면서 왕이 피살되고 귀족들이 한에 망명하는 사태가 벌어졌다. 자중지란의 상황 속에서도 항전을 계속하던 위만조선은 왕검성 함락과 함께 3대 80여 년 만에 막을 내리게 되었다. 기원전 108년이었다.

한 무제는 점령한 고조선 땅에 낙랑, 진번, 임둔, 현도 등 사군을 설치했다. 이들 한사군 중에서 주축 구실을 했던 것은 낙랑군으로, 한나라 문화는 이곳을 중심으로 이식되었다가 만주와 한반도 전역으로 퍼져 나갔다.

고조선의 사회와 문화

고조선은 청동기 문화권에 속하는 지역이었다. 그리고 말기에는 철기 문화권으로 접어들었다.

내부적으로는 개인의 생명을 보호하고 사유재산을 인정하는 법률을 통해 사회의 기본 질서를 유지해 나갔다. 이른바 '팔조금법八條禁法'에 관한 기록이 《한서지리지》에 나오는데, 다음처럼 3개 조항만을 소개하고 있다.

1. 살인한 자는 바로 사형에 처한다.
2. 남을 다치게 하면 곡식으로 갚는다.
3. 도둑질한 자는 노비로 삼는데 속죄하려면 50만 전을 내야 한다.

청동기 시대 대표적 무덤 양식으로 유네스코 세계문화유산에 지정된 강화도 부근리 고인돌

3개 조항 다음에는 "(돈을 내고 속죄해도) 사람들이 수치스럽게 여겨 결혼할 배우자를 얻지 못한다."라든가, "여인들이 정숙하여 음란치 않다."라는 기술들이 보인다. 생명과 재산 관련 형벌, 노비, 여성의 정절 등은 정치적, 경제적 차별 속에서 가부장적 가족 질서가 자리 잡아가고 있는 당시 사회의 면모를 짐작케 해 준다.

한편, 고조선의 문화는 고고학적으로 비파형 동검과 고인돌을 통해 대변된다. 먼저 비파형 동검 문화는 요동 지역을 중심으로 발전했는데, 이는 중국 은·주의 청동기 문화와 구별되는 모습을 보인다. 그리고 이 지역의 초기 청동기 문화가 요서와 길림, 한반도 지역으로 퍼져 나간 것으로 이해되고 있다.

다음으로 고인돌 문화는 한반도를 비롯해 요동과 만주 등지에 널리 분포하는데, 특히 요동 지역에서 많이 발견되었다. 이곳의 고인돌은 한반도의 북방 고인돌과 동일한 양식을 보여 준다. 그리고 서쪽의 요하를 넘어선 지역에서는 고인돌이 발견되지 않았다. 이는 고조선의 권역 안에서 공통적이고 고유한 청동기 문화가 전개되었음을 보여 주는 증거라 할 수 있다.

부여

　부여는 기원전 3세기에서 2세기경에 동북삼성의 송화강 유역을 무대로 삼아 등장했다. 이후 700여 년을 내려오는 동안, 기원후 21년 고구려의 공격과 285년과 346년 두 차례에 걸친 선비족의 침략을 견뎌내는 등 저력을 발휘하다가, 494년에 이르러 고구려에 복속되었다.

　부여의 지배 구조는 왕 아래에 유력한 실력자로 가축들에서 이름을 따온 마가, 우가, 저가, 구가 등과 대사, 대사자, 사자 등의 관리로 이루어져 있었다. 왕을 비롯해 마가 등의 4가를 중심으로 운영되는 제가평의회에서 국가의 주요 정책을 결정하고, 이를 실무책임자인 대사, 대사자, 사자 등이 집행했다.

　부여의 행정구역은 왕의 직할지인 중앙과 4가가 각각 통치하는 사출도 등 5부로 구성되었다. 왕을 정점으로 중앙집권적인 체제를 갖지 못한 부여는 5개 부족이 결합한 연맹체적 국가 단계에 머물렀던 것으로 보인다.

　왕은 가장 강한 부족의 우두머리로, 자신이 다스리는 중앙에는 궁궐과 성책, 감옥 등 공권력 행사에 필요한 기반 시설을 갖추고 있었다. 그리고 왕이 죽으면 수하에 있던 많은 사람들도 함께 묻는 순장의 풍습이 존재했다.

　사회 질서의 유지를 위해 부여에서는 고조선의 팔조금법과 비슷한 4조목의 법을 만들어 시행했다. 사유재산을 중시하고 보복적인 성격이 농후한 법의 내용은 다음과 같았다.

　1. 사람을 죽이면 사형, 그 가족은 노비형에 처한다.

2. 물건을 훔치면 그 값의 12배로 갚는다.

3. 간음하면 사형에 처한다.

4. 부인이 심하게 투기하면 사형에 처한다.

　부여가 터 잡은 송화강 유역은 넓고 기름진 평야가 펼쳐진 곡창지대였다. 중심 지역인 길림 일대에 "산과 언덕에다 넓은 못이 많다."라는 기록이 전하는 것으로 봐서는 수리 및 관개 기술이 일정한 수준에 올랐던 것으로 짐작된다.

　매년 12월에는 나라 안의 모든 백성들이 참여하는 영고라는 제천 행사를 열었다. 이때에는 하늘에 제사를 올리고, 음주와 가무를 즐겼으며, 죄수를 풀어 주었다. 농경사회의 전통이라 할 수 있는 이런 제천 의식은 전쟁이 일어났을 때도 행해졌는데, 소를 죽여 그 굽으로 전쟁의 승패와 길흉을 점치기도 했다고 한다.

　부여인들은 목축에도 종사했다. 관직명으로 쓰인 말, 소, 돼지, 개, 닭 등은 부여에서 주로 사육한 가축들이었는데, 그중 많이 길렀던 것은 돼지였고 전쟁 등의 특수 목적으로 말 사육에도 힘을 쏟았다.

　농기구를 비롯해 각종 생산 관련 도구를 만드는 수공업도 활발하게 이루어진 것으로 보인다. 철기 문화의 확산과 함께 창이나 칼 같은 철제 무기류를 생산해 내는 야금술도 크게 발달했으리라 짐작된다.

　이처럼 농업과 목축, 수공업 등에 기반을 둔 부여의 경제력은 한때 주변의 여러 세력들을 누를 정도로 강했다. 하지만 정치나 군사 면에서 성장이 더뎠을 뿐더러, 경제적 기반 확충에도 소홀했던 탓에 고구려와 선비족의 침략 속에서 점차 쇠락의 길을 걷게 되었다.

삼한

위만 조선 당시, 한반도의 한강 아래쪽에서는 진辰나라를 비롯한 여러 국가들이 성장하고 있었다. 기원전 2세기 말 위만 조선이 한나라에 무너지자 남하한 유민들을 통해 변화를 맞게 되었다. 그렇게 해서 등장한 것이 마한, 진한, 변한이었다.

마한은 오늘날 대전과 익산 지역을 중심으로 경기도, 충청도, 전라도 일대에서 발전했으며, 54개의 작은 나라들로 이루어져 있었다. 또한 진한은 지금의 경주와 대구 지역을 중심으로 낙동강 동쪽 일대에서 발전했고, 12개의 작은 나라들로 구성되었다. 그리고 변한의 경우는 김해와 마산 지역을 중심으로 낙동강 하류 및 남해안 일대에서 발전했고, 진한처럼 12개의 작은 나라들로 이루어졌다.

삼한 중에서 가장 세력이 컸던 것은 마한인데, 거기에 속한 나라인 목지국의 우두머리가 마한왕 또는 진왕으로 추대되어 삼한 사회 전체의 지도자 역할을 담당했다. 지금의 성환과 직산 지역을 중심으로 일어난 목지국은 세력이 커지면서 공주-익산 쪽 금강 유역에 자리 잡은 것으로 추정된다.

기원전 2세기경 남한에서 세형 동검 문화가 가장 번성했던 곳이 바로 금강 유역이었다. 여기에 해당하는 공주 봉안리와 부여 합송리, 장수 남양리 등은 초기 철기 유적이 발견된 지역이다. 이 금강 유역에 일찍이 진국이 위치해 있었는데, 목지국의 우두머리가 '진왕'으로 불렸던 것도 진국이란 이름에서 유래했다.

이처럼 금강 유역을 중심으로 활약했던 진왕의 세력은 기원후 3세기 백제 고이왕의 세력에 밀려 차츰 주도권을 빼앗겼다. 그리고 백제는 마한 지역의 대표자인 마한왕으로서 중국과의 교섭을 주관하게 되었다.

3세기 후반 마한에 왕이 대두할 즈음 진한에도 중국과의 교류를 주관하는 대표자인 왕이 존재했다. 진한 왕이 출현한 시기는 마한왕보다 앞선 3세기 중엽으로, 신라의 첨해왕이었다. 그리고 이와 비슷한 시기에 변한에서도 대표자로서 왕이 활동했는데, 지금의 김해 지역에 자리하고 있던 구야국의 지배자였다.

삼한 지역에서는 정치적 지도자 외에도 종교적 지도자인 천군이 있었다. 천군은 소도라는 특별한 구역 안에서 농사와 종교 관련 의식을 주관했다. 소도는 정치적 지도자의 권력이 미치지 않는 신성불가침 지역으로, 죄를 지은 자들이 이곳으로 피신하면 추격이나 체포가 불가능했다.

삼한은 철기 문화에 기반을 둔 농경 사회로, 철로 만든 도끼와 따비, 괭이, 낫 등으로 농사를 지었다. 또한 매년 파종하는 5월과 추수를 마무리 짓는 10월에 하늘에 제사를 지냈다. 그리고 농사에 필요한

삼한 시대를 대표하는 유물인 고사리무늬 장식 철기와 금귀걸이

물을 안정적으로 공급하기 위한 수리 시설도 발달했다. 김제의 벽골 제나 밀양의 수산제, 상주의 공검지, 의성의 대제지, 제천의 의림지 등 이름난 저수지가 축조되었다.

삼한 사회가 철기를 제작하기 시작한 것은 기원전 1세기부터였다. 농사 기구뿐 아니라 칼이나 창, 화살촉 등 무기류도 철로 만들어 사용했다. 철이 많이 생산된 지역은 변한으로, 이곳의 철은 낙랑이나 대방군뿐 아니라 일본으로도 수출되었다.

삼한 철기 문화의 발전 과정을 살펴보면, 기원전 2세기경 유입된 고조선 계열의 철기 문화를 토대로 하고 있다. 그리고 이후 전해진 낙랑군의 철기 제작 기술을 접목하면서 삼한 특유의 철기 문물을 발전시켜 나갔다. 이와 같은 철기 문화의 발전에 힘입어 삼한 사회는 급속히 변화했다. 즉, 마한 지역에서는 백제국이, 진한 지역에서는 신라국이, 변한 지역에서는 가야국이 주변국들을 통합하면서 강력한 중앙집권적 국가로 변모하게 되었던 것이다.

	◆ 구석기 시대	◆ 신석기 시대
시작	약 70만 년 전	기원전 8000년경
유적지	평남 상원 검은모루 동굴, 경기도 연천 전곡리, 충남 공주 석장리 등	서울 암사동, 평양 남경, 김해 수가리 등
도구	뼈 도구, 찌르개, 긁개 등 뗀석기	간석기, 빗살무늬 토기, 돌낫, 뼈바늘 등
주거 형태	동굴, 강가의 막집(이동 생활)	움집(정착 생활)
경제 활동	사냥, 채집, 어로	농경, 사냥, 가축 사육

	◆ 청동기 시대	◆ 철기 시대
시작	기원전 10세기경	기원전 4세기경
대표 유물	반달 돌칼, 비파형 동검, 미송리식 토기, 민무늬 토기 등	철제 농기구(농업 발전, 경제 기반 확대) 철제 무기(전투력 향상, 정복 사업 활발)
주거 형태	야산, 구릉의 직사각형 움집	움집, 지상 가옥
경제 활동	조, 보리, 콩, 수수 등 밭농사	밭농사, 벼농사, 가축 사육
특징	제정일치, 고조선 건국	중국과 교류 - 명도전, 반량전, 오수전

◆ 여러 나라의 등장

● 부여 / 5부족 연맹 국가로 만주 송화강 유역을 중심으로 성장

지배구조 : 왕 밑에 마가, 우가, 저가, 구가, 대사, 대사자 등으로 구성 (제가평의회)

행정구역 : 중앙(왕 직할지)과 사출도(4가가 통치)

특징 : 순장 풍습 존재, 매년 12월 '영고'라는 제천 행사 실시

● 삼한(마한, 진한, 변한) / 한반도 남쪽 지역에서 성장. 곡창지대로 농업이 발달

지배구조 : 제정분리, 정치적 지도자 외에 종교적 지도자인 천군이 존재

특징 : 매년 5월 수릿날, 10월 계절제 실시

　　　철기 문화에 기반을 둔 농경 사회, 수리 시설 발달(저수지 축조)

● 옥저 / 함경도 동해안에서 성장

지배구조 : 왕이 없고 '읍군'이나 '삼로'로 불리는 족장(군장) 존재

특징 : 어물과 소금 등 해산물 풍부, 고구려에 특산품으로 바침

　　　민며느리제(여자가 남자 집에 미리 가서 살다가 결혼하는 제도), 골장제

● 동예 / 강원도 북부 동해안에서 성장

지배구조 : 왕이 없고 군장들이 각 부족을 다스리는 형태

특징 : 농경, 어로, 방직 기술 발달, 매년 10월 '무천'이라는 제천 행사 실시

　　　족외혼(같은 씨족 사람끼리의 결혼 금지), 책화(남의 영역 침범 금지)

제2장

삼국 시대와
통일신라 시대

고구려, 백제, 신라 삼국은 연맹 왕국에서 발전해 왕위를 세습하고 제도를 정비하며 각기 국력을 키워 나갔다. 삼국은 서로 대립, 때로는 연합하면서 세력을 확장했다.

오늘날 한강 유역에서 발전하기 시작한 백제는 4세기경 해외에까지 세력을 떨쳤고, 고구려는 5세기 광개토왕 때 만주 지방까지 이르는 광대한 영토를 확보하기도 했으며, 신라는 고구려와 백제가 우위 다툼을 하느라 정신없는 와중 착실히 정치 체계를 정비한 후 결국 한강 유역을 점령함으로써 삼국관계에서 우위를 점하게 된다. 신라는 당나라와 연합해 백제와 고구려를 멸망시키고 한반도에서의 당의 세력을 몰아내면서 삼국을 통일한다.

통일신라는 대동강 이남을 차지했고, 고구려 옛 땅에는 대조영이 발해를 건국한다. 급속한 발전을 이룬 발해는 고구려의 뒤를 이어 동북아시아의 강자로 우뚝 서게 되며 '해동성국'이라는 호칭까지 얻었다. 발해는 통일신라와 함께 독자적인 세력을 구축하여 삼국 시대에 이어 남북국 시대를 형성하게 하였다. 그러나 차츰 국력이 약해지면서 926년 거란족의 침입으로 결국 멸망하게 된다.

주몽의 탄생과 건국 신화 ─────────────

고구려 역사의 출발은 기원전 37년 압록강 중류 유역의 졸본을 무대로 하고 있다. 오늘날 중국 요녕성 환인에 해당하는 이곳은 넓은 분지를 이루고 있는 지역이다. 기후가 온화하고 강수량도 풍부한 까닭에 사람이 살기에 적합한 곳이다.

고구려의 시조인 동명왕의 출생이나 건국과 관련한 이야기는 《삼국유사》, 《삼국사기》, 〈광개토왕릉비문〉, 《동국이상국집》, 《동국여지승람》, 《청정관전서》 등에 수록되어 전한다.

《삼국유사》 중 〈기이-고구려〉에는 "시조 동명성왕은 성은 고씨요 이름은 주몽朱蒙"이라고 적고 있다. 또한 《삼국사기》의 경우에는 주몽 외에 '추모鄒牟'와 '중해衆解'라는 별칭도 보인다. 주몽으로 널리 알려진 동명왕의 이름과 관련해서는 "부여의 속어에 활 잘 쏘는 것을 주몽이라 했으므로 이것을 이름으로 삼았다."라는 설명이 《삼국사기》에 나온다. 그리고 〈광개토왕릉비문〉에는 기이한 탄생 관련 신화가 다음처럼 간략하게 적혀 있다.

> 옛날에 시조 추모왕鄒牟王이 나라를 세웠다. 북부여에서 태어났으며, 천제天帝의 아들이고, 어머니는 하백河伯의 딸이었다. 알을 깨고 세상에 나왔는데, 그때 성스러운 기운이 있었다.

《동국이상국집》 중 〈동명왕편〉에는 보다 자세한 건국 신화가 오언고시의 장편 서사시 형태로 수록되어 있다.

주몽은 아버지인 하늘의 신 해모수와 어머니인 하백의 딸 유화 사이에서 알로 태어났다. 마침 어머니를 보호하고 있던 부여의 금와왕은 상서롭지 못하다 여겨 알을 버렸으나, 짐승과 새가 보호했다. 이에 왕이 다시 주워서 깨보려 했으나 뜻대로 되지 않아 그 어미에게 돌려주었다. 유화 부인이 알을 감싸 따뜻한 곳에 두자 껍질을 깨고 한 아이가 나왔다.

재주가 뛰어났던 아이는 어려서부터 쏘기 시작한 화살이 백발백중했던 까닭에 사람들한테 활 잘 쏘는 사람이라는 뜻으로 '주몽'이라 불렸다. 금와왕의 일곱 왕자들은 주몽을 시기하여 없앨 기회만을 엿보았다.

아들의 장래를 염려한 유화 부인은 주몽에게 기르고 있는 왕실의 말들 중에서 가장 좋은 것을 차지한 후 먼 곳으로 달아나 큰일을 도모하게끔 했다. 이에 주몽이 자신을 따르는 이들과 더불어 엄수淹水에 이르러서는 "나는 천제의 아들이고 강신의 외손자인데 쫓기고 있는 중이니 어찌하리오"라고 외치자, 고기와 자라가 떼를 지어 다리를 놓아 주었다.

무사히 강을 건너 남쪽으로 달아난 주몽은 졸본에 닿아 나라를 세우고 그 이름을 고구려라고 했다. 마침 그 옆에 비류국이 있어 그 왕과 재주를 겨뤄 이김으로써 항복을 받아내고 나라의 세력을 더욱 떨치게 되었다.

한편, 《삼국사기》에 따르면 고구려를 세울 당시 주몽의 나이는 22세였고, 비류국의 왕에게 항복을 받은 것은 건국 이듬해인 기원전 36년의 일이었다. 3년 후인 기원전 33년에는 행인국을 굴복시켰으며,

기원전 28년에는 북옥저를 정복했다.

주몽에게 항복한 비류국의 왕은 송양으로, 주몽의 무리가 졸본에서 건국할 당시 압록강 유역에는 여러 지천을 따라 나집단那集團이 존재하고 있었다. 고구려의 건국과 성장은 송양의 세력으로 대표되는 이들 압록강 유역의 토착 세력을 통합해 가는 과정으로 이해할 수 있을 것이다.

고구려의 성장과 시련

건국 시조인 동명왕의 뒤를 이은 유리왕은 기원후 3년에 오늘날 중국 길림성 집안에 해당하는 국내성으로 도읍을 옮겼다. 이곳은 기존의 도읍지인 졸본에 비해 지리적으로 적의 침입을 막기가 수월한 데다 기후가 온난하고 물산도 풍부한 지역이었다.

제6대 왕으로 유리왕의 손자인 태조왕은 기원후 56년에 동옥저를 정복했으며, 72년과 74년에는 압록강 유역의 소국들인 조나藻那와 주나朱那를 각각 정벌했다. 그리고 121년에는 8천여 명의 선비족 무리를 이끌고 요하 지역을 공략했다. 이처럼 주변 지역으로의 세력 확장을 통해 태조왕은 왕권을 강화하면서 중앙집권 체제의 기틀을 마련해 나갔다.

고구려는 연나부, 관나부, 비류나부, 환나부 등 4부와 왕의 출신부인 계루부 등 이렇게 5부족이 결합한 부족 연맹체 국가였다. 계루부에서 왕위가 세습되기 시작한 것은 태조왕 때부터였으며, 제9대 고국천왕 때는 5부가 동부, 서부, 남부, 북부, 중부로 개편되었다. 이는 각 부족의 세력이 왕의 권력 아래로 들어왔음을 의미한다. 이러한 행정 구역 정비 외에도 왕위가 형제 상속에서 부자 상속으로 바뀌는 등 획기적인 왕권 강화 정책이 고국천왕 재위 당시 이루어졌다.

제11대 동천왕 시기에는 요동 지역을 둘러싼 위나라와의 전쟁에서 수세에 몰렸다가 가까스로 적을 물리칠 수 있었다. 이후 제15대 미천왕 때인 313년과 314년에는 각각 낙랑군과 대방군을 몰아내고 압록강 유역의 교통 요충지인 서안평을 확보하는 한편, 평안도와 황해도 일대에 설치되었던 중국의 군현을 없애버렸다.

제16대 고국원왕 재위 당시인 337년 요동 지역에서는 선비족의 우두머리인 모용황이 전연을 세웠다. 중원 장악의 야심을 가진 모용황에게 고구려는 언제든 배후를 공격해 올 수 있는 골칫거리였다. 따라서 중원 공략에 앞서 고구려의 기세부터 꺾을 필요가 있었다. 이에

기마에 능숙한 고구려인의 모습을 그린 쌍영총 벽화의 일부분

고국원왕 12년(342)에 전연의 군사들이 고구려 국내성을 침공했다. 적의 공격에 제대로 방비하지 못한 고구려는 수도를 함락당하고, 미천왕의 시신과 고국원왕의 모후가 포로로 잡혀가는 등 위기를 겪게 되었다.

그 후 고구려가 사신을 보내 미천왕의 시신을 되찾고 고국원왕의 모후도 어렵사리 귀국시키면서 위기를 극복하는 가운데, 370년에 전연은 저족의 우두머리 부건이 세운 전진에 멸망당했다. 고구려는 전진과 우호적인 관계를 맺었다.

이처럼 요동 지역이 안정을 찾아가는 동안, 한반도의 한강 아래쪽에서는 백제의 근초고왕이 활발하게 정복 활동을 벌이고 있었다. 또한 대방군이 물러간 황해도 지역으로도 손을 뻗쳐 고구려와 갈등을 빚었고 고국원왕 41년(371)에는 고구려를 공략했다.

고국원왕은 백제군에 맞서 싸우다가 평양성 근처에서 화살을 맞고 전사했다. 전연의 공격으로 큰 시련을 겪었던 고구려는 불과 30년 만에 또다시 심각한 위기 상황에 직면했다. 이러한 국난의 반복은 고구려가 전연이나 백제의 세력 팽창에 제대로 대응하지 못해 생겨난 것으로, 시급하고 효율적인 국가 체제의 정비가 절실한 상황이었다.

소수림왕의 개혁 정치

갑작스럽고 비극적인 국왕의 죽음으로 어수선한 분위기에서 왕위에 오른 제17대 소수림왕은 여러모로 준비된 지도자로서의 면모를 보였다. 재위 2년째인 372년에 전진으로부터 승려 순도가 가져온 불상과 경문을 받아들였다. 그리고 3년 후에는 한민족 최초의 사찰이라 할 수 있는 초문사와 이불란사를 세웠다.

소수림왕이 불교를 수용한 것은 전진과의 친교에도 도움이 될 뿐더러, 국가 비상시에 고등종교인 불교를 통해 내부적으로 사상의 통일을 도모할 필요가 있어서였다. 이러한 국가적 당위에 부응할 만큼 당시의 불교는 호국적인 성격이 강했다.

소수림왕은 불교 수입과 더불어 태학도 설립했다. 이곳에서는 주로 유학 관련 과목을 가르쳤는데, 충효 사상으로 무장한 인재 양성을 목적으로 하고 있었다. 교육 대상은 귀족의 자제들이었을 것으로 짐작된다.

소수림왕 3년(373)에는 율령이 반포되었다. 건국 이래로 통용되어 온 관습법을 밀어낸 이 규범은 국가 통치의 효율성을 높이기 위한 목적으로 도입되었다. 율령은 중국에서 성립된 성문법으로, 율律이 형벌과 관련된 형사 규정을 다루었다면, 령令은 형벌이 아닌 민사적인 규정을 담고 있었다.

율령의 반포와 함께 시행된 것은 공복公服의 제정이었다. 율령이 공법 체계의 확립에 기여했다면, 공복은 관료 제도의 정비에 보탬이 되었다. 이처럼 내정을 안정시키고 사회 질서를 바로잡기 위한 소수림왕의 적극적인 개혁 조치에 힘입어 고구려는 강국으로 성장할 수 있는 기틀을 마련했다.

내부적으로 체제 정비를 마무리한 소수림왕은 시선을 밖으로 돌려 백제에 대한 공격에 시동을 걸었다. 서쪽에 자리한 서진과의 관계를 우호적으로 유지하는 가운데, 남쪽에서 급성장하는 백제 세력을 견제할 필요가 있었던 것이다.

소수림왕 5년(375)에 고구려는 오늘날 황해도 신계군 지역에 해당하는 백제의 수곡성을 침공했으며, 이듬해에는 백제의 북쪽 경계를 공략했다. 이에 백제는 고구려의 평양성을 공격하는 등 양국 사이에 공방전이 전개되었다.

광개토왕, 정복 군주의 등장

391년 제19대 왕으로 즉위한 광개토왕은 소수림왕이 다져 놓은 안정된 정치적 기반 위에서 대외 정복 활동을 적극적으로 펼쳐 나갔다. 즉위 초부터 전개한 백제에 대한 공세로 석현성과 관미성을 위시한 여러 성들을 무너뜨렸다.

이후 반격해 온 백제의 군사들을 수곡성과 지금의 예성강인 패수에서 연이어 격퇴하고 접경지대에 성을 쌓아 방비를 강화하는 한편, 재위 6년(396)에는 한강 이남의 백제 왕성을 공략해 아신왕에게서 항복을 받아내고 58개의 성과 700개의 촌락을 수중에 넣었다. 이로써 고구려는 한강 이북과 예성강 동쪽의 땅을 차지하게 되었다.

세력 만회를 노린 백제가 399년 왜구를 끌어들여 신라를 공략하자, 광개토왕은 군대를 보내 왜구를 몰아냄으로써 신라에 대한 영향력을 강화했다. 또한 404년 백제와 왜의 연합군이 대방고지를 침공했을 때도 이를 격퇴했다. 그리고 407년에는 백제를 공략해 6개의 성을 함락하고 고구려에 대한 저항 의지를 꺾었다.

이처럼 광개토왕은 남방으로의 세력 확장은 물론, 서방으로의 진출도 게을리 하지 않았다. 고구려의 서쪽 지역을 장악한 후연과 처음에는 사신을 파견하는 등 사이좋게 지냈다. 그러다가 재위 10년(400)에 후연이 고구려의 남소성과 신성을 침공하면서 평화로웠던 양국 관계도 파국을 맞이했다.

광개토왕은 후연에 강력한 반격을 가했다. 402년 요하를 건너 요서의 대능하 유역까지 공략했으며, 2년 후에도 후연을 침공해 큰 전과를 올렸다. 그 과정에서 고구려는 요하 동쪽 지역을 장악하게 되었고, 405년과 406년 두 차례에 걸친 후연의 반격을 물리침으로써 요하 동쪽 지역에 대한 지배력을 강화했다.

그런 한편, 광개토왕은 북방으로도 손을 뻗어 392년에 거란을 정벌하고, 395년에도 다시 거란에 속했던 것으로 보이는 비려 지방을 공략했다. 또한 398년에는 숙신을 정벌해 조공 관계를 맺었을 뿐더러,

장수왕이 아버지 광개토왕의 공적을 기리고 묘지기를 책정하기 위해 세운 석비를 탁본한 것

410년에는 동부여를 친히 정벌해 굴복시켰다.

　이와 같이 왕성한 정복 활동을 전개했던 광개토왕은 22년의 재위 기간 동안에 64개의 성과 1,400개의 촌락을 격파했다. 그 결과, 고구려의 영토는 크게 확장되어 동으로는 북간도 혼춘, 서로는 요하 동쪽, 남으로는 임진강 유역, 북으로는 개원에서 영안에 이르렀다.

　중앙 관직 신설과 제도 정비에도 힘쓰는 등 고구려를 부국강병의 반석에 올려놓은 광개토왕은 자신의 제국이 중국과 대등함을 내보이기 위해 영락永樂이라는 독자적인 연호를 만들어 썼다. 그의 업적은 만주에 있는 광개토대왕릉 비문에서도 찾아볼 수 있다.

　"왕의 은혜는 하늘에 닿았고, 그 위엄은 온 세상에 끼쳤다. 불측한 무리를 몰아내어 누리의 백성이 생업에 힘쓰면서 편안하게 살 수 있었다. 나라는 부강하고 풍족했으며, 온갖 곡식이 풍성하게 익었다."

장수왕, 고구려의 전성기

　39세에 숨을 거둔 광개토왕의 뒤를 이어 412년에 장수왕이 제20대 왕으로 즉위했다. 그 호칭에 걸맞게 98세까지 장수하다가 숨을 거둔 장수왕은 재위 기간만 해도 여타 왕들의 수명보다 긴 79년에 달한다.

　장수왕은 즉위년에 동진으로 사신을 보내 국교를 맺었으며, 이듬해 414년에는 고구려 왕실의 신성성과 부왕인 광개토왕의 업적을 기리기 위해 중국 길림성 집안현 통구 지역에 6미터 높이의 거대한 비석을 세웠다. 그리고 재위 15년(427)에는 통구 지방의 국내성에서 평양으로 천도를 추진했다.

중국에서 남방의 송과 북방의 북위가 대립하는 등 남북조 시대가 열린 가운데, 장수왕은 중국은 물론이고 북아시아의 여러 나라들과 다중적인 외교 관계를 맺으면서 서쪽 변방의 안정을 꾀했다. 그런 반면, 남쪽 변방에서는 평양 천도를 계기로 백제와 신라로의 진출을 적극적으로 추진했다.

　장수왕의 남진정책에 위기감을 느낀 백제는 신라와 연대해 433년 '나제동맹'을 결성했다. 고구려와 군사적 긴장을 높여가던 백제의 개로왕은 472년 북위에 사신을 보내 고구려를 침공해 줄 것을 요청했으나, 북위는 오히려 이 사실을 고구려에 누설했다. 그로부터 3년 후 장수왕은 군대를 이끌고 백제 공략에 나서, 백제의 수도 한성을 점령하고 개로왕을 붙잡아서 죽였다. 이에 백제는 신라의 원조 아래 도읍을 한성에서 지금의 충청남도 공주에 해당하는 웅진으로 옮겨왔고, 한강 유역은 고구려의 차지가 되었다.

　한편, 보호국의 입장에서 고구려와 평화 관계를 유지하던 신라는 나제동맹 이후 고구려에 대해 적대

장수왕이 남한강 유역을 개척하고 세운 것으로 추정되는 중원 고구려비로, 대한민국에서 발견된 유일한 고구려비

적인 자세를 취했다. 450년 지금의 강원도 삼척에 해당하는 실직 지역에서 고구려 장수를 살해하는가 하면, 464년에는 신라에 주둔해 있던 고구려 군인 100명을 죽이기도 했다. 이에 장수왕 재위 56년(468)에 고구려는 실직주성을 공략해 빼앗았으며, 481년에는 호명성 등 7개 성을 함락하고 지금의 경상북도 흥해에 해당하는 미질부까지 치고 들어갔다. 이때 백제가 신라를 도와 고구려에 맞섰다.

장수왕의 남진정책으로 확장된 고구려의 남방 영토는 서쪽의 아산만에서 동쪽의 죽령에 이르렀다. 광개토왕의 유업을 이어받아 영토를 넓히는 한편, 내정 개혁과 왕권 강화에도 힘을 쏟은 장수왕 재위 당시 고구려는 정치, 사회, 문화적으로 전성기를 구가했다.

왕권 약화와 연개소문의 등장

전성기를 지나온 고구려는 6세기 중엽에 이르러서는 귀족들 간의 정쟁으로 날밤을 지새우게 되었다. 힘센 귀족들이 나랏일을 좌지우지하는 동안, 나라 밖에서는 백제와 신라가 왕실 간의 혼인을 통해 동맹 관계를 더욱 공고히 하고 551년에는 가야까지 합세해 고구려를 공격함으로써 장수왕의 남진정책 당시 빼앗겼던 한강 유역의 땅을 되찾았다.

이처럼 고구려가 귀족들의 득세로 국력을 소진하게 된 것은 아이러니하게도 장수왕의 왕권 강화 정책에서 비롯되었다. 장수왕은 새로 등용한 신진 귀족들을 통해 구 귀족들을 견제하면서 자신의 통치력을 키워 나갔는데, 이는 국정을 통솔하는 왕의 힘이 약해질 경우에

언제든 귀족들이 발호할 소지가 다분했다.

고구려는 건국 초기부터 활발한 대외 정복 활동을 통해 나라의 영역을 넓히면서 왕권을 강화시켜 왔다. 그러나 6세기 들어 대외적인 군사 활동이 급감하면서 덩달아 왕권도 약화되었다. 그런 반면에 점차 강력해진 귀족 세력은 연립 체제를 형성하기에 이르렀다.

귀족회의에서 선출되고 국정을 총괄했던 대대로나 고구려 후기에 군사권을 장악했던 막리지 등은 귀족 연립 체제의 증거이자 산물로 볼 수 있다. 대대로의 임기는 3년으로, 유력한 자는 3년을 넘기기 쉬웠으며, 더 힘센 자가 나타나서 그 자리를 강제로 빼앗기도 했다. 왕은 그들의 다툼에 끼어들지 못했다. 그리고 막리지는 대대로와 달리 선출직이 아닌 세습직이었다.

제27대로 즉위한 영류왕의 왕권 강화 시도와 귀족 세력의 이해가 뒤섞이면서 고구려 후기의 정세는 복잡하게 전개되었다. 그런 와중에 권력 중심부로 뛰어든 연개소문은 여러 귀족 가문 가운데 가장 유력한 가문 출신이었다.

야심가였던 연개소문은 귀족들의 반대 때문에 어렵사리 막리지 지위에 오를 수 있었다. 그는 100여 명의 귀족들을 죽이고 영류왕까지 시해하는 정변을 일으켰다. 그리고 보장왕을 옹립한 다음 스스로 대막리지가 되어 인사권과 군사권을 틀어쥐는 등 절대 권력을 행사했다. 이는 장차 있을 당나라와의 전쟁에서 귀족 세력이 분열하고 망국을 초래하게 되는 원인으로 작용했다.

수나라와의 전쟁

중국은 581년에 남북조 시대의 혼란을 극복하고 수나라가 전국을 통일했다. 그간 중국의 분열로 서쪽 변경의 안정을 누려 왔던 고구려는 신하의 예를 강요하는 수나라와 불화하지 않기 위해 애썼다. 이런 고구려의 화친 정책은 제26대 영양왕이 즉위하면서 바뀌었다.

영양왕 9년(598)에 고구려는 전략적 요충지를 확보할 목적으로 요서를 선제공격했다. 이에 수나라 문제는 육로와 해로를 통해 30만 명의 군사를 보내 고구려를 정벌토록 했다. 그러나 해로를 통한 공격이 폭풍으로 배가 침몰하면서 실패하고, 육로 공격도 평양 부근에서 고구려의 공세에 기가 꺾였다.

1차 침공의 실패 이후, 수나라는 고구려와 형식적인 평화 관계를 10여 년간 이어갔다. 그사이 새로 수나라의 황제로 등극한 양제는 문제 때의 실패를 만회하기 위해 200만 명의 대군을 끌어 모아 고구려를 침공했다. 영양왕 23년(612)의 일이었다.

기세등등하게 요하를 건넌 수나라 군대는 요동성을 공략했으나, 지구전으로 저항하는 고구려군을 어쩌지 못한 채 시간과 전력을 소모했다. 그런 한편, 바닷길을 통해 대동강 하구로 접근한 수나라 수군은 평양성 외곽에서 고구려군에게 크게 패했다.

요동성에서 발이 묶인 수나라 군대는 30만 5천여 명의 별동대를 조직해 평양성으로 진격했다. 그러나 을지문덕이 이끄는 고구려군의 방어를 뚫지 못해 고전하던 별동대는 살수에서 치명적인 패배를 당했다. 살아서 돌아간 군사의 수가 2,700명에 불과할 정도였다.

이렇게 2차 침공에서도 실패한 수나라 양제는 이후에도 미련을 버리지 못하고 3차, 4차 침공을 시도했다. 그러나 무리한 침공에 대한 나라 안의 불만이 폭증하면서 반란이 일어나고, 병사들의 탈영도 속출한 탓에 고구려 공략은 번번이 수포로 돌아갔다. 이런 가운데 혼란이 가중되고 국력이 쇠약해진 수나라는 양제가 죽고 그 이듬해인 619년에 멸망했다.

당나라와의 전쟁과 멸망

618년에 세워진 당나라는 수나라에 이어 중국의 새 주인으로 등장했다. 고구려는 당나라와 화친을 맺고, 수와의 전쟁에서 잡힌 포로들을 교환했다. 하지만 당 태종이 등극하고 당나라가 점점 강성해져 주변 세력들을 굴복시키고 복속해 나가자, 평화롭던 양국 관계에도 긴장이 고조되기 시작했다.

이에 고구려는 당나라의 침공에 대비해 영류왕 14년(631)에 천리장성 축조에 들어갔다. 동북쪽으로는 지금의 농안에 해당하는 부여성에서부터 서남쪽으로는 지금의 대련에 해당하는 발해만의 비사성에 이르기까지 천 리에 걸친 이 토축성은 공사 착수 16년 만인 647년에 완성되었다.

당시 천리장성의 공사 책임자는 642년에 정변을 일으켜 영류왕을 죽이고 보장왕을 세운 연개소문이었다. 그는 당나라의 움직임을 경계하는 한편, 신라와 당나라의 해로를 연결해 주는 요충지인 당항성을 공격해 빼앗았다. 이에 신라는 당나라에 구원을 요청했고, 기회를 엿보고 있던 당 태종은 644년 고구려 침공에 나섰다.

당의 육군이 현도성, 신성, 요동성을 차례로 격파하는 동안, 당의 수군은 비사성을 공략했다. 요동성을 점령한 당 태종은 기세 좋게 안시성을 공격했다. 하지만 고구려군은 양만춘의 지휘 아래 결사적으로 성을 방어했다.

두 달 동안의 맹공으로도 안시성을 무너뜨리지 못한 당 태종은 점점 날씨가 추워지자 전황이 불리해질 것을 염려해 철군을 결정했다. 뜻을 이루지 못하고 물러난 이후, 당 태종은 두 차례에 걸쳐 고구려를 침략했으나 소득 없이 물러나야 했다. 그리고 고구려 정복의 비원을 품은 채 보장왕 8년(649)에 숨을 거두었다.

고구려를 철권통치하면서 당나라와의 전쟁을 이끌었던 연개소문도 보장왕 24년(665)에 눈을 감았다. 이후 연남생과 연남건, 연남산

안시성주 양만춘과 성민들이 당 태종의 침공을 막아낸 안시성 전투 기록화

등 연개소문의 아들들이 벌인 내분과 귀족 세력들의 이탈로 지도력을 상실한 채 혼란을 겪던 고구려는 신라와 당나라 연합군에게 668년 평양성이 함락되면서 망국의 비운을 맞이했다.

경제와 문화

고구려는 지리적 여건상 농경지가 부족한 데다 토질도 척박했던 까닭에 농사 외에 목축과 수렵이 생업에서 차지하는 비중이 적지 않았다. 농부들은 대체로 작은 규모로 농사를 짓는 한편, 다른 농지에서 품을 팔아 생계를 꾸려나갔다. 반면, 귀족들의 경우는 노비들이나 가난한 농부들을 동원해 대규모로 농사를 지었다. 그리고 나라에서는 기근이 든 해에는 곡식을 빌려주었다가 나중에 갚게 하는 진대법을 실시했다.

조세는 각 호마다 빈부에 따라 상호, 중호, 하호로 차등을 두어 징수했는데, 그 품목은 명주, 베, 곡식 등이었다. 일반 장정들의 경우는 15세부터 59세까지 군역의 의무를 부담했으며, 나라에서 실시하는 각종 토목공사에도 동원되었다.

한 해 농사를 마무리한 10월에 하늘에 제사를 올렸는데, 동맹이라 불린 이 제천의식 때 백성들은 음주와 가무를 즐겼다. 또한 나라에서는 신성하다 여기는 동쪽의 큰 굴에서 목각 여신상을 모셔 놓고 제사를 올렸다는 기록이 전한다.

정복 국가의 백성들답게 고구려인들은 평소 사냥을 통해 유사시에 필요한 전투 기술을 익혔다. 봄과 가을에는 왕이 참석하는 사냥 대회도 열렸다. 또한 왕은 패수를 사이에 두고 편을 갈라 벌이는 석전을 참관하기도 하는 등 전쟁을 가상한 놀이를 국가 차원에서 권장했다.

고구려의 결혼 풍속은 먼저 장가를 들고 나중에 시집을 가는 방식이었다. 즉, 신부의 집 옆에 별도로 지은 가옥인 서옥壻屋에서 아이를 낳고 살다가 아이가 어느 정도 자란 후에 신부의 집으로 옮겨 갔던 것이다. 서옥제라 불리는 이런 풍속 외에도 형이 죽으면 동생이 형수와 결혼하는 형사취수의 풍속도 있었다. 유목민들 사이에서 심심찮게 발견되곤 하는 이러한 결혼 방식은 고구려가 흉노 등의 유목 민족과 접촉하는 과정에서 이식된 것으로 짐작된다.

장례 풍속의 경우에는 3년상을 지냈는데, 죽은 이를 관에 넣고 3년 동안 집 안에 모셔 두었다가 길일을 택해서 묻는 방식이었다. 대체로 기온이 낮은 북쪽 지방이라서 가능했을 이런 장례 의식만큼이나 무덤 양식도 독특해서 흙이 아니라 돌을 깨서 쌓는 적석총 형태였다.

규모가 큰 왕릉도 일일이 돌을 쌓아 만들었는데, 적잖은 인력과 자재가 투입된 대공사를 통해 조성되었을 것으로 보이는 길림성 집안시의 태왕릉은 밑변 하나의 길이가 66미터에 달할 정도로 크다.

이처럼 돌을 쌓는 무덤 양식은 만드는 과정이 쉽지 않다는 단점 때문인지 나중에는 흙으로 봉분을 쌓고 안쪽에 석실을 두는 형태로 바뀌었다. 고구려인들은 종교적이고 예술적인 솜씨를 발휘해 석실 안에 벽화를 그려 넣었다. 벽화의 소재는 당시의 생활상이나 죽은 이의 생전 모습에서 차츰 상상의 존재인 사신도로 옮겨 갔는데, 그 과정에서 강서대묘의 사신도와 같은 걸작이 탄생했다.

온조, 백제의 건국 시조

고구려가 졸본에서 통구를 거쳐 평양으로 도읍을 옮긴 것처럼 백제 또한 여러 차례에 걸쳐 천도를 감행했다. 이처럼 바뀐 도읍을 기준으로 백제의 역사를 기술한다면, 한성 시대(기원전 18~475년)와 웅진 시대(475~538년), 사비 시대(538~660년)로 나눌 수 있다.

평양까지 내려온 고구려의 남하 정책과 연동되어 발생한 백제의 중심지 이동은 서울을 비롯해 충청도와 전라도 지역에 그 족적을 뚜렷하게 새겨 놓았다. 그중 가장 남방인 전라도 권역은 본래 마한이 자리했던 곳으로, 백제의 성장과 발전은 이들 세력과의 충돌과 융합을 피해가기가 어려웠다.

백제의 건국과 관련한 이야기는 《삼국사기》를 비롯해 《삼국유사》, 《수서》, 《북사》, 《속일본기》 등 여러 사서에 짤막하게 기록되어 전한다. 그런데 기록들마다 백제의 건국 시조를 온조, 비류, 구대, 도모 등으로 달리 설명하고 있다.

《삼국사기》에는 부여계 유이민을 이끌고 남하한 온조가 백제를 세운 것으로 나와 있다. 그는 고구려의 시조인 주몽의 둘째 아들이었다. 북부여에서 졸본부여로 내려온 주몽이 부여 왕의 딸과 결혼해 비류와 온조를 낳았는데, 두 형제는 북부여에서 뒤늦게 내려온 주몽의 또 다른 아들 유리에게 태자 자리가 돌아가자 고구려를 떠났다. 그리고 자신을 따르는 무리를 이끌고 한강 유역까지 내려왔다.

이때 온조는 하남 위례성을 도읍으로 삼아 건국하고, 비류는 지금의 인천 부근 지역으로 보이는 미추홀로 가서 나라를 세웠다. 하지만 땅이 축축하고 물맛이 짜서 살기가 불편했던 미추홀의 백성들은 비류가 죽자 위례성으로 옮겨 와 살았다.

이처럼 세력을 불린 온조는 마한의 일부 세력까지 집어삼키게 되었는데, 건국 당시 십제十濟였던 국호도 신장된 국력을 반영해 백제百濟로 고쳐 불렀다. 그리고 백제의 뿌리가 고구려와 마찬가지로 부여에 있었던 까닭에 왕실의 성씨를 부여라 했다.

한성 시대의 백제

제8대로 즉위한 고이왕은 재위 27년(260) 봄에 대대적인 관직 제도 정비를 통해 중앙집권적인 고대국가의 기틀을 마련했다. 6좌평을 두어 국정을 분담케 하는 한편, 관직을 16품으로 나누고 복색을 달리해 위계질서를 확립했다. 대외적으로는 신라의 변방을 자주 공략해 영토 확장에 힘을 쏟았다.

제13대로 즉위한 근초고왕은 고구려에 대한 경계를 강화하면서 군사력을 키우는 데 매진했다. 재위 24년(369)에 고구려의 고국원왕이 군사들을 이끌고 침공해 오자 이를 물리쳤으며, 2년 후에는 반대로 고구려의 평양성을 공격해 고국원왕을 전사시켰다.

근초고왕의 지도력과 강한 군사력에 힘입어 영토를 오늘날의 경기도, 충청도, 전라도, 강원도와 함경도 일부까지 확장한 백제는 한산漢山으로 도읍을 옮겼다. 그리고 동진에 사신을 보내 외교 관계를 수립했다.

영토 확장에 매달린 근초고왕은 역사서 편찬에도 관심을 기울여 박사 고흥에게 《서기》를 만들게 했다. 고구려는 영양왕 때 이문진이

《유기》를, 신라는 진흥왕 당시 거칠부가 《국사》를 쓰는 등 삼국이 모두 역사서를 편찬했다.

근초고왕의 치세로 백제는 전성기를 구가했으나, 재위 30년(375) 가을에는 고구려의 공격을 받아 지금의 황해도 신계 지역인 수곡성이 함락당하는 시련을 겪기도 했다. 이에 보복 공격을 준비하던 근초고왕은 뜻을 이루지 못한 채 그해 겨울 죽음을 맞았다.

백제의 참담한 시련은 21대 개로왕 때 있었다. 재위 21년(475)에 개로왕은 고구려 장수왕의 공격을 받아 수도인 한성을 빼앗긴 데다 적에게 사로잡혀 죽임까지 당했다. 이로써 고구려는 100여 년 전 백제군과 맞서 싸우다 죽은 고국원왕의 복수를 한 셈이었다.

고구려의 복수전은 단순한 힘겨루기가 아니었다. 장수왕은 백제에 대한 군사 작전에 앞서 승려 도림을 첩자로 내려 보냈다. 도림은 바

서울 송파구에 있는 한성 백제의 유적지인 몽촌토성의 목책

둑을 좋아하는 개로왕에게 접근해 신임을 얻은 다음, 왕을 꾀어 새로 궁궐을 짓고 성을 쌓게 만드는 등 각종 토목공사로 백제의 국력을 소진시켰다.

이처럼 주도면밀한 고구려의 침공 앞에서 백제는 속수무책이었다. 멸망 위기에 처한 백제 왕실을 구한 것은 일찍이 고구려 침략에 대비해 비유왕 7년(433)에 체결한 신라와의 나제동맹이었다. 개로왕 21년(475), 위급한 상황에서 부왕인 개로왕의 명을 받은 문주는 신라로부터 1만여 명의 원병을 얻어왔고, 고구려군은 공세를 멈추고 물러갔다.

웅진 시대의 백제

이미 왕이 죽고 한성도 파괴된 참담한 상황에서 제22대로 즉위한 문주왕은 지금의 공주 지역인 웅진으로 천도를 결정했다. 새로 옮겨 간 도읍은 외부로부터 접근하기 힘든 지형이라 확실히 안전은 했지만, 그만큼 밖으로 진출하기도 어려웠을 뿐더러 일국의 수도로 삼기에도 협소했다.

이처럼 급박하게 이루어진 문주왕 원년(475)의 천도로, 백제는 성왕 때 다시 수도를 옮겨 가는 수고를 하게 되었다. 웅진이 백제의 정치, 경제, 사회, 문화 중심지로 구실한 것은 문주왕부터 삼근왕, 동성왕, 무령왕을 거쳐 성왕까지 5대에 이르지만, 그 기간은 65년에 불과했다.

천도 직후 병권을 가진 신하가 반란을 일으켰다가 진압되는 등 어수선한 가운데, 동성왕은 제24대 왕으로 즉위했다. 그는 지방의 유력한 세력들과 연대하면서 정치적인 안정을 꾀하는 한편, 재위 15년(493)에는 신라의 왕족인 이찬 비지의 딸과 혼인해 신라와의 동맹을 더욱 공고히 했다. 이러한 노력으로 정국이 안정을 찾게 되자, 방심한 왕은 차츰 정사를 멀리하고 향락을 즐기다가 자신에 대한 처우에 불만을 품은 신하에게 살해되었다.

제25대로 즉위한 무령왕은 동성왕을 죽인 신하의 반란을 진압하고, 고구려의 무력 책동에 맞서 군사력을 키우는 데 매진했다. 즉위 초부터 군사적으로 충돌하기 시작한 고구려 견제를 위해 동성왕은 중국 남조의 양나라 및 왜와 외교 관계를 강화했다.

국방 문제뿐 아니라 내치에도 힘쓴 무령왕은 홍수나 가뭄으로 고통받는 백성들을 위해 왕실 창고를 개방하고, 하천 제방을 대대적으로 정비했다. 그리고 도읍으로 들어온 유민들을 귀향시켜 농사를 짓게 했다.

사비 시대의 백제

무령왕의 뒤를 이어 즉위한 성왕은 재위 16년(538)에 지금의 부여인 사비로 도읍을 옮기고 국호를 남부여로 바꾸는 등 국가체제를 다시 정비했다. 이를 통해 국력을 키운 성왕은 고구려와 적극적으로 맞서 싸우면서 부왕 때처럼 중국의 남조와 긴밀히 교류하고 신라와도 돈독한 관계를 유지해 나갔다.

하지만 신라의 힘이 부쩍 세어지면서 양국의 관계에도 금이 가기 시작했다. 성왕 28년(550)에 백제와 고구려가 서로 상대의 도살성과 금현성을 점령하자, 신라 진흥왕은 양국 군사들이 지친 틈을 노려 두 성을 탈취했다. 그리고 3년 뒤에는 백제의 국경을 넘어와 한강 유역을 차지하는가 하면, 지금의 충청북도 보은에 있는 삼년산성을 빼앗았을 뿐더러, 옥천 지역인 관산성까지 공략했다.

이에 신라에 대한 응징의 기회를 노리던 성왕은 이듬해인 554년 7월 신라를 기습 공격했다. 절정을 이룬 관산성 전투에서 우세를 보이던 백제군은 매복해 있던 신라군의 공격으로 성왕이 전사하자, 사기를 잃고 대패했다.

이후 백제의 주적은 고구려에서 신라로 바뀌어, 성왕의 뒤를 이어 즉위한 위덕왕은 신라의 국경을 자주 침범하면서 부왕에 대한 복수를 꾀했다. 그리고 중국 남북조의 국가들과 긴밀하게 교류하면서 고구려의 공격에도 대비했다.

사비성으로 천도한 백제가 가장 군사력이 강했던 시기는 무왕 때

사비 백제의 궁궐이 있던 궁남지 유적

였다. 겨우 2년씩 재위한 혜왕과 법왕에 이어 제30대로 즉위한 무왕은 서동 설화의 주인공으로 알려져 있다. 백제 왕자와 신라 공주의 낭만적인 사랑 이야기와 달리, 40여 년의 재위 기간 동안 무왕은 신라에 빼앗긴 영토를 수복하기 위해 치열하게 싸웠다. 재위 3년(602)부터 재위 37년(636)까지 군사를 일으켜 신라를 침공한 횟수가 10여 차례나 될 정도였다. 특히 627년에는 직접 군사를 이끌고 신라에 대대적인 공격을 가했다.

무왕 다음으로 즉위한 이는 백제의 마지막 왕인 의자왕이었다. 즉위 초기에는 나라를 안정적으로 잘 운영하면서 성군의 자질을 보였다. 효심이 지극하고 우애가 깊어 '해동증자'로 불리기도 했던 의자왕은 지방을 순행하면서 고달픈 백성들의 삶을 돌보고, 죄인들을 대거 사면해 주었다.

그런 한편, 대외적으로는 당나라와 돈독한 외교 관계를 조성하면서 신라에 대해 적극적인 군사 공격을 감행했다. 재위 2년인 642년 가을에 의자왕은 친히 군사를 이끌고 신라를 공격해 40여 개의 성을 빼앗았다. 또한 장군 윤충을 시켜 지금의 경상남도 합천에 해당하는 신라의 대야성을 공략해 성주를 죽이고 성을 차지했다. 그리고 이듬해에는 지금의 경기도 화성 지역인 당항성을 점령해 신라가 당나라를 오가기 어렵게 만들었다.

이러한 군사적 압박 속에서 신라는 당나라의 힘을 빌려 위기에서 벗어나고자 했다. 싸움을 멈추라는 당 황제의 뜻을 수용하는 듯했던 의자왕은 재위 15년(655)에 고구려와 더불어 다시 신라를 공격해 30여 개 성을 무너뜨렸다.

신라를 상대로 거둔 눈부신 승리에 도취한 의자왕은 정사를 게을리하기 시작했다. 실정이 거듭되고 폐단이 쌓이면서 백제의 국력은 날로 소진되었다. 이런 가운데, 당나라 군사 13만 명이 소정방의 지휘 아래 바닷길을 건너고, 신라의 정예 병력 5만 명이 김유신을 따라 백제의 국경 안으로 들어왔다. 이에 백제의 계백이 이끄는 결사대 5천 명은 지금의 충청남도 논산 지역에 자리한 황산벌에서 10배나 많은 신라군과 맞서 싸웠다. 기세로 적을 눌렀으나 수적으로는 당해 낼 수 없었던 백제군이 전멸하자, 김유신의 군대는 사비성으로 몰려갔다. 그리고 서해를 건너온 소정방의 군대와 합세했다.

나당연합군에 맞서 분전한 의자왕은 기울어진 전세를 극복하지 못한 채 사비성에서 웅진성으로 옮겨 가며 싸우다가 항복했다. 그리고 자신을 따르는 무리들과 함께 당나라로 호송되었다. 이로써 31대에 걸쳐 678년을 이어온 백제의 역사가 막을 내렸다.

당나라는 백제 땅을 다스리기 위해 웅진, 마한, 동명, 금련, 덕안 등 5개 도독부를 설치했다. 하지만 그 통제력은 일부 지역에만 미쳤고, 대다수 지역은 백제의 부흥을 꾀하는 세력들에게 장악되었다.

부흥 운동 초기에는 백제의 장군 흑치상지가 지금의 예산 대흥에 위치한 임존성을 근거지로 3만 명의 군사를 모아 당나라에 항쟁했다. 한때 200여 개의 성을 수복했을 정도로 기백을 떨쳤던 흑치상지는 전황이 불리해지면서 결국 적에게 항복했다.

한편, 무왕의 조카 복신과 승려 도침도 의자왕의 아들인 부여 풍을 왕으로 삼아 지금의 한산 지역인 주류성에서 백제 부흥의 깃발을 들었다. 하지만 복신이 도침을 죽이고 풍이 다시 복신을 없애는 등 지도부의 내분이 일어나면서 주류성은 함락되었다.

이처럼 부흥군의 주력이 무너진 뒤에도 임존성에서는 장군 지수신이 싸움을 계속해 나갔다. 투항을 거부하던 지수신은 항복 후에 당나라의 앞잡이가 된 흑치상지의 공격으로 성이 함락되자, 고구려로 도주했다. 이로써 4년간에 걸친 백제 부흥 운동은 실패로 돌아갔다.

도성과 행정구역

백제 시대 초기 중심지로서 도읍인 한성이 자리했던 것으로 추정되는 한강 유역에는 오늘날 풍납토성과 몽촌토성이 남아 있다. 《삼국사기》에 따르면, 한성은 북쪽 성과 남쪽 성으로 구성되었는데, 가까운 거리를 두고 조성된 풍납토성과 몽촌토성이 바로 한성을 이루고 있던 2개 도성으로 보인다.

온조가 한강 유역까지 남하해 도읍으로 삼았다는 하남 위례성의 정확한 위치에 관해서는 여러 논란이 있어 왔지만, 대체로는 한강변에 자리한 풍납토성을 위례성으로 받아들이는 추세이다. 성벽의 둘레가 4킬로미터 정도로 당시로서는 꽤 큰 규모인 데다, 출토된 유물의 양이나 질에서도 다른 후보지들보다 앞서 있기 때문이다. 한성의 일부로 여겨지는 몽촌토성은 둘레가 2.3킬로미터 정도인데, 이것은 도읍이 커지는 과정에서 군사적인 목적 등으로 나중에 지어진 것으로 짐작된다.

백제의 두 번째 도읍인 웅진의 지역 범위는 지금의 공주시를 동서로 가로지르는 금강 아래쪽의 시가지 일원으로 보인다. 도성인 공산성은 해발 110미터의 능선에 자리한 천연 요새로, 성벽의 둘레는 2.6킬로미터 정도이며, 동서로 약 800미터에 남북으로 약 400미터인 장방형 구조를 이루고 있다. 원래는 흙으로 지어진 토성이었으나, 조선 시대에 돌을 쌓아 석성으로 개축했다.

　세 번째 도읍으로 옮겨 간 사비에서 왕궁은 지금의 부여 부소산 남쪽 밑에 지어졌던 것으로 추정된다. 그리고 부소산에는 산정을 중심으로 약 1.5킬로미터에 걸쳐 축조된 부소산성과 삼천궁녀의 전설이 깃든 낙화암이 백마강을 굽어보고 있다.

　사비 시대 당시 중앙의 행정구역은 동부, 서부, 남부, 북부, 중부 등 5부로 구성되었고, 각 부는 다시 5방으로 나뉘었다. 다시 말해 사비 지역의 행정권역은 25개의 방으로 구획되어 있었던 것이다.

　지방의 경우에는 전국을 동방, 서방, 남방, 북방, 중방 등 5방 체제

사비 백제가 있었던 부여의 시가지 전경

로 나누고, 중앙에서 임명한 관리에게 방의 행정을 맡겼다. 그리고 각 방 밑에 여러 개의 군을, 다시 각 군 밑에 여러 개의 성을 두고 지방관을 파견했다. 지역을 부족장이 통치하거나 왕족 또는 유력한 귀족 출신이 다스리던 이전 시대와 비교해 사비 시대는 중앙의 지배력이 한층 강화되었다고 할 수 있다.

경제와 사회

백제 사회를 구성하는 신분 계층은 크게 지배층과 평민층 그리고 천민층으로 나눌 수 있다. 지배층은 전쟁을 통해 정복한 땅의 일부를 식읍으로 받거나 황무지를 개간하여 점차 대토지를 소유하게 되었다. 그리고 평민층에 속하는 농민들의 경우에도 사적인 토지 소유가 진전되는 과정에서 얼마간의 땅들을 가질 수 있었다.

4~5세기경, 철제 농기구의 보급과 우경의 실시 그리고 저수지와 제방의 축조 등으로 농업 생산력이 크게 증가했다. 그러면서 농민들 사이에서도 자기 땅에서 농사를 짓는 자영농민과 남의 땅에서 품을 파는 용작민 등으로 분화가 일어났다.

백제의 조세 대상은 농민으로, 그들에게는 조組, 조調, 역역力役 등의 의무가 부과되었다. 조組는 토지에서 생산된 수확물 중에서 일정 부분을 징수하는 제도이고, 조調는 지역에서 나오는 특산물을 나라에 바치는 제도를 말한다. 그리고 역역은 국방의 의무를 지는 군역과 나라나 지방에서 주관하는 토목사업 등에 일꾼으로 동원되는 부역을 가리킨다. 군역은 3년을 원칙으로 했으며, 부역은 농한기인 2월과 7

월에 주로 이루어졌다.

이러한 조세 제도의 원활한 집행과 농업 인력의 확보를 위해 백제에서는 경제적 능력에 따라 가구를 상, 중, 하로 구분했던 고구려처럼 3등호제를 실시해 백성에 대한 통제를 강화했다. 그런 한편, 신라나 고구려로 인구가 빠져나가는 것을 막기 위해 나라의 곳간을 열어 곡식을 나누어 주거나 세금을 면제해 주는 등 민심을 수습하는 조치를 취하기도 했다.

문화

백제 문화의 중심에는 불교가 자리하고 있다. 백제는 삼국 중에서 불교 미술이 가장 발달한 나라였다. 제15대 왕인 침류왕 원년(384) 동진에서 건너온 인도 승려 마라난타에 의해 백제 사회에 불교가 처음 소개되었다. 그리고 백제 왕실은 불교를 적극 수용했다. 이처럼 순탄하게 백제로 이식된 불교는 사비 시대에 이르러 크게 번성했다. 질 좋은 화강석이 많이 산출되는 지질 특성상, 우리나라는 가람배치에서 중요한 불탑의 경우에 일찍부터 석탑 기술이 발전했다.

그 가운데 익산 미륵사지 석탑과 정림사지 5층 석탑처럼 주목할 만한 석탑들이 바로 사비 시대에 만들어졌다. 익산 미륵사지 석탑은 우리나라에서 현존하는 석탑 중에서 가장 오래되고 가장 규모가 큰 탑이다. 그리고 정림사지 5층 석탑은 장중하면서도 경쾌한 느낌을 주는 탑으로, 삼국 시대의 대표적인 석탑이라 평가받는다. 각각 국보 제11호와 제9호로 지정되어 있다.

백제인의 솜씨가 가장 잘 녹아들어 있는 불교 미술은 바로 불상이다. 백제 불상은 부드럽게 조각된 몸체와 자연스럽게 표현된 옷 주름 그리고 잔잔하게 미소 짓는 얼굴 표정을 특징으로 한다. 부여 군수리 절터에서 출토된 납석제불좌상과 금동보살입상, 부소산에서 출토된 금동삼존불상, 서산과 태안의 자연 암벽에 새겨진 마애삼존불, 예산 화전리에서 발견된 사면석불 등을 그 예로 들 수 있다.

이 중에서 특히 충남 서산 용현리의 마애삼존불은 우리나라 마애삼존불의 효시가 되는 작품으로, 유쾌하게 웃음 짓는 둥글고 귀여운 불상의 표정이 인상적이다. 위엄 있고 자비로운 표정을 짓는 보통의 불상과 달리 친근한 느낌의 백제인을 보는 듯한 중앙의 본존불은 국보 제84호로 지정되어 있다.

불교 미술 외에 건축이나 금속공예 분야에서도 백제인들은 빼어난 솜씨를 유감없이 발휘했다. 일본 덴리시天理市 이소노카미 신궁에 있는 백제 칠지도, 부여 능산리 절터에서 출토된 백제금동대향로 그리고 같은 지역 고분에서 나온 금동제 관 장식이나 금실, 금제 꾸미개 따위의 부장품 등이 대표적인 예이다.

이 가운데 백제 칠지도는 4세기나 5세기경에 백제의 왕이 일본 왕에게 하사한 것으로 추정되는, 길이 74.9센티미터의 철제 칼이다. 칼의 양쪽 면에 금상감 기법으로 글자들이 새겨져 있는 이 유물은 백제 금속공예 기술의 진수를 보여 준다.

또한 백제금동대향로는 불전에서 향을 피울 때 쓰던 것으로, 국보 제287호로 지정되어 있다. 구리 합금에 수은아말감 기법으로 도금한 이 유물은 조형적 섬세함과 화려함이 탁월해 눈길을 끈다.

한편, 부장품 형태로 여러 유물들이 출토된 바 있는 백제의 무덤은 서울을 비롯해 경기도, 충청도, 전라도 등지에 널리 흩어져 있다. 특히 한강 유역인 서울 석촌동과 구의동 일대, 공주 송산리 지역 그리고 부여 능산리 지역 등 과거 백제의 도읍지에서는 왕릉급의 무덤들이 집중적으로 분포한다.

백제 무덤의 조성 장소는 대체로 평지였다가 송산리나 능산리처럼 구릉으로 바뀌는 모습을 보여 준다. 또한 돌무지무덤(적석총)에서 돌방무덤(석실묘)으로 조성 방식도 바뀌어 갈 뿐더러, 무덤 밖에서 안으로 연결되는 연도가 남쪽 벽의 동편에서 중앙이나 서편으로 이동하는 구조 변화도 진행되었다.

오늘날 백제 시대의 대표적인 무덤으로 손꼽히는 무령왕릉은 1971년 명문이 적힌 지석이 발견됨으로써 그 정체가 밝혀졌다. 일정한 크

1971년에 발견된 백제 시대를 대표하는 무덤인 무령왕릉

무령왕릉 출토 유물인 금제 관식, 금귀걸이, 백제금동대향로, 석수와 정림사지 5층 석탑

기의 벽돌을 쌓아 만든 벽돌무덤(전축분)인 이 왕릉은 앞면 중앙에 연도가 짧게 마련되어 있으며, 아치형의 천장 구조를 이루고 있다. 이곳에서는 원형이 가장 잘 보존된 백제 시대의 유물이 출토되었다.

백제 문화의 주요한 특성 중 하나는 일본에 전파되어 그곳 문화 발전에 지대한 영향을 끼쳤다는 것이다. 삼국 중 일본과 가장 많이 교류한 백제는 불교와 유학 등 당대의 선진 문물을 일본에 전해 주고, 일본은 백제에 위기가 닥쳤을 때 군사적 도움을 제공했다. 이처럼 양국 관계는 상호 협조적인 성격이 강했다. 백제에서 일본으로 문화가 전수된 사례를 간략하게 열거하면 다음과 같다.

4세기 중엽 근초고왕 당시 왕명으로 일본에 간 아직기가 일본 태자의 스승이 되어 한자를 가르쳤으며, 아신왕 때는 박사 왕인이 《논어》와 《천자문》 등을 일본에 전했다. 당시 왕인과 함께 도공과 와공 등 많은 기술자들도 따라가서 일본 아스카 문화 형성에 지대한 공헌을 했다.

무령왕 13년(513)에는 오경박사 단양이가 일본의 초청으로 바다를 건너가 유학을 가르치고, 3년 후에는 고안무와 교대하고 귀국했다. 또한 성왕 32년(554)에는 왕류귀 등이 일본에 유학을 전파했다.

일본에 불교를 처음 전해 준 것도 백제였다. 성왕 30년(552)에 왕명으로 일본에 파견된 노리사치계가 금동석가불 1구와 경론 등을 전했다. 그 밖에도 성왕 때는 천문 지식을 가진 역박사인 왕보손과 왕도량, 의학 지식을 가진 의박사인 나솔 등이 천문 관측 기술과 역법, 의학 및 백제의 여러 선진 문물을 일본에 전수했다. 아울러 무왕 3년(602)에는 역법에 능통한 승려 관륵이 일본에 역서와 천문, 지리, 방술에 관한 책들을 전해 주었다.

신라 건국과 시조 신화

　신라는 삼한 가운데 진한 12국에 속해 있던 사로국을 모태로 한다. 사로국은 6개 촌을 중심으로 이루어진 사회로, 기원전 1세기 중엽 박혁거세의 등장과 더불어 국가를 이루면서 발전해 나갔다.

　《삼국사기》에 따르면, 기원전 57년 박혁거세가 건국한 이래로 신라의 왕위는 박씨, 석씨, 김씨 등이 교대로 이어받았다. 3개 성씨의 시조는 건국자인 박혁거세를 비롯해 석탈해와 김알지 등인데, 이들과 관련된 신화의 내용을 간단히 살펴보면 다음과 같다.

　고허촌의 촌장인 소벌공이 지금의 경주 남산인 양산 기슭의 우물가에 말이 꿇어앉아 울고 있는 것을 기이하게 여겨 가까이 가서 보니, 말은 사라지고 커다란 알만 놓여 있었다. 이에 촌장이 알을 깨뜨리니 속에서 어린아이가 나왔는데, 그 이름을 박혁거세라 지었다. 아이가 자라 나이 13세가 되자 매우 비범한 자질을 보이므로, 그 출생을 신기하게 여겨온 사람들이 거서간으로 추대했다.

　탈해는 본래 왜국 동북쪽 1,000리 밖에 있는 다파나국에서 태어났다. 이곳 왕은 왕비가 임신한 지 7년 만에 커다란 알을 낳자, 그 알을 내다 버리게 했다. 이에 왕비는 비단으로 알을 감싸고 보물과 함께 궤짝에 넣은 후 배에 실어 바다에 띄워 보냈다. 배는 먼저 금관국에 닿았으나 사람들이 꺼려하는 바람에 다시 흘러흘러 진한의 아진포에 이르렀다. 이때 한 노파가 배를 발견하고 궤짝을 열어 보니 어린아이가 있었다. 노파가 그 아이를 거두어 길렀는데, 키가 크고 준수하고 영특한 청년으로 성장했다. 어떤 이가 말하길 "처음 배가 당도했을 때 까치가 울었으니 까치작鵲 자를 줄여 석昔 자를 성씨로 삼고, 궤짝에서 나왔으니 탈해脫解라 이름을 짓자."라고 했다.

탈해왕 때 지금의 경주인 금성 서쪽의 시림 숲에서 닭 우는 소리가 들려 신하를 보내 확인해 보니, 나뭇가지에 금빛 나는 작은 함이 걸려 있고 그 아래에서 흰 닭이 울고 있었다. 이에 왕이 직접 가서 함을 열었더니 그 안에서 어린아이가 나왔다. 왕은 하늘이 내려준 자식이라 여기고 데려다 키웠는데, 금빛 함에서 나왔다 해서 성을 김씨라 짓고 이름은 알지라고 했다.

훗날 남해왕의 사위가 된 탈해는 남해왕의 아들인 유리왕의 뒤를 이어 기원후 57년에 즉위했다. 그리고 김알지는 탈해왕 당시 태자였

박혁거세, 알영, 남해왕, 유리왕, 파사왕 등 5명의 왕족이 함께 묻혀 있는 오릉

기에 왕위를 이어야 마땅했으나 파사왕에게 양보했다. 그 결과, 김알지의 6세 후손인 미추왕 때에 이르러 김씨의 사람이 처음 왕위에 오르게 되었다. 262년의 일이었다.

건국 시조인 박혁거세의 신화는 천손강림형 신화 요소와 난생신화 요소를 함께 가지고 있다. 석탈해의 경우는 난생신화의 요소만 발견되며, 배를 타고 흘러들었다는 대목은 그의 출신 배경이 해양 세력임을 짐작케 해 주는 상징으로 보인다.

김알지는 나뭇가지에 걸린 함에서 나왔다는 점에서 하늘로부터 내려오는 천손강림형 신화의 요소가 보이며, 금빛의 함은 쇠금金, 즉 철기 문명 세력을 상징한다고 추측할 수 있다. 말하자면 발달한 철기 문화를 가진 집단이 북쪽에서 신라로 유입되었음을 짐작케 해 주는 대목인 것이다.

정치의 발전

신라는 왕에 대한 호칭이 시기별로 변화해 왔다. 먼저 건국 시조인 박혁거세의 경우에는 '거서간'이라는 왕호가 사용되었다. 이것은 진한 말로 임금이라는 뜻을 가진 용어였다. 박혁거세의 뒤를 이은 남해왕에게는 '차차웅'이라는 왕호가 붙었는데, 이는 무당이라는 뜻의 용어였다. 당시 왕한테 제사를 주관하는 제사장의 역할이 주어졌다고 짐작해 볼 수 있는 대목이다.

제3대 유리왕부터는 '이사금'이라는 왕호를 사용했는데, 《삼국사기》에는 제18대 실성왕까지, 《삼국유사》에는 제16대 흘해왕까지 썼다는 각기 다른 기록이 전한다. 그다음에 쓴 왕호는 '마립간'인데, 여기서 '마립'이란 말뚝을 뜻하는 것으로 왕 아래 신하들이 죽 늘어선 자리를 가리킨다. 따라서 마립간은 최고 지배자의 의미로 쓰인 호칭이라고 할 수 있다.

앞선 왕호인 이사금이 이가 많은 사람, 즉 연장자로서의 의미라고 해석되는 것과 비교해 볼 때, 상대적으로 정치적인 권력이 강화되었음을 짐작케 해 준다. 《삼국사기》와 《삼국유사》에는 마립간이라는 왕호가 각각 제19대 눌지왕에서 제22대 지증왕까지, 제17대 내물왕에서 제22대 지증왕까지 사용된 것으로 기록되어 있다. 그리고 지증왕 재위 당시 중국식으로 바꿔 왕이라는 칭호를 사용하기 시작했다.

이와 같은 왕호의 변화는 왕권 강화뿐 아니라 국력의 신장도 반영하고 있다. 신라가 국가로 발전하는 과정에서 필연적으로 진행되었던 주변 정치 집단에 대한 정벌이나 복속 작업이 일단락된 시기는 대략 3세기 중엽으로 보인다.

내물왕 시기에 신라는 왜구의 잦은 침입으로 고초를 겪었다. 내물왕 5년(400)에는 나라 안으로 들어온 왜구를 쫓아내기 위해 고구려 광개토왕에게 군사적인 지원을 요청했을 정도였다. 이러한 군사적 도움은 정치적 간섭으로 이어져, 이후 신라 눌지왕은 백제와 나제동맹을 체결함으로써 고구려의 영향력에서 벗어나고자 했다.

신라新羅라는 국호를 처음 쓴 시기는 지증왕 4년(503)으로, 마립간 대신에 국왕이란 호칭을 쓰기 시작한 것도 이때였다. 재위 기간 동안 왕권 강화와 체제 정비에 힘쓴 지증왕은 전래된 악습인 순장을 금지시키는 한편, 생산력 증대를 위해 우경을 보급했다. 또한 지방을 주와 군으로 나누고 그 아래 성과 촌을 두는 등 행정구역을 정비했다.

제23대 왕으로, 지증왕의 업적을 상속한 법흥왕은 율령을 반포함으로써 중앙집권적인 정치 체제를 확립했다. 또한 국방 체계의 정비와 강화를 위해 병부를 설치하고, 왕권 보좌를 위해 상대등을 신설했다. 그리고 재위 15년(528)에는 사상적 통일을 위해 불교를 공인했으며, 재위 23년에는 '건원'이라는 독자적인 연호를 사용하기도 했다.

영토의 확장

신라는 건국 초기부터 활발한 정복 활동으로 영토를 넓혀 나갔다. 탈해왕 때의 우시산국과 거칠산국 병합을 비롯해, 파사왕 때의 음즙벌국과 실직국, 압독국, 비지국, 다벌국, 초팔국 정벌, 벌휴왕 때의 소문국 점령, 조분왕 때의 감문국과 골벌국 정복, 점혜왕 때의 사벌국 장악 등을 그 예로 들 수 있다.

고구려의 남진이 본격화된 5세기 중반 이후, 신라는 변방 지역에 성곽을 쌓기 시작했다. 《삼국사기》에는 자비왕 때 11곳, 소지왕 때 5곳, 지증왕 때 12곳에 산성을 축조했다는 기록이 보인다.

이처럼 방어적인 활동 외에 신라는 대외 정복 활동도 계속해 나갔다. 지증왕 13년(512)에 신장된 국력을 바탕으로 울릉도를 복속하고, 법흥왕 19년(532)에는 금관가야를 병합했다. 또한 진흥왕 11년(550)에는 고구려와 백제가 금현성과 도살성을 놓고 공방전을 벌이다 지친 틈을 타 두 성을 차지했다. 그리고 이듬해에는 거칠부가 죽령 이북과 고현 이내의 고구려 10개 군을 탈취했으며, 다시 2년 후인 553년에는 백제의 동북면을 공격해 한강 하류의 땅을 수중에 넣었다.

이에 분노한 백제 성왕이 가야와 왜의 군대를 끌어들여 신라의 관산성을 협공하는 등 보복전에 나섰으나, 복병의 공격을 받아 전사했다. 이로써 신라와 백제가 나제동맹으로 이어온 120년간의 우호적인 관계는 완전히 파탄이 나버렸다.

진흥왕은 재위 16년(555)에 확장된 신라의 영토를 확인하고 북한산에 순수비를 세우는 한편, 남양만 지역에 당항성을 쌓아 중국과의 안정적인 교류를 꾀했으며, 재위 23년(562)에는 대가야를 공략해 무너뜨렸다.

세력 확장을 경계한 고구려의 군사적 압력과 성왕의 전사로 주적이 된 백제와의 지속적인 전투에 대한 부담감으로 신라는 당나라에 계속해서 도움을 요청했다. 당이 그 요청에 화답해 군대를 파병한 것은 신라 태종무열왕 7년(660)의 일이었다.

이때 김유신의 신라군은 탄현을 넘어 황산벌에서 계백의 백제군을 제압하고, 소정방의 당나라군은 기벌포에 상륙해 백제의 왕도인 사비성을 공략했다. 나당연합군의 기세에 눌린 백제는 오래 버티지 못하고 결국 멸망했다.

한편, 고구려는 권력자인 연개소문이 사망하면서 지

진흥왕의 영토 확장 업적을 보여 주는 북한산 진흥왕 순수비

배층이 분열했다. 고구려는 그 틈을 노려 공격해 들어온 나당연합군을 맞아 분전했으나, 이탈하거나 배신하는 세력들이 생겨나는 가운데 보장왕 27년(668)에 끝내 멸망했다.

당나라는 고구려가 멸망하자 해당 지역뿐 아니라 백제의 옛 땅도 자기 지배 아래 두려고 시도했다. 당나라와의 사전 밀약을 통해 평양 이남 지역에 대한 지배권을 가지기로 했던 신라는 당나라에 반발해 군사적 공격을 감행했다. 고구려와 백제 유민을 끌어들여 당나라와 벌인 전쟁은 문무왕 10년인 670년에 시작되어 676년까지 이어졌다.

경제 활동

삼국 시대에 사람들이 주로 경작한 농산물은 콩이나 조 등의 잡곡류였다. 하지만 4세기 초반부터 신라에서는 수전 농사가 늘어나기 시작했다. 그리고 6세기에 들어와서는 벼의 생산량이 증가해 주식에서 쌀이 차지하는 비중이 점점 커졌다.

4~5세기경에는 철제로 만든 따비나 괭이, 삽, 쇠스랑 등의 농기구가 보급되어 땅을 깊게 갈 수 있게 되었다. 저수지를 축조해 농사에 필요한 물을 안정적으로 공급하려 했고, 소를 이용한 우경 농법이 널리 보급됨으로써 농업 생산력이 비약적으로 성장했다.

농사뿐 아니라 수공업 분야에서도 신라는 발전된 모습을 보였다. 일찍이 금이나 은, 동을 추출해 가공하는 기술이 뛰어나 일본에는 금과 은의 나라로 소문이 났을 정도였다. 이처럼 금속 세공 기술 외에도 명주실이나 삼실로 포를 짜는 직조 및 염색 기술 또한 높은 수준에 다다라 있었다. 이는 신라 초기에 6부의 여인들이 길쌈 경기를 했던 사실에서도 짐작이 가능한데, 당시 민간에서는 생활에 필요한 마포를 가내에서 자급자족한 것으로 보인다.

관청 수공업의 경우는 6세기경에 궁중 수공업과 관영 수공업으로 분화되어 발전했다. 수공업과 관련된 여러 관청들을 설치하고, 궁중에서 필요로 하는 물품 제작에 필요한 원료 확보부터 제품 생산에 이르기까지 모든 공정을 처리할 수 있게 했다. 관영 수공업은 관청 관할의 공장에서 물품을 만들어 조달케 하거나, 장인들로 하여금 관청이 필요로 하는 물품을 바치게 하는 공부貢賦의 형태로 운영되었을 것으로 짐작된다.

농업과 수공업 관련 생산물의 증가로 물품의 교환과 소비 요구도 자연스럽게 늘어난 가운데, 장방형 철 덩어리인 철정鐵鋌이 등장해 화폐의 역할을 하면서 신라 초기의 상업을 촉진시켰다. 소지왕 때 서라벌에 시장이 처음 개설되고, 지증왕 때도 서라벌에 동시東市라는 시장과 관할 관청인 동시전東市典이 설치되어 물자의 유통을 도왔다. 아울러 철정을 대신하는 새로운 교환 수단으로 포布가 널리 쓰이기 시작했다.

6세기 중엽 신라가 한강 유역을 장악하고 중국의 여러 나라들과 교류가 자유로워지자, 사절단이 왕래할 때 상업적인 활동도 곁들여지는, 이른바 조공무역이 전개되었다. 그리고 새로 들어선 당나라와도 초기부터 긴밀한 관계를 조성하면서 조공무역을 활발하게 펼쳐 나갔다. 이러한 신라인들의 상업 활동과 관련해 중국의 사서인 《신당서》에 "시장에서는 모든 부녀자들이 물건을 사고판다."라는 기록이 전하고 있다.

종교와 문화

신라는 법흥왕 8년(521)에 중국 남조인 양나라로부터 불교를 받아들였다. 그리고 이차돈의 순교와 같은 우여곡절을 거쳐 법흥왕 14년(527)에 국교로 공인했다. 이후 불교는 신라 왕실의 적극적인 후원 아래 신라인들의 정신과 삶 속으로 깊숙이 스며들었다.

진흥왕은 신라 최대의 사찰인 황룡사를 건립했고, 확장된 영토를 돌아볼 때도 승려를 대동했으며, 국통 등의 관직을 승려에게 주어 전사한 군졸들을 위해 팔관회를 열고 미륵사상을 널리 퍼뜨리게 했다.

진평왕 때는 수나라에서 유학 중이던 원광이 돌아와 만든 세속오계가 귀족의 자제들인 화랑의 중심 이념으로 채택되었다. 그리고 선덕여왕 때는 황룡사 9층탑을 조성했는데, 이는 인도에서 금이며 구리를 보내와 조성했다는 황룡사 장육존상과 하늘로부터 받았다는 진평왕의 옥대와 함께 신라와 신라 왕실을 불교적으로 신성화하고 정당화하는 세 가지 보물로 숭배되었다.

이처럼 숭불 정책을 취하는 한편 신라는 유교도 받아들였다. 진흥왕 순수비에서 《서경》의 구절이 인용된 것, 임신서기석에서 《서경》 및 《시경》, 《예기》, 《춘추좌전》 등이 언급된 것에서도 그 사실을 알 수 있다. 당시 유교의 수용은 중국과의 원활한 교류를 위한 외교적 수단이자, 왕에 대한 충성심을 높이기 위한 정치적 도구로서 수용되고 활용되었다.

불교와 유교가 중국으로부터 들어와 점차 신라 사회에 뿌리내리며 토착화 과정을 밟았다면, 신라의 건축, 특히 목조 건축은 고구려의 영향을 받았다고 할 수 있다. 그리고 차츰 신라적인 양식으로 자리 잡은 것으로 보인다. 신라 시대 목조 건축물의 기단 형식을 잘 보여 주는 예로, 땅을 파고 흙을 다져서 쌓는 이른바 굴광판축 방식이 활용된 황룡사 터를 들 수 있다.

신라 석조 건축물의 대표적인 예는 분황사의 모전석탑을 꼽는데, 원래 9층이었으나 현재 3층까지 남아 있는 이 석탑의 축조 시기는 선덕여왕 3년(634)이다. 자연석으로 기단을 높이 쌓고, 그 위에 화강암으로 탑신 받침을 마련한 다음, 벽돌처럼 작고 반듯하게 다듬은 회흑색의 안산암으로 탑신을 올렸으며, 국보 제30호로 지정되어 있다.

석조 건축물의 또 다른 예로 들 수 있는 것은 바로 성곽이다. 제5대 파사왕 22년(101)에 축조된 월성은 언덕 지형에 반월 형태로 흙과 돌을 혼용해서 쌓았는데, 역대 왕들의 궁성으로 쓰인 이곳은 자로 잰 듯 바둑판 모양으로 구획을 정하는 조방제條坊制에 따라 도시가 조성된 대표적인 도성이었다.

선덕여왕의 명으로 축조된 국보 제30호 분황사 석탑

한편, 신라의 분묘 양식은 토광묘부터 석곽묘(돌덧널무덤), 횡혈식 석실분(굴식돌방무덤), 적석목곽분(돌무지덧널무덤) 등으로 다양한 모습을 보인다. 그중 경주에서 확인된 대표적인 분묘는 적석목곽분이었다. 이것은 크기에 따라 대형, 중형, 소형으로 나뉘는데, 대형의 예로는 금관총을 비롯해 금령총, 서봉총, 천마총, 황남대총 등을 들 수 있다.

먼저 목곽을 설치하고 돌로 둘러싼 후에 흙을 덮어 봉분을 만든 적석목곽분은 대형일 경우에 단독 분묘이거나 쌍분의 형태를 보여 준다. 여기에서는 금관이나 귀걸이, 과대, 신발 등 장신구류를 위시해서 환두대도나 철모, 철창, 철촉 등 무기류와 다양한 토기 및 마구 등이 부장품으로 출토되었다. 출토된 부장품들 가운데 특히 주목을 끈 것은 천마도가 그려진 말다래인데, 자작나무 껍질로 만들어진 이것

1973년 경주 천마총에서 발견된 장니 천마도

은 말의 안장 안쪽에 늘어뜨려 기수의 옷에 흙이 묻지 않도록 하는 물건이었다. 최근에는 천마도의 동물이 말이 아닌 기린이라는 주장이 세를 얻으면서 다시금 이목을 집중시킨 바 있다.

부장품들을 통해 확인된 신라 공예 문화의 대표적인 특성은 금이 많이 사용되었다는 점이다. 금제 귀걸이며 금제 과대는 물론이고, 천마총과 금관총, 사봉총, 금령총, 황남대총 등에서 출토된 금관은 정교한 기법과 예술적 화려함이 돋보이는 보물들이라 할 수 있다.

신라인의 재능은 과학 기술 분야에서도 빛을 발했다. 경주 인왕동에 소재하는 첨성대는 선덕여왕 때 축조되었다는 기록이 《삼국유사》에 전하는데, 당시 천문관들이 이곳에서 혼천의와 같은 천문 관측기구와 육안으로 밤하늘의 별들을 관측했을 것으로 보인다. 또한 《삼국사기》의 기록에 따르면, 문무왕 14년(674) 당나라에서 역학을 배우고 돌아온 덕복이란 인물을 통해 새로운 역법을 쓰게 되었다.

황남대총에서 출토된 부장품들. 금관, 금제 관식, 장례 때 쓰는 고배

통일 전쟁의 수행

《삼국사기》에 따르면, 신라의 역사는 제1대 혁거세부터 제28대 진덕여왕에 이르는 상대, 제29대 태종무열왕부터 제36대 혜공왕에 이르는 중대, 제37대 선덕왕에서 제56대 경순왕에 이르는 하대로 나뉜다. 통일신라 시대는 중대와 하대에 해당하는데, 중대와 하대를 가르는 기준은 바로 왕통이다. 즉, 중대의 왕통은 무열왕계로 이어지는 반면, 하대의 왕통은 내물왕계로 이어진다.

진덕여왕에 이어 왕위에 오른 태종무열왕은 8년 동안 신라를 통치하면서 삼국 통일의 기반을 다져 놓았다. 자신의 재위 7년 만인 660년에 백제를 무너뜨리고, 그 이듬해에 죽었다. 그리고 아들인 문무왕이 왕위를 계승했다.

문무왕 8년(668)에 신라는 당나라와 힘을 합쳐 고구려를 멸망시켰다. 그리고 백제 땅과 고구려 땅에 각각 웅진도독부와 안동도호부를 설치해 영향력을 행사하려 드는 당나라와 갈등하기 시작했다. 기회를 엿보던 신라는 670년 3월, 당시 실크로드를 장악한 토번을 치기 위해 많은 병력이 빠져나간 탓에 전력이 약화된 당군을 공격했다.

나당 전쟁은 황해도 일대와 경기도 평야지대에서 집중적으로 전개되었다. 전황은 신라 쪽에 불리하게 전개되었다. 672년 말 지금의 황해도 재령에서 당군이 신라군과 고구려 유민 부대를 격파하고, 이듬해 봄에는 당나라 편에 선 말갈의 군대가 임진강 유역에서 고구려인 부대에 참패를 안겼을 뿐더러, 동년 겨울에는 신라의 동자성 등 3개 성이 당군의 수중에 떨어졌다.

674년에는 천산 지역에서 일어난 서투르크의 반란을 수습하느라 신라에 대한 당군의 공세가 1년간 멈추었다. 한숨을 돌리며 전력을 추스른 신라군은 다음 해 재개된 전투에서 우세를 보이더니, 676년 금강 하류 기벌포에서 당군을 무찌르고 승리를 쟁취했다.

신라에 패한 당나라는 웅진도독부를 지금의 요령성 지역에 자리하고 있던 건안성으로, 또한 안동도호부를 평양에서 요동성으로 옮겨 갔다. 이로써 신라는 대동강에서 지금의 함경남도 덕원을 연결하는, 원산 이남의 지역을 차지하게 되었다.

중대, 안정에서 혼란으로

문무왕에 이어 제31대로 즉위한 신문왕은 위화부位和府에 영슈 2인을 두어 관리를 선발 및 추천케 하고, 국학을 세워 관리를 양성하는 한편, 고구려와 말갈의 유민을 흡수해 9서당 체제를 갖추는 등 군사 조직도 정비했다. 또한 귀족들에게 주어지던 녹읍을 폐지하고 직급에 따라 관료전을 지급했으며, 9주 5소경을 정비하여 중앙집권적인 지방 통치 체제를 마련했다.

제33대인 성덕왕은 당의 균전제를 본떠 백성들에게 정전丁田을 지급하고, 재해나 흉년으로 기근이 들었을 때는 농가에 곡식과 종자를 나눠 주는 등 민생 안정에 힘썼다. 대외적으로는 당나라와의 관계 개선을 위해 견당사를 보내는 한편, 발해가 지금의 산동(산둥) 반도에 있던 등주 지역을 침범했을 때는 발해의 남부를 공략하는 등 성의를 보여 주었다. 그 결과, 신라는 당나라로부터 지금의 대동강인 패강 이남 지역에 대한 지배권을 인정받게 되었다.

제35대로 즉위한 경덕왕은 제도를 정비하고 귀족과 관리에 대한 통제력을 높여 왕권을 강화하려 했다. 그리고 주, 군, 현의 명칭과 행정체계를 대대적으로 정비했는데, 거제를 비롯해 거창, 고령, 삼척, 부여, 김제, 영암, 임실, 무안 등 오늘날 쓰이고 있는 여러 지명들이 이때 만들어졌다.

제36대 혜공왕 시기는 재위 4년(768)에 터진 대공의 반란을 시작으로, 재위 6년 김융의 난, 재위 11년 김은거의 난 등 연이은 반란으로 정국이 몹시 어수선했다. 결국 재위 16년(780)에 발발한 김지정의 반란 중에 왕이 죽임을 당하면서, 126년간 지속된 중대 무열왕계의 왕위 계승도 막을 내렸다.

하대, 혼란에서 멸망으로

신라 하대 내물왕계의 첫 번째 왕위 계승자는 선덕왕이었다. 그는 정치적 불안정 속에서 왕권 강화를 위해 애썼으나 재위 6년 만에 병사했다. 뒤이어 즉위한 원성왕은 무열왕계인 김주원과의 왕권 경쟁에서 승리함으로써 왕이 될 수 있었다. 원성왕은 재위 4년(788)에 국학의 학생들을 경전의 이해 정도에 따라 상중하로 나누고 관리 임용에 참고하는 제도인 독서삼품과를 실시했다.

제41대 헌덕왕 14년(822)에 웅천주 도독 김헌창이 자신의 아버지인 김주원이 왕이 되지 못한 것에 불만을 품고 반란을 일으켰다. 오늘날 충청도의 대부분과 경상도 서부 및 남부 등 광범위한 지역을 장악한 김헌창의 반란 세력은 국호를 장안이라 짓고 연호를 경운이라 선포했다. 그러나 얼마 못 가서 진압됨으로써, 무열왕계 후손들은 중앙 정계의 주도적 지위를 완전히 상실했다.

헌덕왕의 뒤를 이어 즉위한 흥덕왕은 선왕 때의 혼란상을 극복하기 위해 여러 가지 개혁 조치를 단행했다. 그리고 재위 3년(828)에는 장보고에게 군사 1만 명을 이끌고 지금의 완도인 청해진을 관할하게 했다. 그런 흥덕왕이 재위 11년 만에 후계자도 없이 죽자, 피비린내 나는 왕권 쟁탈전이 전개되었다. 그 과정에서 즉위한 희강왕과 민애왕이 차례로 목숨을 잃고, 장보고의 후원을 얻은 신무왕이 839년에 제45대 왕으로 즉위했다. 하지만 신무왕은 즉위한 지 겨우 석 달 만에 죽고, 그의 아들 문성왕이 왕위에 올랐다. 장보고는 자신의 딸을 문성왕의 왕비로 만들고자 했으나, 중앙 귀족들의 반대로 뜻을 이루지 못했다. 이에 장보고는 청해진에서 반란을 일으켰으며, 이듬해인 846년 문성왕이 보낸 자객에게 살해되었다. 문성왕은 재위 13년(851)에 청해진을 폐지하고 그 세력을 와해시켰다.

이후 헌안왕을 거쳐 제48대로 즉위한 경문왕은 잇따른 내분으로 실추된 왕실의 권위를 회복하려고 애썼다. 하지만 그의 노력에도 불구하고 866년에 윤흥, 숙흥, 계흥 형제가 반란을 꾀했고, 868년에는 김예, 김현 등이 모반했으며, 874년에는 근종의 반란군이 궁궐로 쳐들어오는 등 혼란이 거듭되었다.

제51대 진성여왕 때는 위흥을 위시한 소수의 총신들이 국정을 농단하면서 민심이 이반하고, 지방에서는 세금이 걷히지 않았다. 이런 가운데 궁예의 무리는 지금의 강원도 원주 지역인 북원경에서, 견훤의 세력은 지금의 전남 광주 지역인 무주에서 봉기하는 등 난국이 조성되었다. 진성여왕 8년(894)에 최치원이 난국을 타개할 10여 개의 시무책을 건의했으나 귀족들의 반발로 시행되지 못했다.

진성여왕에 이어 효공왕이 즉위할 당시 신라의 국력은 쇠퇴한 반면, 궁예와 견훤은 날로 세력이 커지고 있었다. 효공왕 4년(900)에 견훤은 지금의 전주 지역인 완산주를 근거지로 삼아 후백제를 세웠으며, 이듬해에는 궁예가 지금의 개성 지역인 송악을 중심으로 해서 후고구려를 건국했다.

이렇게 통일신라 하대의 정치적 혼란은 후삼국 시대의 개막으로 이어졌다. 그리고 효공왕에 이어 차례로 왕위에 오른 신덕왕, 경명왕, 경애왕 등 박씨 왕통 시기에는 정치적 혼란이 가중되면서 신라의 국력은 더욱 쇠퇴했다.

통일신라 말기의 혼란은 927년에 신라를 침공한 견훤이 경애왕을 죽이고 새 왕으로 경순왕을 세우면서 절정에 달했다. 신라에 대한 견훤의 공격이 계속되고, 918년 궁예를 꺾고 고려를 세운 왕건의 위세가 커지는 와중에서 더는 나라를 보존하기 어려웠던 경순왕은 재위 9년(935)에 왕건에게 나라를 바쳤다. 이로써 56대를 이어온 천년 신라의 역사가 막을 내리게 되었다.

경제와 교역

삼국통일을 이룬 문무왕은 재위 8년(668)에 공을 세운 귀족들에게 전쟁 과정에서 획득한 땅을 식읍으로 나눠 주었다. 당시 귀족들은 식읍 외에 관직에 복무하는 대가로 녹읍도 받았는데, 이를 통해 자신의 재력과 권력을 강화해 나갔다.

식읍이나 녹읍으로 받은 지역에서 귀족은 주민들에게 세금을 거뒀을 뿐더러, 그들을 노역에 동원할 수도 있었다. 아울러 퇴임 후에도 해당 지역을 관리했으며, 사망 후에는 세습도 가능했다.

이러한 귀족 세력을 제어하기 위해 신문왕은 재위 7년(687)에 세금은 거두되 노역 동원이나 퇴임 후 보유 및 세습은 할 수 없는 관료전을 차등 지급했다. 그리고 2년 뒤부터는 녹읍을 없애고, 해마다 곡식을 받는 세조歲租를 차등 지급하기 시작했다. 하지만 이후 귀족들의 반발로 경덕왕 16년(757)에 이르러 녹읍이 다시 부활했다.

일반 농민들의 경우는 성덕왕 21년(722)에 국가에서 정전丁田을 지급했는데, 지급 대상자인 정丁은 대체로 16세 이상부터 59세 이하의 남자를 가리켰다. 그러나 실제적인 조치는 백성들의 사유지를 법적으로 추인하거나, 사유지가 없는 백성들에게 국유지의 경작권을 주는 방식이었을 것으로 추정된다.

한편, 삼국통일 과정에서 협력과 대결 구도를 펼친 당나라와는 다시 화해의 분위기가 조성되어, 양국 간에 활발한 교역이 이루어졌다. 신라는 당나라에 금은 세공품이나 직물 공예품, 말, 모피, 향유, 우황, 피혁, 인삼 등을 수출했다. 그리고 당나라로부터는 각종 공예품이며 견직물, 서화, 자기, 칠기, 차 등을 수입했다.

신라는 일본과도 활발하게 교역했는데, 그 품목은 향료와 약물, 묵, 종이, 금속품, 악기, 염료 등이었다. 그중 향료의 경우는 상당수가 남중국이나 동남아시아, 인도, 혹은 멀리 아리비아에서 생산된 것들이었다.

공적인 부문에서 일본과의 교역은 신라 하대가 시작될 무렵에 단절되었지만, 9세기 초반부터 신라 상인들은 일본과의 사적인 교역을 본격화했다. 이는 828년 청해진을 설치한 장보고가 중국 동남부 해역의 재당 신라인 지역과 일본 다자이후를 연결하는 등 당대의 동아시아 해상권을 장악한 결과였다. 이후 신라 하대의 권력 쟁투로 장보고가 죽고 청해진이 해산되자, 재당 신라인들은 신라를 경유하지 않고 남로를 통해 일본과의 직접적인 교류에 나서게 되었다.

종교와 문화

신라 왕실의 장법은 전통적으로 커다란 왕릉을 조성하고 그 안에 시신을 안치하는 매장 방식이었다. 이러한 전통 장례법에 변화를 가져온 것은 불교였다. 삼국을 통합한 문무왕이 죽자 불교식으로 화장했는데, 지금의 경주시 양북면 앞바다에 있는 대왕암이 문무왕의 무

문무왕의 무덤이라 전하는 경주시 양북면 앞바다의 대왕암

덤이라는 이야기가 전한다. 효성왕의 경우도 화장해서 동해에 골분을 뿌리도록 했으며, 선덕왕과 원성왕, 진성여왕, 효송왕, 신덕왕 등도 화장 방식을 택했다.

신라 불국토설을 믿고 강조했던 신라 왕실은 많은 불교 관련 유물을 제작했는데, 그중 대표적인 것이 성덕대왕신종이다. 흔히 에밀레종으로 불리는 이 범종은 경덕왕이 선왕인 성덕왕을 기릴 목적으로 만들기 시작해 다음 왕인 혜공왕 6년(770)에 완성한 것으로, 국보 제29호로 지정되어 있다. 불교 관련 유물 중에는 경덕왕 때 집사부 중시中侍였던 김대성의 불사로 조성된 석불사와 불국사 등 귀족들이 조

불국사에 남아 있는 다보탑과 석가탑

성한 것들도 적지 않다.

통일신라의 불교는 크게 교종과 선종으로 나뉘는데, 초기인 중대에는 교종이 유행하고, 후기인 하대에는 선종이 유행했다. 신라 중대는 불교 신앙의 대중화가 전개된 시기로, 교종의 법상종과 화엄종이 크게 활약했다.

먼저 법상종은 교학과 실천을 강조하는 태현계와 실천 쪽을 더 강조하는 진표계로 갈라진다. 태현계는 경덕왕 때 경주 등 중앙을 무대로 활동한 반면, 진표계는 보다 후대에 지방을 무대로 활약했다.

다음으로 화엄종은 의상계와 원효계로 나누어지는데, 의상은 당나라 유학을 통해 화엄사상을 배우고 화엄학의 핵심을 정리, 해석한 〈화엄일승법계도〉를 만들었다. 그리고 신라로 돌아와서는 태백산의 부석사, 가야산의 해인사, 금정산의 범어사, 지리산의 화엄사, 계룡산의 갑사 등 화엄 10찰을 세웠다.

원효는 일심一心과 화쟁和諍 사상을 중심으로 불교의 대중화에 힘썼다. 당대의 대다수 경론들에 대한 주석서를 써내는 등 불교 경전 연구에도 공을 들였는데, 그의 저술 가운데 《대승기신론소》와 《금강삼매경론》은 중국 불교계의 사상적 발전에도 큰 영향을 끼쳤다.

신라 하대에 유행한 선종은 중앙 권력이 약화되고 지방 호족들이 성장하는 분위기 속에서 등장했다. 경전보다는 참선을 통한 깨달음을 강조했으며, 대다수 승려들은 6두품 이하의 하급 관료나 중앙 진출이 어려운 지방 호족 집안에서 배출되었다. 당시 선종 사찰들 중에는 지방 호족의 후원 아래 넓은 규모의 장원을 경영하는 곳도 있었다.

불교가 사상적으로 대세를 이룬 가운데, 유학은 정책적으로 장려되었다. 교육기관인 국학과 관리 선발 제도인 독서삼품과 등의 교육

제도 실시로 유학에 대한 이해의 폭과 깊이가 늘었다. 그리고 성덕왕 18년(719)에 김수충이 당나라에서 공자와 10철哲 및 72제자의 화상을 가져오는 등 유학 발전을 위한 노력이 계속되었다.

종교 외적으로 주목할 만한 문화 활동에는 진성여왕 2년(888)에 각간 위홍이 대구화상과 함께 민간에서 불리던 노래를 수집해 《삼대 목》이란 향가집을 편찬한 것을 들 수 있다. 이것은 우리나라 최초의 가집으로 알려져 있으나, 지금은 전하지 않는다.

통일신라에서는 이름난 서예가들이 다수 활동했다. 그중 대표적인 인물로는 김생과 요극일을 들 수 있다. 김생은 '해동의 서성書聖'이라 불리며, 왕희지체를 바탕으로 특유의 개성적인 서체를 구사했다. 8세 기경에 활약한 그의 능란한 서체는 낭공대사백월서운탑비, 구례 화 엄사의 화엄석경, 서첩인 《전유암산가서》 등에서 확인할 수 있다.

그리고 김생에 버금가는 명필로 평가받는 요극일姚克一은 그보다 좀 늦은 시기인 9세기경 사람으로, 구양순체를 바탕으로 힘찬 필력을 보여 주었다. 황룡사9층목탑찰주본기를 비롯해 적인선사탑비문과 삼 랑사비문 등을 남겼다.

가야

가야의 지역적 범위는 지금의 행정구역으로 살펴본다면 부산 및 경상남도 전역에다 경상북도의 고령군, 전라북도의 임실과 남원 등을 아우르는 공간이었다고 할 수 있다. 이 지역은 산이나 강으로 갈라진 작은 분지들로 구성되어 있는데, 이는 하나의 통일된 왕국보다는 여러 소국들이 독립적으로 운영되기에 적합한 지형이라 할 수 있다. 실제로 가야의 역사는 변한 12개국으로 시작되어 통합을 이루지 못한 채 6세기 중엽 신라 역사에 흡수되고 말았다.

가야 시대의 전개

가야는 1~3세기 김해의 금관가야를 주축으로 하는 전기 가야와 5~6세기 고령의 대가야를 중심으로 하는 후기 가야로 나뉜다. 전기와 후기를 가르는 기준이 되는 것은 고구려가 한사군을 축출한 313년부터 광개토왕이 가야를 공략한 400년까지 80여 년 동안의 역사적 변동기이다.

부산의 동래를 비롯해 경남의 김해와 마산, 창원, 고성, 사천, 함안 등 남해안 지역에서 국가가 형성될 수 있었던 것은 바닷길을 통해 낙랑군과 대방군 등 중국계의 선진 문물이 유입된 덕분이었다. 이런 선진 문물이 고구려의 한사군 축출로 원천 차단되면서 전기 가야는 쇠락의 길을 걷게 되었다. 그 와중에 왜와 연합해 신라를 공격한 가야가 신라의 구원 요청을 받고 출병한 광개토왕에게 격파당한 사건은 쇠락의 직접적인 계기로 작용했다.

고구려와 백제가 낙랑과 대방을 대신해 만주와 한반도 일대의 선진 지역으로 부상한 가운데, 가야의 중심축은 남부 해안에서 북부 내륙으로 옮겨 갔다. 고령, 거창, 임실, 남원, 합천, 함양 등 내륙 지역을 중심으로 한 후기 가야 시대가 개막했던 것이다.

후기 가야의 역사는 고령의 가라국이 대가야로 변신하는 성장사라고 할 수 있다. 5세기 중후반 서부 경남 지역과 전북 일부 지역에 대한 영향력을 키운 가라국은 6세기 초반 합천과 거창, 함양 등을 직접 지배하면서 지역 내 맹주인 대가야로 우뚝 서게 되었다. 고령 지산동 고분 발굴 당시, 44호분에서 나온 60인가량의 순장자 유골은 당시 대가야를 이끈 수장의 위세가 얼마나 대단했는지 잘 보여 준다.

경상북도 고령군 대가야읍에 있는 무덤군으로 사적 제79호로 지정된 고령 지산동 고분군

쇠퇴와 멸망

5세기 중반 이래로 가야의 여러 국가들은 동쪽에서는 신라의 공략에, 서쪽에서는 백제의 침입에 무너지기 시작했다. 일찍이 부산 동래의 거칠산국을 병합한 바 있는 신라는 해당 지역을 가야 진출의 교두보로 삼아 낙동강을 건너 서진했다. 이에 위협을 느낀 가야의 소국들은 백제를 끌어들여 신라의 진출을 막고자 했다.

하지만 백제는 우세한 전력으로 513년 임실과 남원 지역을 점령하고, 529년 하동 지역을 빼앗는 등 야욕을 드러냈다. 섬진강을 건너 진주 방면으로 진출하려는 백제를 견제하기 위해 가야의 소국들은 다시 신라에 기대게 되었다. 이처럼 혼란스럽고 무력한 상황 속에서 532년 김해의 금관가야, 560년경 함안의 아라국, 562년 고령의 대가야가 차례로 신라에 병합되었다. 이로써 가야의 역사는 막을 내렸다.

가야 멸망 후에 대다수 가야인들은 신라의 지방민으로 흡수되었다. 그중에는 김유신의 집안처럼 신라 지배층으로 올라선 경우도 있었다. 8세기 대문장가로 대당 외교문서 작성에 공헌했던 강수나 신라 말기 선종 불교의 진흥에 이바지했던 진경대사 등도 가야인의 후손이었다.

발해, 제국의 출발과 성쇠

발해의 시조인 고왕高王 대조영은 698년 고구려 유민과 말갈족을 모아 지금의 길림성 돈화시 지역인 동모산 일대를 근거지로 삼아 진국震國을 세우고 연호를 천통天統이라 했다. 그리고 자신의 재위 16년(713)에는 국호를 발해로 바꾸었다.

한편, 초대 도읍이었던 동모산 지역은 제3대 문왕 6년(742)에 지금의 길림성 화룡 지역으로 추정되는 중경현덕부로 천도할 때까지 40여 년간 발해의 도읍으로서 구실했다. 이후로는 흑룡강성의 영안 지역인 상경용천부와 혼춘 지역인 동경용원부로 거듭 천도했다가, 제5대 성왕 2년(794)에 다시 상경용천부로 도읍을 옮겨 와 안착했다.

건국 후 빠르게 고구려의 옛 영토를 회복한 발해는 동북아시아의 강국으로 부상했다. 그리고 대동강에서 원산만까지 이어지는 경계선을 사이에 두고 통일신라와 대립 및 교류하면서 우리나라의 남북국 시대를 이끌었다.

발해의 초대 도읍이었던 동모산 지역

9세기 초 발해는 전성기를 맞이했다. 제10대 선왕 당시 발해의 영토는 오늘날 중국의 동북3성과 러시아 연해주, 그리고 한반도 북부 지역을 아우를 정도로 광활했다. 이런 가운데 앞선 당의 문화를 받아들이고 행정구역을 개편하는 한편, 학문을 진흥시킨 발해는 해동성국으로 불리게 되었다.

이처럼 강성했던 발해는 제14대로 즉위한 애왕 26년(926)에 야율 아보기가 이끄는 거란족의 침입을 받아 크게 흔들렸다. 갑작스러운 적의 공격에 고전하던 발해는 도읍인 상경용천부가 함락당하면서 14 대 228년 만에 멸망했다. 발해의 멸망과 관련해서는 백두산 폭발로 큰 타격을 입은 상황에서 거란족의 공격을 제대로 막아내지 못했다는 설과 고구려계인 지배층과 말갈계인 피지배층 사이의 분열을 거란족이 효과적으로 파고들었다는 설 등이 제기되고 있다.

발해가 멸망한 이후 유민들은 각지에서 부흥 운동을 전개했으며, 그 결과로 압록강 유역의 정안국을 비롯해 여러 소국들이 세워졌다. 또한 많은 수의 고구려계 유민들이 고려로 흡수되어 후삼국 체제의 통일 작업에 일조했다.

행정 조직과 군사 제도

발해의 중앙 통치 기구는 당의 영향을 받아 3성 6부로 구성되었다. 여기서 3성은 중대성, 선조성, 정당성을 말하는데, 이 중에서 중대성은 국왕의 명령을 하달하는 일을 맡았고, 선조성은 신하들의 여론을 왕에게 알리거나 국왕의 조칙을 논박하는 역할을 수행했다. 그리고 정당성은 행정 실무를 담당한 집행부로, 그 밑에 충부, 인부, 의부, 예부, 지부, 신부 등 6부가 설치되었다.

그 밖에 중앙에 소속된 특별 관청으로, 관리의 규찰을 담당하는 중정대, 궁중 업무를 수행하는 전중시와 종속시 등 7개 시, 도서 관리를 맡은 문적원, 교육을 책임지는 주자감, 후궁을 관리하는 항백국 등이 존재했다. 그리고 관리에게는 등급을 매겨 1품부터 9품까지 나누고 이를 정과 종으로 갈라 도합 18등급을 적용했던 것으로 보인다.

발해는 전국을 5경 15부 62주로 분할하여 통치했다. 5경은 15부 중에서 주요 거점으로 삼을 만한 핵심적인 5개 지역을 선정한 것이었다. 발해의 도읍이기도 한 용천부, 현덕부, 용원부를 각각 상경, 중경, 동경 등 3경으로 삼고, 오늘날 함경남도 북청 지역인 남해부와 길림성 임강 지역인 압록부를 각각 남경과 서경 등 2경으로 택했다. 나머지 10부는 5경 주위에 들어섰으며, 15부 아래에는 62주가, 62주 아래에는 다시 200~250개 정도의 현이 설치되었던 것으로 보인다.

발해의 군사 제도는 국민개병제로, 강력하고 잘 조련된 상비군 10만 명을 보유하고 있었다. 중앙군으로는 10위가 존재했는데, 좌우 맹분위와 좌우 웅위, 좌우 비위, 남북 좌위, 남북 우위 등으로 구성되었다. 지방에 설치한 군부로는 절충부가 있었는데, 15부의 각 부에는 절충도위를 비롯해 좌우 과의도위, 별장, 장사 등을 두어 군사 관련 업무를 담당하게 했다. 또한 촌락 단위에서는 촌장을 지휘관으로 삼고 촌락민을 병사로 하는 병농일치의 군사 조직이 가동되고 있었다.

대외 관계

발해와 신라의 관계는 교섭과 대립을 교대로 반복하면서 전개되었다. 먼저 발해 건국 초기에는 남북 간에 교섭이 이루어져 20여 년 동안 평온한 관계를 이어갔다. 그러다 고왕 말기인 713년에 신라가 양국 접경지역인 개성에 성을 쌓으면서 대립 관계로 돌아섰다.

제2대 무왕 시기에는 발해가 당나라를 공격하자 신라가 개입해 훼방을 놓는 사태가 벌어졌다. 뒤이어 문왕 때는 발해가 일본과 손잡고 신라 침공 계획을 세우는 등 양국의 대립 관계가 60여 년간 지속되었다. 얼어붙은 양국 관계를 녹인 것은 신라 하대의 복잡한 정세였다. 왕위 계승의 정통성 문제와 천재지변으로 위기에 처한 제38대 원성왕이 내정에 쏠린 사람들의 관심을 바깥으로 돌리기 위해 발해에 사신을 파견했던 것이다. 그리고 제41대 헌덕왕 때도 같은 목적으로 사신을 파견하는 등 양국 관계가 대립에서 교섭으로 전환되었다.

이후 30여 년 동안 유지된 양국의 봄날은 발해의 영토 확장 정책과 신라의 대당 친선 정책이 충돌하면서 급랭했다. 이런 양국 관계에 또다시 교섭 분위기가 조성된 것은 10세기에 들어서였다. 당시 거란의 세력이 커지는 것을 우려한 발해는 여러 나라들과 협조적인 관계를 맺기 시작했고, 신라와의 친교는 발해가 멸망할 때까지 이어졌다.

발해는 당나라와의 관계에서도 대결과 교류 사이를 오고갔다. 건국 후 고왕 대조영은 돌궐족과 연합해 당을 견제했는데, 재위 8년 (705) 당에서 사신을 보내고 발해 건국을 인정하는 등 전향적 자세를 보이면서 양국 관계가 개선되었다.

그 후 고왕은 자신의 재위 16년(713)에 당나라로부터 '발해군왕渤海

郡王'으로 책봉을 받아, 국호가 진국에서 발해로 바뀌게 되었다. 하지만 책봉 지위가 국왕이 아닌 군왕이었다는 사실은 아직 발해를 하나의 국가로는 인정하지 않았던 당의 인식을 보여 준다.

무왕 때는 당에 접근하는 흑수말갈을 정벌하는 문제로 왕과 대립

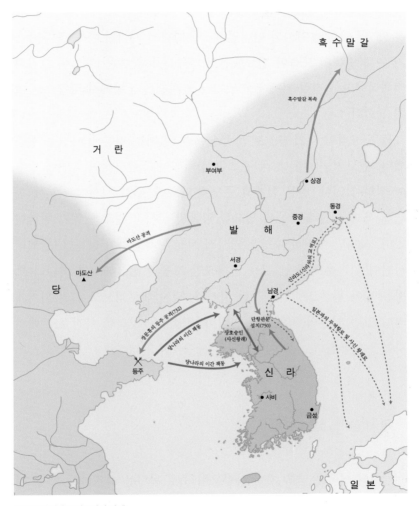

발해의 발전과 주변국과의 관계

하던 동생 대문예가 당으로 망명하면서 양국의 갈등이 불거져 나왔다. 당이 흑수말갈을 동원해 발해 침공에 나서는 상황을 경계하고 있던 무왕은 대문예를 비호하는 당의 태도에 반발해 재위 14년(732) 산동 반도의 등주를 공격했다.

이 사건으로 악화된 양국 관계에 다시금 반전의 계기가 되어 준 것은 755년 발발한 안사의 난이었다. 763년까지 이어진 이 난을 수습하기 위해 발해의 도움이 필요했던 당나라는 문왕 26년(762)에 그간의 적대적이고 오만한 자세에서 벗어나 발해왕을 군왕에서 국왕으로 고쳐 불렀다.

등주 공격이 있기 5년 전인 무왕 9년, 발해는 일본에 사신을 파견했다. 이로써 시작된 양국 관계는 정치적이고 군사적인 측면에 방점이 찍혀 있었다. 일본 학계의 주장에 따르면, 발해 사신이 일본에 파견된 목적은 신라 침공에 필요한 일본의 군사적 원조를 얻기 위함이었다. 하지만 이러한 주장은 역사적 사실과 부합하지 않는다. 발해의 사신이 일본을 방문한 것은 군사적인 도움이 필요해서가 아니라 초빙을 받아 일본으로 건너갔던 것이다. 당시 내부적으로 집권 위기에 빠져 있던 일본의 지배층이 권력의 정당성을 선전할 목적으로 대외 사절을 활용했다고 보아야 타당한 상황이었다.

생산과 교역

발해의 서쪽과 남쪽 지방 사람들이 주로 농사를 지었다면, 동쪽 지방 사람들은 농사 외에도 어업이나 수렵, 목축 등에 종사했다. 그리고 북쪽 지방 사람들은 주로 어업이나 수렵, 목축 등으로 생계를 꾸려나갔다. 이처럼 발해는 지역별로 생활 방식에 큰 차이를 보였다.

《신당서》 중 〈발해전〉의 기록에 따르면, 발해에서 생산되는 특산물로는 태백산의 토끼, 부여부의 사슴, 막힐부의 돼지, 솔빈부의 말, 남해부의 곤포, 용주의 명주, 현주의 포布, 옥주의 면綿, 노성의 쌀, 책성부의 된장, 미타호의 붕어, 환도의 오얏, 낙유의 배, 위성의 철 등이 있었다. 이 특산물들은 국가 재정 충당과 대외 교역에 사용되었다.

발해의 주요 교역 상대국은 당, 일본, 신라였는데, 왕실이나 귀족 등이 주도하는 공무역이 대세를 차지했다. 그런 가운데 사무역이 일정 범위 안에서 행해지고 있었다. 지형적 특성상 생산물이 풍성하지 않았던 발해는 타국과의 교역에 힘을 쏟았다.

당나라와의 교역은 서경압록부에서 출발하는 바닷길과 장령부를 거쳐 당의 영주로 이어지는 육로를 통해 이루어졌다. 수출한 물품은 호랑이, 표범, 곰, 담비, 토끼, 쥐 등의 가죽에다 인삼, 우황, 사향, 꿀 등의 약재, 고래, 매, 말, 양, 포, 명주, 구리 등이었으며, 수입 물품은 비단, 면, 명주, 금제 및 은제 그릇 등이었다.

일본과의 교역은 상경용천부에서 시작해 동경용원부를 통과한 후, 지금의 러시아 연해주 남단 포시에트 만에서 바다를 건너는 방식으로 이루어졌다. 수출한 물품은 호랑이, 표범, 담비 등의 가죽과 인삼, 꿀 등의 토산물, 그리고 당에서 수입한 물품이었으며, 수입한 물품은 명주, 면, 포, 실, 황금, 수은 등이었다.

신라와의 교역은 견직물 등 일정 물품만 이루어졌는데, 주로 동경용원부에서 출발해 남경남해부를 거쳐 신라의 동북 변경으로 이어지는 길을 통했다. 그리고 민간 상인들의 경우에는 서경압록부에서 출발해 신라의 서북 변경으로 들어서는 길을 즐겨 이용했을 것으로 추정된다.

사회

발해는 소수의 고구려계와 다수의 말갈계로 구성되어 있었다. 신분 계층은 왕을 포함한 왕족, 귀족, 평민 그리고 하층민인 부곡과 노비로 나뉘었다. 평민의 경우 말갈인들이 촌락을 이루고 그들을 대표하는 촌장은 토인, 즉 고구려인이 담당했다. 예외적으로 건국 과정에서 활약한 말갈인의 경우에는 고구려인에 준하는 사회적 신분을 보장받았다.

큰 촌락의 우두머리는 도독, 그보다 작은 촌락은 자사, 또 그 아래 촌락은 모두 수령이라 불리었다. 수령은 자신의 관할 지역에서 농산물이나 특산물의 공납, 축성이나 능묘 축조 사업에 필요한 인력 동원 등을 담당했다. 또한 촌락민으로 구성되는 군대 조직의 지휘관 임무를 맡기도 했다.

발해의 혼인 풍습으로는 창혼搶婚이 있었다. 이는 신붓감을 탈취하여 도주하는 일종의 약탈혼으로, 말갈족과 같은 유목민족에게서 자주 발견되는 풍습이었다. 지배층인 고구려계 주민들의 혼인 방식은 기록이 전하지 않는데, 옛 고구려의 풍습을 그대로 따랐을 것으로 보인다. 발해의 혼인 관계는 일부일처제가 기본이었다.

발해의 주거 양식은 왕의 숙소에서부터 일반 평민의 가옥에까지 온돌 난방 시설이 발견되었다. 온돌의 발견은 발해가 고구려의 생활

문화를 계승했음을 보여 준다. 왕족과 귀족의 경우는 중앙의 궁궐처럼 유약을 칠한 화려하고 넓은 건물에서 살았으며, 일반민의 경우는 반지하식이나 지상식 주거지에서 생활했다.

종교와 문화

발해에서 불교가 전성기를 맞이한 것은 제3대 문왕 때였다. '대흥보력효감금륜성법대왕'이라는 문왕의 존호도 불교식으로 지어진 것이었다. 존호 중에서 '대흥'과 '보력'은 당시 쓰던 연호이고, '효감'은 효와 관련된 유교 용어이다. '금륜'과 '성법'은 불교 용어인데, 이는 불교에서 말하는 이상적인 군주상인 전륜성왕에서 나온 것들이다.

불상의 양식은 지역별로 차이를 보여, 상경용천부 지역에서 발굴된 불상은 관음상이 다수를 차지한다. 이를 통해 과거 이곳에서 관음신앙이 번성했음을 짐작할 수 있다. 반면에 서경압록부와 동경용원부 지역에서는 석가모니불과 다보불이 주로

상경용천부(상경성)의 석등

발굴되었다. 이는 법화신앙이 세를 얻었음을 보여 주는 유물들이다.

발해는 건국 초기부터 당나라의 수도 장안으로 학생들을 보내 고금의 제도와 학문을 익히게 했다. 또한 학생 외에 왕족의 후예도 당나라에 파견해 숙위로 장기간 체류케 하면서 그곳의 선진 문물을 습득하게 했다.

이렇게 당나라에서 수입한 선진 문물 중에서 유학과 문학은 발해의 지배 질서에 커다란 영향을 주었다. 유학이 국가 운영에 필요한 제도와 질서를 세우는 데 일조했다면, 문학은 국가를 운영하는 귀족들의 소양을 높이는 데 주효했다고 할 수 있다.

발해의 그림으로는 문왕의 딸인 정효공주의 무덤 벽화와 삼릉둔 2호묘의 벽화가 대표적이다. 정효공주의 무덤 안쪽 널길과 널방 벽면에는 12점의 인물상이 그려져 있는데, 무사와 시위, 내시, 악사, 시종 등의 그림을 통해 당시 궁중생활의 일단을 엿볼 수 있다.

그리고 삼릉둔 2호묘의 널길과 널방 벽면 및 천장에는 인물상과 함께 꽃도 그려져 있다. 벽면에 그려진 15점의 인물상은 훼손되어 있는 상태이고, 꽃의 경우는 흰색 바탕에 노란색이 돋보이는 꽃 그림이 천장을 가득 채우고 있다.

한편, 발해의 공예품으로는 조각을 비롯해 도자기, 기와, 벽돌, 금속 세공품 등이 발굴되었다. 그중 조각의 경우는 불상과 석등, 돌사자상 등이 대표적이다. 그리고 도자기의 경우는 유약 처리 기술과 사기그릇이 눈길을 끈다. 유약을 바른 도자기 중에서 세 가지 유약을 발라 구워낸 발해삼채가 유명하며, 사기그릇 가운데에서는 무게가 가벼운 순자색 자배기가 당대의 뛰어난 도자기술을 보여 준다.

◆ 고구려

기원전 37년 주몽이 졸본 지역에 건국. 기원후 3년에 국내성으로 천도

- ● 태조왕　　옥저, 동예 정복. 왕권 강화(고씨의 왕위 세습)
- ● 고국천왕　행정 구역 정비(5부 개편)
- ● 미천왕　　낙랑군, 대방군 몰아내고 대동강 유역 확보
- ● 소수림왕　불교 수용, 태학 설립, 율령 반포, 공복 제정, 백제 공격
- ● 광개토왕　한강 이북 땅 점령, 요동 지방을 포함한 만주 대부분의 땅 차지
- ● 장수왕　　광개토대왕릉비 건립, 평양 천도(427), 한강 유역 차지, 고구려의 전성기

◆ 백제

기원전 18년 온조가 한강 유역의 위례성에 건국

- ● 고이왕　　국가 기틀 확립, 6좌평을 두어 국정 분담, 목지국 병합
- ● 근초고왕　백제의 전성기, 마한 통합, 중국 동진·요서·산둥·일본 규슈 지방 진출
- ● 침류왕　　동진으로부터 불교 수용
- ● 성왕　　　사비성으로 천도, 중앙 관청과 지방 제도 정비, 불교 진흥, 나제동맹 결렬

◆ 신라

기원전 57년 박혁거세가 진한의 사로국을 중심으로 건국

- ● 지증왕　　신라 국호 사용, 지방 제도 정비, 우산국(지금의 울릉도)을 정복, 우경 보급
- ● 법흥왕　　율령 반포, 17관등과 공복 제정, 불교 공인, 금관가야 정복
- ● 진흥왕　　신라의 전성기, 화랑도 개편, 황룡사 건축, 한강 지역 점령

◆ 통일신라

- ● 문무왕　　삼국 통일
- ● 신문왕　　지방 행정 제도 9주 5소경, 당과의 교류로 당의 선진 문화 수용
- ● 원성왕　　독서삼품과 설치, 귀족 반대로 실패
- ● 경순왕　　통일신라 멸망, 고려에 귀의

◆ 발해

698년 대조영이 고구려 유민과 말갈인을 모아 길림성 동모산에 도읍을 정하고 건국

- ● 무왕　　　거란과 손잡고 당나라 공격
- ● 문왕　　　상경으로 천도. 대외 정책을 바꾸어 당과 친선 관계를 맺고 교류
- ● 선왕　　　발해 전성기(해동성국), 고구려의 옛 땅 대부분 회복
- ● 애왕　　　9세기 후반부터 국력 쇠약, 거란에 의해 14대 228년 만에 멸망함(926)

제3장

후삼국과
고려 시대

9세기 말부터 신라는 혼란이 거듭되었다. 왕권은 약화되고 귀족은 방탕해졌으며 권력 다툼이 심해지고 국가 재정은 궁핍해졌다. 이 틈을 노려 지방 호족 세력이 점차 강화되면서 행정권, 군사권 등을 손아귀에 넣은 자들이 성주나 장군을 자처하기에 이르렀다. 그 대표적인 인물이 견훤과 궁예다. 견훤은 후백제를, 궁예는 후고구려를 각각 세우고 망해 가는 신라에 저항했다. 이 시기가 후삼국 시대이다. 궁예가 공포 정치로 실덕하고 민심을 잃자 왕건이 거병해 대신 왕위에 오르고 고려를 건국한다. 이때 후백제에 내분이 일어나 견훤이 고려로 망명해 오고, 신라도 고려에 귀부하자 태조 왕건은 후백제 정벌에 나서 후삼국 체제를 종식시키고 통일의 위업을 달성한다.

고려는 고대 사회가 끝나고 중세 사회로 나아간 시대로, 475년간 지속되면서 찬란한 문화유산과 대외업적을 이끌어 냈다. 강력한 왕권을 바탕으로 한 안정된 국가 운영으로 눈부신 발전을 이룬 고려는 고려청자, 금속활자, 고려불화, 팔만대장경 등으로 '코리아'를 세계에 처음 알리기도 했다. 한편 고려 시대에는 유달리 이민족의 침입이 잦았고 대륙의 정세가 불안정했던 시기였다. 원과 명의 변덕스러운 중원 진출은 상대적 약소국인 고려의 압박을 가중시켰다. 무신정변으로 왕권이 약화되고 원나라의 간섭으로 국력이 쇠퇴해진 와중에 신진 사대부 정도전과 신흥 무인 세력 이성계가 결합해 고려를 멸망시키고 조선을 개국하게 된다.

견훤과 궁예의 활약

삼국을 통합한 후 1세기 동안 융성했던 신라에 위기가 닥친 것은 9세기 말경부터였다. 화랑의 정신이 퇴색하고 골품제가 흔들렸으며, 중앙의 귀족들은 사치와 향락에 취하고 국가 재정은 부실해졌다.

이런 상황에서 신라 중대의 마지막 왕인 혜공왕 시대를 기점으로 반란 사건이 줄을 잇기 시작했다. 150여 년 동안에 임금이 스무 차례 이상 바뀌었을 정도로 정국이 혼란의 수렁으로 빠져들었다. 그 때문에 제52대 효공왕 때는 경주 일원만 겨우 지킬 수 있을 만큼 신라의 국력은 약화되었다. 이처럼 중앙 권력이 휘청거리는 동안, 지방 호족들은 점점 세력을 키워 성주나 장군을 자처하기에 이르렀다. 그리고 관할 지역의 행정권과 군사권, 징세권을 독점하면서 더욱 성장한 결과 나라까지 세우는 실력자들이 등장했다. 후백제를 건국한 견훤과 후고구려를 세운 궁예인데, 이들의 활약으로 신라 말기 후삼국 시대가 개막되었다.

견훤은 지금의 경북 상주 지역인 사불성을 근거로 세력을 얻어 장군이 된 아자개의 아들로, 신라 서남해 지역 방위에 공을 세운 바 있었다. 진성여왕 6년(892)에 신라에 반기를 든 그는 주변 성들을 점령하고 지금의 광주인 무진주를 차지했다. 그리고 효공왕 4년(900)에 지금의 전주인 완산주에 입성해 후백제 건국을 선포했다.

궁예는 몰락한 진골 귀족의 후예로, 신라 제47대 헌안왕의 서자이거나 제48대 경문왕의 서자라는 설들이 있다. 한때 승려 생활을 했던 궁예는 북원의 도적 양길의 수하가 되어 활약했는데, 용맹과 후덕함으로 인심을 얻어 빠르게 세력을 키워 나갔다. 부하로 들어온 왕건을 통해 신라의 북쪽 변방 지역을 장악한 후, 효공왕 5년(901)에 송악을 수도로 삼아 후고구려를 세웠다.

효공왕 8년(904)에 궁예는 국호를 마진으로 고치고, 도읍을 철원으로 옮겼다. 이후로도 착실하게 힘을 키운 그는 신라의 북쪽 땅 대부분을 차지하는 등 국력 면에서 신라를 누를 정도가 되었다. 그리고 효공왕 15년(911)에는 국호를 다시 태봉으로 바꾸었다.

왕건과 후삼국 통일

궁예 밑에서 성장한 왕건은 송악 지방 호족인 왕융의 아들로, 그의 나이 19세 때 왕융이 한강 일대까지 진출한 궁예 세력에 귀부하면서 자연스레 궁예의 부장이 되었다. 그는 지금의 광주廣州를 비롯해 충주와 경기도 남양 지역인 당성, 청주, 괴산 지역인 괴양을 점령하는 등 연전연승하면서 궁예의 신임을 쌓아 갔다.

그리고 효공왕 7년(903)에는 수군을 이끌고 서해를 따라 남하해 지금의 나주 지역인 금성 일대를 평정했다. 아울러 남해의 진도까지 점령함으로써 견훤 세력이 남쪽으로 진출하지 못하도록 만들었다. 이처럼 궁예의 세력 강화에 결정적으로 공헌한 왕건은 2인자인 시중의 자리에 올랐다.

한편, 철원으로 천도한 궁예는 자신의 힘을 과신해 미륵불을 자처하면서 충성이 의심 가는 신하들을 죽이고, 부인과 두 아들까지 살해하는 등 공포 정치를 일삼았다. 이에 왕건은 대외 원정을 구실 삼아 나주에 은거하면서 조용히 자신의 세력을 키워 나갔다.

918년 6월 14일, 왕건은 날로 심화되는 궁예의 폭정에 반감을 품은 군신들의 추대를 받아 거병하고 궁예를 권좌에서 몰아냈다. 그리고 다음 날 왕위에 올랐다. 국호를 고려로 정한 왕건은 이듬해 도읍을 철원에서 송악으로 다시 옮겨 왔다.

태조 8년(925)에 고려와 후백제는 조물성 전투로 맞붙었다. 이때 견훤의 외조카인 진호와 태조 왕건의 종제인 왕신을 서로 인질로 주고받으며 휴전했는데, 이후 인질 진호가 병사하자 견훤은 인질 왕신을 죽이고 웅진 방면으로 쳐들어왔다.

처음에는 방어 자세만 취하던 왕건은 이듬해인 927년 직접 대군을 이끌고 웅진을 공략하는 등 적극적인 공세에 나섰다. 그러면서 지금의 진주 지역인 강주 쪽에도 군사를 보내 공격했는데, 이는 강주와 나주를 연결하는 해상 세력권을 구축해 후백제를 견제하려는 목적으로 수행한 작전이었다.

태조 10년(927) 9월, 고려와 가깝게 지내는 신라를 급습한 견훤은 경애왕을 사로잡아 자결케 만들었다. 경애왕의 고종사촌 동생인 김부를 새 왕으로 세운 견훤은 팔공산에서 왕건의 군대를 맞아 격전을 벌인 끝에 대승을 거두었다.

힘의 우위를 보인 견훤은 928년 11월 지금의 경북 군위 지역인 부곡성을 공략했으며, 이듬해에는 지금의 경북 의성 지역인 의성부와 안동 풍산읍 지역인 순주를 공격하여 성주를 죽였다. 또한 그해 12월에는 지금의 안동 지역인 고창군 공격에 나섰다.

태조 13년(930) 정월, 고창군 병산에서 견훤과 충돌한 왕건은 후백제군 8천여 명을 죽이는 대승을 거두었다. 고창 전투의 승리로 고려는 후백제의 세력 확장에 제동을 걸게 되었을 뿐더러, 경애왕 사후 후백제에 기울었던 신라를 다시 고려 쪽으로 당겨올 수 있었다.

고창 전투로 큰 타격을 입은 후백제에서는 내분이 생겨, 태조 15년 (932) 견훤의 심복 중 하나인 장군 공직이 고려에 투항했다. 그리고 태조 18년(935)에는 넷째 아들에게 양위하려는 견훤의 결정에 반발한 큰아들 신검의 무리가 쿠데타를 일으켜 견훤을 김제의 금산사에 유폐하고 왕위에 올랐다.

그해 6월, 금산사에서 빠져나온 견훤이 고려 영역인 나주로 망명하자, 태조는 그를 상부로 대접하면서 한강 이북의 서울 지역인 양주楊州를 식읍으로 내렸다. 견훤의 망명 소식에 신라 경순왕은 천하의 대세가 고려로 기울었음을 인정하고 고려에 귀부했다. 이에 태조는 경주를 식읍으로 주었다.

936년 9월, 신라를 합병한 고려 태조는 10만 명의 대군을 이끌고 후백제 정벌에 나섰다. 신검의 군대도 북상하여 지금의 선산 지역인 일선군에서 고려군과 맞붙었다. 이때 후백제군은 상대 진영에서 견훤이 모습을 드러내자 크게 동요했고, 고려군의 공세에 밀려 5천 명이 넘는 희생자를 내며 패주했다.

오늘날 대전 식장산인 탄령을 넘은 신검은 지금의 옥천 지역인 마성까지 쫓기다가 결국 백기를 들었다. 이로써 후백제는 견훤이 거병한 지 45년 만에, 또한 왕이 되고 2대 36년 만에 패망했다. 궁예 축출 19년 후, 태조 왕건은 나이 60세에 이르러 후삼국 체제를 종식시키고 통일의 위업을 달성했다.

태조의 치세

  통일 과업을 완수한 태조 왕건이 새롭게 맞이한 숙제는 호족들을 관리하는 문제였다. 그가 호족들을 회유하고 억압하기 위한 정책으로 선택한 것은 혼인 정책과 사성賜姓 제도, 사심관 제도, 기인 제도 등이었다.

  태조는 호족 출신 관료들의 딸을 비로 맞아들임으로써 그들과의 관계를 군건히 했다. 그 결과 29명이나 되는 후비를 두게 되었다. 또한 왕씨 성을 하사하는 사성 정책으로 유력자들의 환심을 샀다. 그리고 고려로 귀부한 신라 경순왕 김부와 같은 공신들에게 출신 지역을 다스리는 사심관 직위를 주어 지역 내 반발을 최소화하면서 통제했다. 아울러 지방 세력가의 자제를 중앙으로 불러들여 지방을 견제하

고려의 왕궁 복원도

는 볼모로 삼는 기인 제도를 운용했는데, 이는 신라의 상수리 제도를 본뜬 것이었다.

그런 한편으로 태조는 지금의 평양인 서경을 전략적 요충지로 삼아 고구려의 옛 땅을 되찾으려는 계획을 추진했다. 하지만 고구려 고토古土 수복을 위한 기지 건설이라는 목표는 서경 경영의 표면적인 이유였을 뿐, 실제로는 왕권 강화용 정책이었다. 서경은 개경의 호족 세력을 누르고 고려 왕실의 독자적인 세력 기반을 구축하기에 적합한 지역이었던 것이다.

이처럼 고려의 건국자인 태조 왕건은 호족 세력의 성장과 발호를 막고 왕실의 안정을 도모코자 다양한 정책들을 추진했다. 그리고 후대 왕들에 대한 당부를 담은 〈훈요십조〉를 남겼는데, 그 안에는 불교에 대한 존중과 태조 본인의 풍수지리적 믿음이 반영되었다.

거듭되는 시해 사건

943년, 태조에 이어 제2대 왕으로 즉위한 혜종의 권력 기반은 불안정했다. 모후인 장화왕후 오씨의 집안이 한미해 뒤를 받쳐 줄 외척 세력이 없었던 혜종은 태조의 신임과 최고 관직인 대광大匡을 지내며 군사적 기반을 가지고 있었던 박술희의 후견으로 겨우 왕위에 오를 수 있었다.

재위 기간 동안 혜종의 권좌를 위협했던 인물은 그의 장인인 왕규였다. 태조에게도 딸을 둘이나 시집보내 외손자까지 본 왕규는 장차 외손자인 광주원군을 왕위에 앉힐 욕심에 혜종의 이복형제들을 반역자로 참소했다. 하지만 혜종이 형제들에 대한 처벌을 꺼려 하자, 이번에는 왕을 시해하려 들었다. 그런 왕규를 혜종은 처벌하지 않았다. 아버지인 태조의 장인이자 자신의 장인이라는 이유를 내세웠으나, 감히 처벌하지 못했다고 보는 것이 옳았다. 그 당시 왕규는 대광으로 병권을 거머쥐고 있어 그 위세가 막강했던 것이다.

이후 거듭된 시해 사건으로 불안한 나날을 보내야 했던 혜종은 병들어 눕게 되었고, 재위 2년인 945년 9월에 숨을 거두었다. 후계자도 정하지 않은 상태로 혜종이 죽자, 공석이 되어버린 왕위를 차지하기 위한 암투가 벌어졌다. 그 과정에서 승리해 왕으로 즉위한 인물은 왕규의 외손자가 아닌, 혜종의 이복동생 정종이었다.

고려의 세 번째 왕인 정종은 태조 왕건의 둘째 아들로, 왕규가 광주원군을 왕으로 앉히려 참소와 시해 공작을 벌이고 그 때문에 왕이 병석에 눕자, 왕권을 탈취하기 위한 본격적인 준비 작업에 들어갔다. 혜종의 이복형제인 정종 등을 반역자라고 주장한 왕규의 참소가 전혀 근거 없는 얘기는 아니었던 셈이다. 하지만 사실이 그렇더라도 혜종으로서는 왕위를 노리는 동생들을 처벌할 수가 없었다. 그만큼 세력이 미약했던 것이다.

서경 천도

왕규가 한창 음모를 꾸미는 사이, 정종은 서경에 나가 있는 왕식렴과 손을 잡았다. 태조 원년에 서경의 책임자로 임명된 왕식렴은 황폐해진 시설들을 보수하고 성을 새로 쌓는 등 서경 정비 임무를 27년간이나 수행했다. 그러면서 강력한 군세를 확보하게 되었다.

정종과 뜻이 통한 왕식렴은 군대를 이끌고 개경으로 입성했다. 그리고 혜종이 죽은 당일 정종은 왕식렴의 서경 세력에 눌린 신하들의 추대를 받아 왕위에 올랐다. 왕위 다툼에서 밀려난 왕규는 반란을 도모했고, 왕식렴의 군대에 패해 지금의 강화인 갑곶으로 유배되었다가 곧 죽임을 당했다.

개경의 호족 세력을 대표하는 왕규의 무리를 제압하며 왕으로 즉위한 정종은 곳곳에 포진해 있는 개경 세력의 만만찮은 반발에 부닥쳤다. 이에 정종은 자신의 치세에 방해가 되는 인사들을 상대로 대대적인 숙청을 감행했다.

즉위 초에 벌어진 유혈 사태로 민심이 흉흉해진 가운데, 비정상적인 왕위 계승 전력은 두고두고 정종에게 부담으로 작용했다. 이에 대한 타개책으로 정종이 선택한 것은 서경 천도였다. 자신에게 우호적인 세력이 있는 서경으로 도읍을 옮김으로써 왕권을 강화하고 민심도 일신하자는 복안이었다.

947년 서경에서는 정종의 명으로 궁궐 공사가 시작되었다. 서경 천도로 직격탄을 맞게 된 개경 호족들의 반발이 터져 나왔으며, 대규모 토목공사에 동원된 백성들의 원성도 날로 높아졌다. 이처럼 무리하게 추진되던 천도 작업은 정종 4년(949) 1월 왕식렴의 사망으로 난관에 봉착했다. 그리고 3월에는 정종이 세상을 떠나면서 서경으로의 천도 계획은 완전히 좌초되었다.

광종과 왕권 강화

정종의 뒤를 이어 제4대 왕으로 즉위한 광종에게는 두 명의 후비가 있었다. 대목왕후 황보씨와 경화궁부인 임씨인데, 황보씨는 태조의 딸이고 임씨는 혜종의 딸로, 여성의 경우에 외가의 성을 좇는 당시 관습에 따라 고씨 성을 받지 않았다.

다시 말해, 광종은 자신의 이복누이동생과 조카랑 결혼을 했던 것인데, 그는 고려의 왕자로서 왕실 족내혼을 행한 첫 번째 인물이었다. 족내혼은 족외혼과 달리 외척의 발호를 원천적으로 차단할 수 있을 뿐더러, 왕실 혈통의 순수성을 보존할 수 있는 장점도 발휘했다. 실제로 광종은 자신의 치세기인 26년 동안 외척 세력의 간섭 없이 정책을 펴나갈 수 있었다.

광종 7년(956)에 노비 중에서 과거에 양민이었던 자를 면천시켜 주는 제도인 노비안검법을 실시했다. 당시 귀족들에게 예속된 노비들은 전쟁 포로나 가난한 양민 출신이 적지 않았기 때문에, 이들을 풀어 주면 귀족 세력을 약화시키고 왕권을 강화할 수 있었다.

같은 해 광종은 후주 사람 쌍기의 건의를 받아 과거제도도 실시했다. 당시까지는 신라 시대와 마찬가지로 명성이나 집안 배경에 따라 관리를 뽑았는데, 귀족 계층이 자신들의 권력을 손쉽게 유지하는 구조를 혁파함으로써 광종은 왕권 강화를 꾀했다.

과거제의 시험 과목은 시詩, 부賦, 송頌, 시무책 등으로, 시험에서 좋은 평가를 받은 사람은 권문세가의 자제가 아니라도 관리로 등용될 수 있었다. 출신이 아닌 능력 위주의 관리 선발은 권력층의 개편을 의미하는 대사건이었다.

그로부터 2년 후인 광종 9년(958), 백관들의 공복을 보라색, 붉은색, 연두색, 자주색 등 네 가지 색상의 소매 옷으로 정하고, 등급에 따라 공복을 달리 입도록 하는 조치가 취해졌다. 일찍이 호족들의 반대로 흐지부지된 바 있는 이 복식 제도는 과거제도로 왕권이 한층 강화된 상황에서 빠르게 정착되었다.

광종의 개혁 정책들을 뒷받침해 준 것은 쌍기를 위시한 귀화인, 과거제도를 통해 출사한 관료, 신라계 인물 등이었다. 이와 같은 비주류 신진 세력들이 중심이 된 일련의 개혁 작업으로 점점 특권적인 지위를 잃고 있던 공신 세력은 반격의 기회를 노렸다.

백관들의 공복

하지만 광종 11년(960)에 권신인 준홍과 왕동 등이 역모를 꾀한 죄목으로 참소되어 귀양을 가면서 공신 세력에 대한 대대적인 숙청 작업이 벌어졌다. 한번 불기 시작한 피바람은 광종이 죽기 직전인 975년까지 그치지 않았다. 광종의 공포 정치는 왕권 강화의 최대 걸림돌인 공신 세력을 제거하는 데는 효과적이었지만, 그에 따른 혼란과 증오심은 적잖은 부작용을 초래했다.

전시과 실시

975년 5월, 광종의 첫째 아들인 경종이 제5대 왕으로 즉위했다. 경종이 취한 첫 번째 조치는 부왕에게 탄압받았던 공신 세력에 대한 사면령이었다. 그간 눌려 지내 온 공신 세력들은 세력을 만회할 수 있는 절호의 기회를 맞이했다. 그들은 억울하게 참소당해 화를 입은 선조의 복수를 해도 좋다는 왕의 허락까지 받아냈다.

선대 왕 때의 피바람은 다시금 복수의 피바람을 불러들였다. 광기에 찬 복수극은 경종 2년(977) 왕실에까지 칼을 뻗쳐 왔다. 집정 왕선의 주도로 태조 왕건의 아들인 원녕태자와 효성태자가 살해당한 것이다. 이에 놀란 경종은 왕선을 파직해 귀양 보내고 더 이상의 복수를 금지시켰다. 반대파를 처단하면서 세력 확장을 꾀하던 공신 세력은 뜻을 접지 않고 경종 5년(980) 왕승 등이 반란을 일으켰다.

선왕의 숙청 작업으로 위축된 공신 세력에 힘을 실어 줌으로써 개혁 세력을 견제하고 왕권을 강화하려던 경종은 왕승의 역모에 좌초되었다. 이후 정치에 흥미를 잃고 향락에 빠져든 경종은 이듬해 6월 사촌 동생인 성종에게 선위한 뒤 숨을 거두었다.

치세 기간은 겨우 6년으로 짧았지만, 경종은 즉위 초반에 중요한 업적들을 쌓았다. 그중 주목할 만한 것은 976년의 전시과 제도 실시였다. 태조 이후로 문무 관료에게 봉록으로 준 역분전의 지급 기준은 공로나 인품이었다. 경종은 이 기준을 관리의 품계와 인품으로 바꿔 토지를 분급했던 것이다.

경종의 전시과는 광종의 공복 제도에 따라 지급 대상자를 네 계층으로 구분해 지급하는 양을 정하고, 여기에다 인품이라는 새 기준을 적용하는 제도였다. 이것은 당시 지배 계층을 국가의 토지 제도 안으로 흡수하는 혁신적인 조처로, 왕권 강화의 토대가 되었다.

최승로의 개혁 정치

981년 제6대 왕으로 즉위한 성종은 광종의 사위이면서 경종과는 사촌 형제이자 처남 매부 사이였다. 게다가 같은 황보씨 외가를 둔 사실이 경종의 호감을 사면서 왕위 계승권을 보장받게 되었다.

광종 이후 조성된 유교적 분위기에서 자란 성종은 유교 정치 이념을 실현한 왕으로 평가받는다. 그는 즉위 초에 팔관회를 없애는 등 숭유억불 정책을 펼쳐 나갔다. 또한 중앙집권적 통치 체제를 구축하는 데 힘썼다.

982년 6월, 성종은 최승로가 올린 〈시무 28조〉를 바탕으로 고려가 당면한 정치 개혁과 체제 정비에 나섰다. 28개 조목의 시무책 중에서 현재는 22개 조목만 전하는데, 민생과 사회 제도, 불교, 대외 관계, 군주관 등의 주제를 다루었다.

민생 관련 조목들은 관리나 사찰, 지방호족에게 백성들이 수탈당하고 있는 문제의 시정 방안을 제시하고 있다. 승려들의 고리채 금지, 공역의 공평 적용, 연등회와 팔관회의 인력 동원 축소 등이 이에 해당한다.

사회 제도 관련 조목들의 경우는 당시의 문란해진 여러 제도의 정비를 주창하고 있다. 공경과 관료, 일반인이 품수에 따라 달리 옷을 입었던 신라 때처럼 관복을 제정하라든가, 신분 차별을 엄격히 하라는 내용들은 신라의 전통적인 가치관에 기초한 것으로, 최승로식 사회개혁의 한계를 보여 준다.

불교 관련 조목은 당시 불교의 폐단을 비판하는 내용을 다루고 있다. 과도한 불교 행사를 자제하고, 불경이나 불상 등에 금은을 입히는 등의 낭비를 예방하며, 중이 관이나 역에 유숙하는 것을 막으라는 조목들이 그러하다.

대외 관계를 다룬 조목은 모화慕華적인 태도를 버리고 주체적인 자세를 취하라고 강조한다. 예악이나 사서, 군신과 부자의 도리 등은 중국의 것을 따르되, 거마車馬나 의복 등은 우리 고유한 풍속을 지키는 것이 옳다는 주장을 담고 있다.

끝으로 군주관의 경우는 군주의 태도가 어떠해야 하는가를 밝히고 있는 조목으로, 교만하지 말고 신하를 대할 때 공손하며, 죄 있는 자가 있더라도 죄의 경중을 모두 법대로만 논한다면 곧 태평성세를 이룰 수 있을 것이라는 내용을 다룬다.

983년 성종에게 중용된 최승로는 12목의 설치와 3성 6부제에 기초한 중앙관제의 정비도 관철시켰다. 그러면서 팔관회와 연등회의 폐지를 이끌어 내는 등 고려사회의 유교화를 한 걸음 진전시켰다. 이로써 성종 치세기의 고려는 안정된 국가의 기틀을 갖추게 되었다.

거란의 1차 침입과 서희의 활약

고려 시대에는 외적의 침입이 잦았다. 북으로는 거란과 몽골에다 심지어 홍건적의 침략에 시달리고, 남으로는 왜구의 잦은 노략질에 고통을 당했다. 그중에서도 고려의 백성들을 가장 괴롭힌 것은 거란족이었다. 고려 건국 초기에는 거란과 가깝게 지냈으나, 거란이 발해를 멸망시키면서 관계가 단절되었다. 그리고 성종 때부터는 거란의 침입을 받게 되었다.

당시 동아시아의 정세는 국호를 요로 바꾼 거란이 태풍의 눈으로 부상해 있었다. 중원의 송나라를 위협할 정도로 강성해진 거란을 견제하기 위해 고려는 송나라와 손을 잡고 호시탐탐 북방 지역으로의 진출 기회를 노리는 중이었다. 이런 상황에서 송나라를 제압해 중원을 차지할 야심을 품은 거란으로서는 배후에 도사린 고려를 손볼 필요가 있었다.

성종 12년(993)에 거란의 동경, 즉 지금의 요령성 요양 지역 유수인 장수 소손녕이 군대를 이끌고 압록강을 건너왔다. 이에 고려는 각 도에 군마제정사를 파견하고, 박양유와 서희, 최량을 군 지도부로 삼아 거란을 막도록 했다.

고려 땅에 진을 친 소손녕이 군사적 공격에 앞서 항복을 요구하는 가운데, 고려 조정에서는 화친과 주전主戰 문제로 공방이 벌어졌다. 고려의 항복을 재촉하기 위해 지금의 평안남도 안주 지역에 있던 안융진을 공격한 소손녕은 공격이 실패하자, 다시금 항복을 종용했다.

이때 주전론을 주창하던 서희가 국서를 가지고 적진으로 들어가 소손녕과 담판을 벌였다. 소손녕은 고구려 땅은 옛 신라 영토에서 건국한 고려가 아니라 거란의 소유이며, 거란과 국경을 접하는 고려가 바다 건너 송나라를 섬기는 것은 부당하다고 주장했다. 따라서 고구려 땅을 거란에 넘기고 화친하라고 압박했다.

이에 서희는 고려는 고구려의 후신이라 국명도 고려라 짓고 평양 근처에 도읍했으며, 여진족이 압록강 일대의 길을 막아 어쩔 수 없이 송나라와 사귀는 것이라고 반박했다. 그러므로 고구려 땅은 고려의 것이며, 여진족 문제만 해결되면 거란과의 화친도 자연스레 이루어질 거라고 설득했다.

거란의 1차 침입과 강동 6주

애초 고려의 땅보다는 송나라와의 친교 정책을 공격할 목적이었던 소손녕은 화친 약속을 받아낸 데 만족하고 철수했다. 서희의 활약으로 거란군을 물린 고려는 거란으로 사신을 보내 조공을 약속하고 거란 연호를 사용하는 등 일시적인 유화책을 구사했다. 그러면서 은밀하게 송나라에 군사적 지원을 요청하는 양다리 외교를 펼쳤으나, 송나라가 지원을 거절하자 국교를 단절했다.

한편, 서희는 994년 군사를 몰아 압록강 동쪽 지역인 강동의 여진 부락을 소탕하고 성을 쌓은 후에 흥화, 용주, 통주, 철주, 귀주(구주), 곽주 등 6주를 설치했다. 이처럼 거란의 1차 침입은 서희의 뛰어난 외교술 덕분에 고려의 서북 지역 경략에 도움을 주는 전화위복의 결과를 낳았다.

거란의 2, 3차 침입과 강감찬의 활약

997년 10월, 성종이 아들 없이 병사하고 경종의 장자인 목종이 제7
대 왕으로 즉위했다. 어린 왕의 모후로서 섭정을 맡은 천추태후는 자
신과 사통하는 김치양과 더불어 정사를 어지럽혔다. 급기야 둘 사이
에서 낳은 아들을 왕으로 앉히기 위해 김치양이 역모까지 꾀하는 가
운데, 1009년 서북면 도순검사인 강조가 정변을 일으켜 현종을 옹립
하고 목종을 시해했다.

이듬해인 1010년 11월, 고려 침공의 기회를 노리고 있던 거란 왕
성종은 고려 왕을 시해한 강조의 죄를 묻는다는 구실을 내세워 40만
명의 대군을 이끌고 압록강을 건너왔다. 지금의 평안북도 구성 지역
인 구주에서 고려군에게 저지당한 성종은 군대를 물린 후, 병력의 절
반을 이끌고 남하해 지금의 평안북도 선천 지역인 통주를 공격했다.
그리고 강조를 포로로 잡아 살해했다.

고려 침입의 빌미로 삼았던 강조를 죽인 거란은 개경으로 진격의
고삐를 당겼다. 화친론으로 기울던 고려 조정은 강감찬의 반대로 방
향을 선회하여, 일단 강화를 제의해 시간을 벌고 그 틈을 이용해 왕
은 남쪽으로 피신해 적이 지치기를 기다리기로 했다.

그해 12월 현종이 개경을 떠나고, 이듬해 1월 1일 거란군이 개경으
로 들이닥쳤다. 이때 궁궐과 대묘와 민가가 불길에 휩싸였으며, 태조
이래 목종까지 7대에 걸친 실록의 기록들도 소실되었다.

고려 조정의 사신으로 적진에 뛰어든 문신 하공진은 거란의 성종
에게 강화를 제의했다. 이미 멀리 달아난 현종을 잡아다 항복을 받기
는 어렵다 판단한 성종은 후일 고려의 왕이 자신을 찾아와 문안을 올

리는 조건으로 철군을 결정했다. 이때 하공진은 볼모로 잡혀가 결국 죽임을 당했다.

한편, 개경을 떠나 계속해서 남하한 현종은 1월 13일 전라도 나주에 당도했다. 적의 퇴각 소식을 접한 후에는 1월 21일 다시 나주를 떠나 공주와 청주를 거쳐 2월 23일 개경으로 돌아왔다.

현종 3년(1012) 1월, 거란 왕은 철군의 조건으로 제시했던 고려 왕의 친조를 요구했다. 이에 현종이 몸이 좋지 않다는 이유로 입조를 미루자, 거란은 고려의 강동 6주를 접수하겠다고 통고해 왔다. 그리고 현종 5년(1014) 9월에 강동 6주에 속하는 통주와 흥화진을 공략하는 것으로 3차 침입을 개시했다. 하지만 거란군은 고려군에게 패하여 곧 퇴각했고, 이후에도 파상적인 소규모 공세를 계속했다. 그러던 중

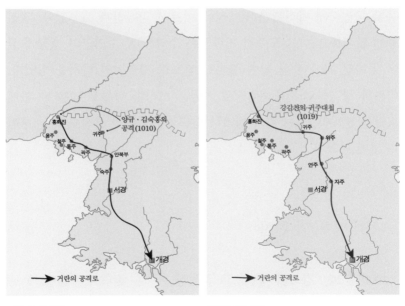

거란의 2차 침입   거란의 3차 침입

현종 9년(1018) 12월 거란 왕의 사위인 소손녕이 10만 명의 군사를 이끌고 대대적인 침공을 해 왔다.

20만 명의 군사를 준비해 두고 있던 고려는 평장사 강감찬을 지휘관으로 삼아 소손녕의 군대를 맞았다. 강감찬은 거란군이 흥화진 앞의 강을 건널 때 막아 두었던 둑을 터트리는 수공 작전과 복병을 통한 공격으로 거란군에 타격을 입혔다. 군사를 수습한 소손녕이 개경으로 계속 진군하자, 거듭된 공격으로 전력 손실을 입히는 한편, 현지에서 보급할 만한 식량 등을 미리 치워 없애는 청야 전술을 써서 적을 점점 지치게 만들었다. 아울러 개경에는 1만 3천여 명의 군사들을 보내 방비를 강화했다.

마침내 개경을 앞에 두고 승산이 없음을 깨달은 소손녕은 철군하기 시작했는데, 곳곳에 매복한 고려군에게 시달리다가 지금의 평안북도 구성시에 자리했던 귀주성에 이르러 강감찬과 조우했다. 격전 중에 열세를 느끼고 도주한 거란군은 추격해 온 고려군의 맹공에 살아 돌아간 자가 수천 명에 불과할 정도로 궤멸적인 타격을 입었다. 이른바 강감찬의 귀주대첩으로 거란은 고려를 함부로 넘볼 수 없게 되었을 뿐더러, 고려 왕의 입조나 강동 6주에 대한 욕심도 더는 부릴 수 없게 되었다.

《칠대실록》의 편찬

1009년 2월, 강조의 정변으로 즉위한 현종은 궁녀의 수를 크게 줄이고 음악을 가르치는 교방을 없애는가 하면, 궁궐 안에 가둔 진귀한 새와 짐승 따위를 방생하는 등 사치스러운 궁중 분위기를 쇄신했다. 억울하게 갇힌 백성들을 풀어 주고, 승려의 횡포를 엄금했을 뿐더러 특권층들의 사치를 위해 복무하는 기술자들을 귀농시키는 등 민생 구제에 힘썼다. 또한 성종 때 폐지한 연등회와 팔관회를 부활시키거나 대장경의 제작에 착수하는 등 호불적인 성향도 강하게 드러냈다.

그런가 하면 친유교적 정책에도 관심을 쏟아 최치원 등 선유들을 배향하는 의례를 만들었고, 재위 16년(1025)에는 아랫사람이 윗사람을 만났을 때 읍을 하거나 말에서 내려 돌아서 가게 하는 등 품계의 높낮이와 나이의 많고 적음에 따른 문무백관의 상견례를 정했다.

현종의 대표적인 업적으로 평가받는 것은 바로 《칠대실록》의 편찬이었다. 거란의 2차 침입 당시 사초가 소실되자, 현종이 최항과 최충 그리고 황주량 등에게 명하여 제작한 것으로, 1013년에 시작해서 1034년에 완성했다. 이후 고려는 각 왕대마다 실록을 만드는 전통이 생겼으며, 이는 조선으로 이어졌다.

1031년 현종이 죽고 제9대 왕으로 즉위한 덕종은 부왕 때의 중신들을 등용해 정치적 안정을 꾀했다. 거란과 우호적인 관계를 맺고 고려인 포로들의 송환을 요청했는데, 뜻을 이루지 못하자 국교를 단절해 버렸다. 이로써 자신의 재위 내내 거란과 군사적인 긴장 관계를 유지한 덕종이지만, 여진과는 친밀하고 협조적인 관계를 이어 나갔다.

한편, 덕종은 교육 제도 개선을 위해 국자감에 시험 제도를 도입했다. 실력과 상관없이 명문가 자제라면 누구나 쉽게 입학해 온 국자감은 덕종의 조치 덕분에 고려의 최고 교육기관으로 자리 잡게 되었다. 그리고 현종 때 착수한 《칠대실록》의 편찬을 완수했으며, 죄인들에게 부과된 형벌을 줄여 주기도 했다.

천리장성의 축조

1034년 9월, 재위 3년 만에 덕종이 아들 없이 죽자 아우인 정종이 제10대 왕으로 즉위했다. 정종은 나라 안에 사면령을 내리고, 원로 중신들을 통해 정치를 안정적으로 이끌었다. 거란과의 관계도 덕종과 달리 타협책과 강경책을 병용했다. 재위 4년(1038) 거란과 다시 국교를 정상화했고, 재위 10년(1044)에는 압록강 어귀에서 함경남도 동해안의 도련포에 이르는 천리장성을 완공했다. 이중의 안전장치를 마련한 고려는 거란이 멸망할 때까지 평화 관계를 유지해 나갔다.

정종은 대외적인 안정과 더불어 내부적으로도 고려 사회를 안정시킬 정책을 추진했다. 재위 5년(1039) 노비종모법을 만들어 어머니의 신분이 자식의 신분으로 상속되게 했고, 이듬해에는 도량형의 규격을 정비해 세금 수취 과정에서 발생하는 폐단을 막을 수 있게 했다. 그리고 재위 12년(1046)에는 상속이 적자에서 적손, 형제, 남손, 여손의 순으로 이어지는 장자상속법을 제정했다.

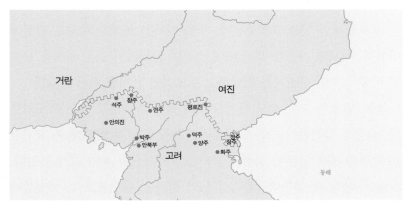

압록강부터 함경도까지 길이가 약 1,000리(400킬로미터)에 이르는 천리장성

같은 해 3월, 정종은 도성 안 저자에서 승려들이 염불을 외면서 백성들에게 복을 빌어주는 경행을 열게 했다. 매년 개최된 이 의식은 본래 사찰에서 좌선하거나 병을 다스리기 위해 행하던 것으로, 불가의 한 수행법이 국가 차원으로 확대된 행사라 할 수 있다.

문종의 개혁 정치

1046년 5월, 정종은 이복동생 문종에게 선위하고 죽었다. 문종은 덕종과 정종 연간에 이룩한 대내외적인 안정 기반 위에서 무려 37년 동안 치세하며 업적을 쌓았고, 이 시기 고려는 전성기를 구가했다.

문종의 개혁 정치는 형법을 위시한 법률 정비로부터 시작되었다. 문종 3년(1049) 공음전시법을 마련해 5품 이상 관료들에게 상속 가능한 토지를 지급하기 시작했으며, 재면법과 답험손실법도 제정해 자연재해가 발생했을 경우에 세금을 면제받을 수 있게 했다.

문종 16년(1062)에는 억울한 처벌을 막기 위해 삼복제, 즉 삼심제도를 만들어 죄수를 심문할 때 3명 이상의 형관이 입회하도록 규정했다. 또한 문종 30년(1076)에는 양반전시과를 개정함으로써 고려 전기의 토지법이 완성을 보게 되었다. 이어서 녹봉 제도를 확립함으로써 관료제의 기반을 더욱 튼튼하게 다졌다.

이와 같은 제도의 정비는 왕권 강화와 국력 신장으로 이어졌다. 더는 거란의 침략을 염려하지 않아도 될 정도로 강성해진 고려는 한동안 국교가 단절되었던 송나라와도 다시금 외교 관계를 재개했다.

문종 때에는 정치·사회적 안정과 발전 속에서 불교와 유학이 두루 발전했다. 유학의 경우 해동공자라 불린 최충의 활약이 뛰어났다. 그는 퇴직 후에 사립학교인 문헌공도를 세워 인재 양성에 힘을 쏟았는데, 이를 본뜬 사립학교들이 설립되면서 사학12도가 생겨났다. 당시 국자감의 교육 내용이 부실했던 탓에 사학에 대한 수요는 컸다.

문종은 즉위 초에 대안사와 대운사를 증축하고, 재위 10년(1056)에는 지금의 경기도 개풍 지역인 덕수현에 흥왕사를 세우는 등 불사에 공을 들였다. 심지어 자신의 아들 둘을 출가까지 시켰는데, 그중 하나가 바로 대각국사 의천이었다.

문종 19년(1065), 11세의 나이로 영통사로 들어간 의천은 단기간에 《화엄경》을 통달할 만큼 총명했으며, 출가한 지 4년 만에 승통의 지위에 올랐다. 이후 송나라에 유학하려 했으나, 문종의 반대로, 문종 사후에는 고려 왕자의 송나라 유학이 자칫 거란과의 관계를 악화시킬 수 있다는 형 선종과 신료들의 반대에 부닥쳤다. 사람들의 눈을 피해 어렵사리 유학길에 오른 의천은 송나라 땅을 주유하며 6종파의 고승 50여 명을 만나 법을 구했다. 그는 선종의 명령으로 1년 2개월 만에 귀국했는데, 이때 천여 권의 경서를 가지고 돌아왔다.

속장경의 간행

귀국 후 흥왕사 주지가 된 의천은 교정도감을 세우고 요나라와 송나라 등지에서 수집한 불교 서적의 목록 편찬에 들어갔다. 이른바 《의천목록》이 완성되자, 이번에는 경, 율, 론 등 삼장三藏의 주석서 4천여 권 분량을 모아 조판했는데, 바로 《고려속장경》이었다. 《속장경》제작은 선종 8년(1091)에서 숙종 5년(1100)까지 약 10년 동안 이루어진 것으로 짐작된다.

의천은《속장경》외에《원종문류》,《석원사림》등 불교 관련 서적도 펴냈다.《원종문류》는 화엄종의 교리를 요약하고 고승들의 저술을 모아 전체 22권으로 엮어낸 것이고,《석원사림》은 불가의 역사적 사실 등을 모아 250권으로 편찬한 것이었다.

숙종 4년(1099)에 의천은 천태종을 개창했으며, 국청사는 고려 천태종의 발상지로 부상했다. 당시 고려의 불교계는 주류인 화엄종과 법상종이 반목하면서 잡음이 끊이지 않았다. 이에 의천은 천태 사상 위에서 반목을 해소하고 화합된 목소리를 끌어내고자 노력했다.

숙종 6년(1101), 대각국사 의천은 향년 57세로 열반했다. 이후로 교웅이나 징엄, 수개 등 뛰어난 고승들을 배출한 천태종은 점점 교세를 확장하여 고려 중기 최고의 종단으로 자리 잡게 되었다.

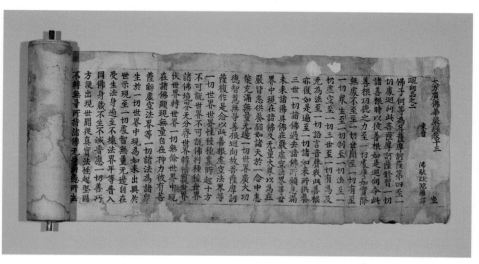

고려 현종~선종 대에 걸쳐 이루어진 초조대장경 중 목판으로 찍어낸 대방광불화엄경

선종의 치세

1083년 7월, 문종이 죽고 그의 장남인 순종이 제12대 왕으로 즉위했다. 본래 몸이 약한 데다 부왕의 죽음으로 상심이 컸던 순종은 병들어 눕게 되었는데, 즉위년 10월에 아우 선종에게 선양한 뒤 눈을 감았다. 고려 역대 왕들 중에서 치세 기간이 가장 짧았던 순종에게는 자녀가 없었다.

순종에 뒤이어 왕이 된 선종은 처음에는 문종 시기의 중신들을 중용했으나, 다음 해 대대적인 물갈이를 통해 친위 세력을 구축하는 영민함을 보였다. 그리고 3년에 한 차례씩 승과시험을 치르게 하고, 아우인 대각국사 의천을 홍왕사로 보내 불경을 간행케 하는 등 불교 사업에 관심을 쏟았다.

불교 외 관학의 부흥에도 신경 쓴 선종은 진사시 이하 모든 과거를 3년에 한 차례씩 치르게 했다. 또한 재위 8년(1091)에는 공자의 제자 안회를 위시한 72현의 상이 담긴 벽화를 국자감에 조성했다.

선종 연간은 내정이 안정되었을 뿐더러, 거란과의 국경 문제가 정리되고 일본 및 송나라와의 교역이 추진되는 등 대외적으로도 안정을 구가했다. 선종은 거란과 송나라를 상대할 때 양국 모두를 종주국으로 인정하는 중립적이고 실리적인 자세를 취했다.

하지만 나라에 가뭄과 여름 우박, 홍수 등이 발생할 때마다 유학자들은 선종에게서 재해의 원인을 찾았다. 과도하다 싶은 불사가 화근이 되었다고 여긴 것인데, 불교뿐만 아니라 국학의 발전에도 애쓴 선종에게는 재앙을 불러일으킨 왕이라는 부정적인 평가가 따라붙었다.

외척의 득세

1094년 5월 선종이 죽고 11세의 어린 나이로 헌종이 왕위에 올랐다. 모후인 사숙태후가 섭정을 하는 가운데, 헌종의 몸이 날로 쇠약해지면서 다음 왕위를 노리는 세력들이 준동하기 시작했다. 그 선두에 외척인 인주 이씨 세력과 헌종의 숙부인 계림공 세력이 있었다.

문종 이래 외척으로서 세도를 누려 온 인주 이씨 집안의 왕실 쪽 인물에는 헌종을 낳은 사숙태후와 한산후를 낳은 원신궁주가 있었다. 이들의 후원으로 궁중의 요직을 차지한 인주 이씨 척족들 중에서 가장 핵심적인 인물은 원산궁주의 친오빠인 이자의였다.

중추원사로 권력 중심에 자리한 이자의는 왕이 되려는 야심을 품은 계림공에 맞서 한산후를 왕으로 만들기 위해 세력을 키워 나갔다. 왕위를 둘러싼 양측의 대립과 긴장이 고조되는 가운데, 계림공은 상서병부사로 병권을 장악한 왕국모와 평장사 소태보 등을 자기편으로 끌어들였다.

점차 힘의 축이 계림공으로 기울게 되자, 헌종 원년(1095) 7월 이자의는 거사 준비를 서둘렀다. 하지만 계림공 쪽에서 눈치채고 선수를 치는 바람에 이자의는 왕국모의 군사들에게 붙잡혀 죽임을 당했다. 계림공은 이자의의 측근들과 동조 세력을 붙잡아 죽이거나 귀양 보냈다. 이른바 '이자의의 모란'은 계림공의 승리로 귀결되었으며, 인주 이씨 집안에 큰 타격을 입혔다.

정적 제거에 성공한 계림공 세력은 헌종과 태후를 압박해 양위를 재촉했다. 권력 쟁투의 피비린내가 채 가시지 않은 그해 10월, 헌종은 계림공에게 왕의 자리를 물려주었다. 이로써 제15대 숙종의 치세기가 개막되었는데, 상왕으로 홍성궁에서 머물던 헌종은 숙종 2년 (1097) 윤2월에 눈을 감았다. 그의 나이 겨우 14세였다.

화폐 발행과 서울 천도

숙종은 1095년부터 1105년까지 재위하는 동안 정치를 안정적으로 운영했다. 어린 조카를 내쫓고 왕이 되었다는 점에서 숙종은 왕위 계승의 정당성이 부족했던 탓에 왕권 강화에 집착했다.

즉위와 동시에 원산궁주와 한산후를 귀양 보내는 한편, 측근들을 내각의 중심에 배치했다. 그리고 껄끄러운 개경을 벗어나 지금의 서울인 남경으로의 천도를 계획했다. 하지만 새로운 도읍지 건설은 백성들에게 막대한 부담을 안겨줄 뿐더러, 개경 중신들의 반발도 만만찮았던 까닭에 연기가 불가피했다.

숙종이 남경 개발을 미루고 꺼내든 정책은 주전 사업이었다. 대각국사 의천과 윤관의 건의로 추진되는 이 사업을 위해 숙종 2년(1097)에 주전도감이 설치되었다. 주화의 통용은 고위 관리와 대상大商의 술수로 조세 절차가 왜곡되는 것을 막는 동시에, 국가가 물자 유통을 관리할 수 있도록 해 주는 혁신적인 조치였다.

왕권 강화와 직결된 화폐 정책에 반대하는 대신들의 목소리가 컸지만, 숙종은 주전 사업을 밀어붙였다. 그 결과, 숙종 6년(1101)에 고려의 지형을 본뜬 활구闊口라는 이름의 은병을 선보였으며, 이듬해에는 우리나라 최초의 화폐인 해동통보 1만 5천 관을 주조해 관료들과 군인들에게 배포했다.

주전 사업의 실시는 국가의 재정을 늘리고 왕권 강화에 도움이 되었다. 이에 자신감을 얻은 숙종은 중신들의 반발 때문에 연기했던 남경 개발에 착수했다. 먼저 남경개창도감을 설치하고, 사람을 보내 도읍으로 삼기 좋은 지역을 물색해 보고토록 했다.

이후 삼각산 남쪽의 산수 형세가 옛 문헌 기록에 부합한다는 보고를 받은 숙종은 본격적인 천도 작업에 돌입했다. 새로 개발된 남경의 범위는 한강 이북에 자리한 지금의 서울 중심가와 거의 일치했는데, 개발 착수 3년 후인 숙종 9년(1104) 5월에 거의 완성을 보게 되었다. 하지만 이듬해 고구려 동명왕의 묘에 제를 올린 숙종이 환궁 도중에 숨을 거두면서 천도 계획은 물거품이 되었다.

숙종은 남경을 건설하고 주전 사업을 실시한 것 외에도 6촌 이내 친척 간의 혼인을 금지시키고, 기자 사당을 건립했으며, 여진족 정벌을 위해 별무반을 설치했다. 숙종 10년(1105) 고려군이 여진족과의 싸움에서 패하면서 만들어진 별무반은 기마병인 신기군을 비롯해 보병인 신보군, 특수병인 경궁군, 도탕군, 발화군, 정노군, 승병인 항마군으로 편제되었다. 징집 대상은 나이 스물 이상의 장정으로, 농민과 상인은 물론 아전, 노비, 승려에다 문무양반까지 모두 아울렀다.

윤관의 여진 정벌

1105년 숙종이 죽고 큰아들인 예종이 왕위에 올랐다. 사면령과 내각 개편을 통해 민심을 수습하고 정국을 안정시킨 예종은 여진 정벌이라는 부왕의 유지를 받들었다. 이를 위해 숙종 때의 중신인 윤관을 정벌군의 원수로 임명했다.

　여진족은 완안부라는 일족이 여타 부족들을 통합하면서 지금의 간도 지역을 장악하는 등 급속하게 세력을 확장해 왔다. 하지만 1103년 지도부가 교체되면서 내분이 발생했고, 그 때문에 군대가 이동하는 과정에서 1105년부터는 고려와도 충돌하기 시작했다.

　예종 2년(1107) 11월, 20만 명의 대군을 이끌고 출정한 윤관은 동북 방면의 여진족을 상대로 승전을 거듭했다. 그는 100여 개의 여진족 촌락을 평정한 후 국경선을 긋는 작업에 착수했다. 당시 획정한 국경선의 범위는 동으로는 화곶산, 서로는 몽라골령, 북으로는 궁한이촌에 이르렀던 것으로 보인다. 이처럼 국경선을 정한 뒤에는 화곶산에 992간에 달하는 성곽을 쌓아 웅주성이라 불렀으며, 몽라골령에는 950간의 성곽을 올려 영주성이라 이름 지었다. 그리고 궁한이촌에는 670간의 성곽을 만들어 길주성이라 부르는 한편, 오림금촌에도 774칸의 성곽을 지어 복주성이라 명명했다.

동북 9성의 위치

윤관은 웅주, 영주, 길주, 복주 등 4주에다 함주, 공험진을 합쳐 모두 6성을 신축했다. 예종 3년(1108)에는 의주, 통태, 평융 등에 다시 3성을 쌓아 동북 9성의 축조를 마무리 지었다. 동북계의 옛 고구려 땅을 수복한 윤관이 9성을 쌓은 것은 여진 완안부의 남하를 막으려는 목적에서였다.

하지만 고구려 멸망 이후로 줄곧 동북 지역에서 살아온 여진족으로서는 다른 곳으로 옮겨 갈 생각이 없었다. 여진족은 계속해서 맹렬한 반격을 펼치는 한편, 해당 지역의 반환을 강화 조건으로 제시했다. 하지만 고려의 반환 거부로 9성 일대에서는 격전이 되풀이되었고, 이때 군사를 이끌고 출동한 윤관이 여진과의 싸움에서 패해 돌아오기도 했다.

동북계의 소란이 끊이지 않는 가운데 9성을 지키기 어렵다고 판단한 고려 조정은 예종 4년(1109)에 여진족의 제안을 받아들였다. 그리고 윤관은 무리한 정벌로 국력을 소모시켰다는 이유로 문책을 받아 파면되었다. 이듬해 다시 복직하라는 어명이 내려졌으나, 윤관은 정중히 사양한 채 죽을 때까지 출사하지 않았다.

예종은 동북 9성의 운영에는 실패했지만, 변방을 안정시키는 데는 일정 정도 성과를 거두었다. 이러한 외치를 바탕으로 국학에 일곱 개의 전문 강좌인 7재齋를 두어 관학의 부흥을 꾀하고, 청연각과 보문각을 따로 두어 문학과 학문을 더욱 진흥시키는 등 내치에도 관심을 기울였다.

이자겸의 득세

예종 17년(1122) 4월, 예종이 죽고 겨우 14세밖에 안 된 큰아들 인종이 왕위에 올랐다. 인종이 일부 중앙 관료들의 지지를 받는 숙부 대방공과 대원공을 제치고 즉위한 데는 이자겸을 비롯한 인주 이씨 세력들의 도움이 컸다. 그 때문에 인종의 즉위는 이자겸의 권세에 날개를 달아주었다.

이자의의 반란으로 몰락했던 인주 이씨 가문이 부활한 것은 예종이 이자겸의 둘째 딸을 왕비로 맞아들이면서였다. 게다가 인종도 이자겸의 셋째, 넷째 딸들과 결혼하게 되면서 인주 이씨는 강력한 외척 세력으로 다시 떠오를 수 있었다.

예종 당시 벼슬이 정2품 문하평장사에까지 이르렀으나 왕의 견제로 세도를 부리지 못했던 이자겸은 인종 즉위 후에는 왕을 능가하는 권력자로 부상하게 되었다. 그는 대방공과 대원공 편에 서서 자신과 대립했던 세력들에 대한 숙청 작업을 단행했다. 그리고 주위의 정적들을 제거한 후에는 숭덕부라는 최고의결기관을 만들어 자기 마음대로 정사를 주물렀다. 제 아들들을 전부 요직에 앉힌 이자겸은 매관매직과 백성들에 대한 수탈을 일삼아 나날이 원성이 높아졌다.

이자겸의 계속되는 전횡에 자신의 안위마저 위태로워질 것을 염려한 인종은 최탁과 오탁 등 몇몇 무장들을 끌어들여 친위 쿠데타를 일으켰다. 인종의 편에 선 군사들이 궁궐을 장악하는 과정에서 이자겸의 심복이자 척준경의 동생인 척준신 등이 죽임을 당했다.

뒤늦게 출동한 이자겸과 척준경의 무리는 궁궐을 지키는 군사들과 격전을 벌인 끝에 궁문을 부수고 들어가 불을 질렀다. 화염을 피해

궁을 빠져나온 인종은 이자겸에 의해 사저에 유폐되었고, 최탁과 오탁 등의 무장과 그 군사들은 완전히 제압되어 죽임을 당하거나 유배형에 처해졌다.

왕당파의 쿠데타를 제압한 이자겸은 더욱 기세등등해져 왕처럼 군림하는 한편, 실제로도 왕이 될 욕심에 인종을 몇 차례나 독살하려고 시도했다. 그때마다 왕비의 도움으로 죽을 고비를 넘기며 인고의 세월을 보내던 인종은 이자겸과 척준경의 사이가 벌어지면서 다시금 반격의 기회를 잡게 되었다.

양측의 불화는 이자겸 집안의 노비가 척준경의 노비에게 '네놈의 주인은 궁궐에 활을 쏘고 불을 지른 대역죄인'이라고 욕을 한 사건에서 비롯되었다. 이 일로 척준경은 인종의 편에 붙어 이자겸을 처단할 기회를 노리게 되었다.

인종 4년(1126) 5월 20일, 이자겸이 왕을 시해할 목적으로 숭덕부의 군사를 이끌고 연경궁으로 몰려오자, 급보를 받은 척준경은 부하들을 거느리고 궁으로 달려와 인종을 구했다. 그는 역도들이 준동하지 못하도록 조치를 취한 뒤, 곧바로 왕명을 받아 이자겸을 붙잡아 가두었다. 그리고 숭덕부의 장수들을 죽이고 그 잔당들을 모조리 체포했다. 척준경의 도움으로 반란을 제압한 인종은 이자겸과 그 처자며 노복 등을 모두 귀양 보냈다. 이로써 문종 이래 강력한 외척으로 왕위까지 넘보았던 인주 이씨 세력은 완전히 뿌리 뽑혔다. 한때 세상을 쥐락펴락했던 이자겸은 유배지인 지금의 전남 영광에서 그해 12월 숨을 거두었다.

서경천도론과 묘청의 난

이자겸의 득세와 몰락으로 고려 사회가 요동칠 무렵, 고려 바깥에서는 요가 무너지고 북송이 쇠락하는 가운데 여진족이 세운 금이 신흥 강국으로 부상하고 있었다. 이와 같은 대내외적인 격동기에 묘청이란 인물이 튀어나와 서경천도론을 주장하며 변혁의 바람을 불러일으켰다.

서경천도론은 풍수와 도참사상에 기댄 것으로, 지덕이 쇠한 곳에서 왕성한 곳으로 수도를 옮겨야만 왕실과 국가가 융성한다는 주장이었다. 강고한 보수 귀족 세력의 근거지인 개경을 벗어나 새로운 국가 질서를 세울 수 있다는 점에서 서경천도론 같은 지덕쇠왕설은 개혁 세력뿐 아니라 역대 왕들에게도 호감을 샀다.

묘청을 인종에게 추천한 이는 서경 출신의 문신인 정지상이었다. 이자겸의 반란이 터지고 그 이듬해인 1127년, 척준경을 탄핵해 실각시킨 바 있는 정지상은 경연에서 고전 강의를 도맡을 정도로 실력 있는 학자이자 빼어난 시문으로도 명성을 얻은 문인이었다.

명망 높은 정지상의 후원을 받은 묘청은 빠른 속도로 지지 세력을 늘릴 수 있었다. 또한 왕의 신임도 얻게 되어 1127년 2월 인종이 서경으로 거둥했으며, 이듬해 8월에는 서경 임원역의 땅에 새 궁궐을 지을 터를 잡으라는 어명을 받았다. 그리고 그해 11월 이른바 대화궁 공사를 시작해 불과 3개월 만에 공사를 끝마쳤다.

새 궁전을 완성한 묘청은 인종에게 왕을 황제라 칭하고 연호를 사용하는 칭제건원과 함께 금나라 정벌을 주청했다. 서경 천도에 반대하는 보수파 대신들은 고려의 국력으로 금나라를 치는 것은 무모하기 짝이 없는 발상이라면서 묘청을 비판했다.

　칭제건원과 금국정벌론을 빌미삼아 김부식 등 묘청 반대파들이 목소리를 높이자, 개혁파들은 서경 천도를 서두르면서 인종의 결단을 촉구했다. 묘청을 멀리하라는 상소들이 빗발치는 상황에서 반대파들의 눈치를 보던 인종은 1134년 1월에 묘청을 삼중대통지루각원사에 임명하고 2월에는 서경의 대화궁으로 행차함으로써 개혁파에 힘을 실어 주었다. 하지만 행차 중에 친종장군親從將軍의 말이 놀라 날뛰는가 하면, 대동강에서 물놀이를 할 때 돌풍이 불어 선상의 술상을 엎어 버리는 등 괴이한 일들이 빈발하자, 인종은 보름 만에 개경으로 돌아왔다. 이후에도 3월과 4월에 눈서리가 내리는가 하면, 폭우로 인명과 농작물에 큰 피해가 생기고, 여름에는 심한 가뭄이 드는 등 변고가 그치지 않았다.

　보수파는 모든 재앙의 원인을 서경 행차로 몰아붙여 왕의 발을 묶는 데 성공했다. 인종의 입장이 개경의 대신들 쪽으로 돌아서자 묘청 등 서경파들이 추진해 온 천도 계획은 무산될 위기에 처했다.

개경에 위치한 고려 왕궁의 터, 만월대

이에 인종 13년(1135) 정월에 묘청을 비롯해 조광, 유참 등은 서경을 근거지로 삼아 반란을 일으켰다. 그들은 서경 안에 있던 개경 출신 인사들을 붙잡아 감금하는 한편, 전략적 요충지인 자비령을 봉쇄했으며, 서북면 지역의 모든 군대를 서경으로 집결시켰다.

국호를 대위, 연호를 천개라 선포한 묘청은 관할 구역 안의 모든 관리들을 서경 출신으로 채워 넣었다. 이처럼 묘청이 서북면 지역을 빠르게 장악할 수 있었던 이유는 이 일대의 중심지인 서경이 정치, 경제, 군사 등 모든 면에서 수도인 개경처럼 잘 분사된 조직을 갖추고 있어 자기 사람만 심으면 쉬 통제가 가능한 때문이었다.

묘청의 반란 소식을 접한 인종은 김부식을 토벌군의 원수로 삼아 출정케 했다. 김부식은 개경을 떠나기에 앞서 정지상, 김안, 백수한 등 개혁파들을 죽이고 왕에게는 나중에 따로 보고했다.

토벌군을 이끌고 개경을 떠나 지금의 황해도 금천 지역인 금교역에 당도한 김부식은 서경으로 곧장 돌진하기보다는 우회해서 공략하는 전략을 선택했다. 그는 각 성마다 격문을 띄워 왕명으로 반역자들을 토벌할 것이라고 계속해서 선전함으로써 기세를 꺾었다. 이에 싸워 봐야 승산이 없다고 판단한 조광은 묘청과 유참을 참살한 뒤, 윤청을 시켜 그들의 목을 개경으로 보내 항복의 뜻을 전했다. 하지만 윤청이 투옥되었다는 소식을 듣고 조광은 다시금 항전을 도모하다가 토벌군의 총공세에 밀려 자결했다.

서경을 무대로 묘청이 주도한 반란은 1년 만에 완전히 진압되었다. 그 과정에서 상당수의 반란군 지휘관들이 자결했으며, 토벌군에 맞섰던 서경성 안의 백성들은 귀양을 가거나 천민 신분으로 전락했다. 또한 고려 조정에 있던 서경 세력도 몰락의 운명을 피할 길이 없었다.

인종 치세의 명과 암

인종 치세기는 이자겸과 척준경의 득세와 몰락, 묘청과 조광의 반란으로 심한 부침을 겪었다. 재위 24년 동안 대외적으로 교린 정책을 고수한 덕분에 외세와는 충돌 없이 평화를 유지할 수 있었다.

하지만 내부적으로 빚어진 하극상의 풍조는 고려 사회를 극심한 혼돈 속으로 몰아넣었다. 일국의 군주로서는 지나치게 자애롭고 우유부단한 성격이 혼돈을 부추기는 요소로 작용했다고 볼 수 있다.

그렇다고 인종이 무능하기만한 군주는 아니었다. 그는 경연을 자주 베풀고, 국자감을 국자학, 태학, 사문학, 율학, 서학, 산학 등 경사

제17대 왕 인종의 시호와 생전의 업적 등을 새긴 시책

6학 체제로 정비하는 한편, 지방에 향학을 세우는 등 유학의 보급과 발전을 위해 애썼다. 다만, 무신 양성을 위해 국자감에 두었던 무학재는 폐지하는 등 문치 위주의 정책을 펼치면서 문관과 무관 사이의 불화를 조장하는 폐단을 낳았다.

이처럼 유학을 신봉했던 인종은 한편으로는 묘청의 참위설에 빠져드는가 하면, 매우 독실한 불교신자로서 불사에 힘쓰기도 했다. 또한 역사에도 관심이 깊어 김부식에게 사서 편찬을 지시함으로써 인종 23년(1145)에 우리나라 고대사를 담은 귀중한 사료인 《삼국사기》가 완성되기에 이르렀다.

인종은 평소 검소한 생활을 했으며, 민생 보호를 위해 구휼 사업에도 공을 들였다. 형벌 운용도 신중하고 관용적인 태도를 보여 함부로 고문하지 못하게 했을 뿐더러, 반역 혐의자라고 해도 죽이지 못하게 했다. 불타버린 개경의 궁궐을 중수했고, 서해안 굴포에 운하를 건설하는 사업도 추진했다.

무신 정권의 수립

1146년 인종이 죽고 제18대 왕으로 즉위한 의종은 정사를 돌보기보다는 유흥에 빠져 국고를 낭비했다. 놀기 좋은 명승지마다 별궁이나 정자를 지었으며, 경관이 마음에 들면 백성들의 집이라도 함부로 빼앗아 허문 후에 자신의 도락을 위한 시설을 세우곤 했다. 재위 24년 동안 이렇게 만든 별궁이나 정자의 수가 32개나 되었다.

점차 심해지는 의종의 향락 생활과 이에 편승해서 사리사욕만을 채우는 문신관료들의 부패로 민생은 날로 악화되었다. 백성들의 원망이 쌓이는 가운데, 놀기 좋아하는 왕과 문신들의 연회를 호위하는 무신들의 불만도 팽배해졌다. 당시 문을 숭상하고 무를 업신여기는 풍조가 만연했던 탓에 무신들은 문신들에게서 온갖 멸시와 푸대접을 받아왔던 것이다.

무신들의 누적된 불만은 의종 24년(1170) 8월에 보현원 사건으로 폭발했다. 그날 경기도 장단 남쪽에 자리한 보현원으로 행차하던 중 무신들이 왕명으로 맨손 격투기인 수박희를 하게 되었다. 이때 나이 들고 왜소했던 대장군 이소응이 젊은 부하 무인과 시합을 벌이다가 지게 되자, 문신인 한뢰가 이소응을 꾸짖으며 뺨을 후려쳤던 것이다. 문신이라고는 해도 이소응보다 품계가 낮고 나이도 어렸던 한뢰의 횡포는 무인들의 공분을 사기에 충분했다. 그리고 이전부터 울분을 터트릴 기회를 엿보고 있던 정중부와 이고, 이의방 등은 보현원에 도착하자마자 왕을 시종하던 문신들과 환관들을 잡아 죽이기 시작했다. 거사에 동조하지 않는 무신들까지 살해하면서 보현원을 피바다로 만든 정중부 등은 궁궐로 이동해 다시금 문신들을 잡아 죽이면서 자신들의 쿠데타를 성공시켰다.

권력을 장악한 정중부 일파는 의종을 폐위해 거제도로 쫓아내고, 그 아우인 명종을 제19대 왕으로 옹립했다. 명종 즉위와 더불어 행해진 논공행상을 통해 그동안 문신들이 차지해 왔던 요직들은 고스란히 무신들의 차지가 되었다. 이렇게 무인 시대가 개막했다.

무신 정권 수립의 세 주역이랄 수 있는 정중부, 이고, 이의방은 나란히 벽상공신의 호칭을 받고, 의종의 사저도 하나씩 나눠 가졌다. 이런 3인방 중에서 이고가 반기를 들고 돌출되어 나온 것은 명종 원년(1171) 1월의 일이었다. 이의방의 벼슬이 자신보다 높은 것에 불만을 품은 이고가 이의방을 제거하려 했던 것이다. 하지만 계획이 누설되면서 이고는 선수를 친 이의방에게 죽임을 당했다.

명종 3년(1173) 8월에는 동북병마사였던 김보당이 의종 복위를 내세우며 반기를 들었다. 반군 세력의 도움을 받아 의종이 거제도에서 경주로 옮겨 온 가운데, 정중부와 이의방은 대대적인 진압 작전을 벌여 반군을 무찌르고 김보당을 사로잡았다.

문신들 중에서 거사에 가담하지 않은 자가 없다는 김보당의 토설로 남아 있던 문신들이 거의 붙잡혀 죽임을 당했다. 또한 경주에 머물던 의종도 그해 10월 1일에 이의방의 수하인 이의민에게 살해되어 곤원사 연못에 버려졌다. 정중부의 난에 이어 김보당의 난으로 문신들이 완전히 몰락하고 의종마저 시해당하면서, 무신 정권의 기반은 보다 탄탄해지게 되었다.

문관과 무신의 서열을 알 수 있는 고려 시대의 능

계속되는 반란

무신 정권에 대한 반발은 김보당의 난 이후에도 계속되었다. 명종 4년(1174) 1월, 귀법사의 승려 100여 명이 당시 전횡을 일삼던 이의방 형제를 죽이려고 개경 북문까지 몰려왔다가 진압되었다. 이어서 중광사와 홍호사, 홍화사 등의 승려 2천여 명도 동문으로 들어갔다가 격퇴당했다. 이의방 세력은 문제의 사찰들에 군사를 보내 재물을 빼앗고 불을 지르는 등 보복 조치를 감행했다.

그런 한편, 자비령 이북의 40여 성을 결집시킨 서경유수 조위총이 1174년에 무신 정권에 반기를 들었다. 정부군에 맞서 밀고 밀리는 공방전을 거듭하던 와중에 조위총은 금에 지원군을 요청했으나, 고려와의 우의를 중시한 금나라는 도움을 거절했다.

점차 열세에 빠진 반란군은 명종 6년(1176) 6월에 정부군의 총공격을 받아 무너지고 조위총도 포로가 되었다. 조위총을 비롯한 수뇌부가 처형당하면서 난은 발발한 지 22개월 만에 진압되었다.

김보당이나 승려, 조위총 등의 반란은 무신들에 의해 무너진 과거의 질서를 회복시키려는 특권적이고 반동적인 성격의 투쟁이었다. 이처럼 거듭되는 혼란 중에서도 지역의 탐관오리들은 백성들에 대한 가혹한 수탈을 멈추지 않았다. 그 때문에 무인 정권 시기에 생존권을 지키기 위한 민초들의 저항이 전국 각지에서 일어나게 되었다.

조위총의 반란으로 북쪽 지방이 어수선하던 명종 6년(1176) 1월, 남쪽에서는 지금의 충남 공주에 딸린 천민부락인 명학소에서 망이, 망소이 등이 도당을 짓고 봉기하여 공주를 함락했다. 남적이라 불린 망이와 망소이의 무리를 진압하기 위해 3천여 명의 관군이 공주를 공격했으나, 크게 패했다.

　진압에 실패한 조정은 명학소를 충순현으로 승격하고 현령을 파견하는 유화책으로 민란을 진정시키려 시도했다. 이러한 유화책을 뿌리친 망이와 망소이는 그해 9월 예산현을 공격해 감무를 죽임으로써 자신들의 세를 과시했다.

　이에 조정은 다시금 강공책을 구사하며 민란 지도부를 몰아붙였다. 다음 해 1월, 관군의 공세에 밀린 망이와 망소이가 강화를 요청하자, 조정도 이를 수용해 민란에 참여한 백성들을 처벌하지 않고 곡식을 주어 귀향시켰다. 이들의 집단행동을 정권에 대한 반란이 아닌, 생존권 투쟁으로 해석한 결과였다.

　명학소로 돌아온 망이, 망소이 등은 가족들이 붙잡혀 가자 명종 7년(1177) 3월에 다시 봉기했다. 그들은 지금의 경기도 여주 지역인 황려현과 충북 진천 지역인 진주 등지를 점령했다. 그리고 4월에는 지금의 아산 지역인 아주까지 치고 올라와 청주를 뺀 청주목의 모든 군현을 차지했다.

　이처럼 확장일로에 있는 남적의 기세를 꺾기 위해

무신 정권 출현 이후 계속된 사회의 혼란

조정에서는 대대적인 진압 작전에 나섰다. 그 결과, 7월에 망이, 망소이 등 민란의 주동자를 붙잡는 데 성공했고, 이로써 명학소를 중심으로 촉발된 민란은 1년 반 만에 끝이 났다. 망이, 망소이의 난은 지배층의 수탈에 대한 민초들의 항거인 동시에, 천민 신분에서 벗어나려는 신분 해방 운동이기도 했다.

연속되는 쿠데타

명종 원년(1171)에 이고를 살해한 이의방은 명종의 태자에게 딸을 시집보내 태자비로 만들고 세력을 키워 나갔지만, 명종 4년(1174) 12월에 정중부의 아들이 보낸 자객에게 죽임을 당했다. 이로써 무신난의 주역 3인방 가운데 정중부가 권력을 독점하게 되었다. 이후 탐욕스럽게 변한 정중부는 무소불위의 권력을 이용해 자신의 장원을 거침없이 넓혀 나갔다. 덩달아 정중부의 아들과 사위, 집안의 종과 문객까지도 세도를 부리면서 제 욕심들을 채웠다. 이처럼 정중부 집안의 횡포가 심해지면서 그에 대한 불만도 자연스레 고조되었다.

명종 9년(1179) 9월, 20대의 청년 장수인 경대승이 정중부 일파를 제거할 계획을 세웠다. 경대승은 궁중에서 대장경을 읽는 집회인 장경회가 끝나고 숙위군사들이 잠든 야밤에 병사들을 이끌고 궁중으로 침입했다.

경대승은 궁중에 있는 정중부의 아들과 측근들을 처단한 다음, 명종을 배알하고 왕명을 받아 정중부 등의 체포에 나섰다. 붙잡혀 온 정중부의 목을 베고 권력을 차지하게 된 경대승은 의종을 죽인 이의민의 죄를 물으려 했다. 이에 겁을 먹은 이의민은 목숨을 구할 요량으로 고향인 경주로 낙향했다.

정중부 등 무신난 세력들을 척결한 경대승은 정변 이전 상태를 회복하기 위해 문무 관료를 고루 등용했다. 그리고 관료들의 동정을 감시하면서 비리를 저지르는 인사는 자신의 측근이라도 처벌하여 조정의 질서를 잡아나갔다. 도방을 설치해 자신의 신변을 보호했던 그는 1183년 7월에 병으로 사망했다.

정중부를 꺾고 최고 권력자가 된 경대승이 겨우 서른의 나이로 죽자, 경주로 내려가 은거하고 있던 이의민은 왕의 부름을 받고 개경으로 올라왔다. 이로써 권력은 이의방의 수하로 전임 왕까지 시해했던 이의민의 수중으로 들어갔다.

정권을 장악한 이의민은 자기 자식들과 더불어 권력을 남용했다. 그러다가 자신이 왕이 되고자 하는 야심까지 품게 되었다. 명종 23년(1193)에 지금의 경북 청도 지역인 운문과 울산 지역인 초전에서 김사미와 효심이 봉기하자, 이의민은 그들과 내통해 뇌물을 받는 한편, 무기와 군사기밀을 제공했다. 반란 세력을 통해 혼란을 부추기면서 왕위를 찬탈할 기회를 엿보았던 것이다.

그러나 이의민은 자신의 아들 이지영이 1196년 봄에 상장군 최충헌의 아우 최충수의 집에서 기르던 비둘기를 강탈한 사건으로 결국 몰락의 길을 걷게 되었다. 비둘기 사건으로 앙심을 품은 최충수와 최충헌은 당시 이의민 정권에 대한 주변의 누적된 불만을 적절히 활용해 쿠데타를 일으켰다. 그리고 이의민과 그 일파를 제거하는 데 성공했다. 이로써 명종 14년에서 26년까지 이어져 온 이의민의 권세는 비둘기의 날갯짓 한 번에 와르르 무너지는 꼴이 되고 말았다.

최충헌의 집권

쿠데타를 통해 정권 탈취에 성공한 최충헌은 반대파는 물론이고 거사를 도왔던 인사들까지 숙청하면서 자신의 독재적 통치를 위한 기반을 다져 나갔다. 이듬해인 명종 27년(1197)에는 명종을 폐위시키고 그 친동생인 신종을 옹립했다.

새 왕을 추대한 최충헌 형제의 권력은 공고해졌으나, 얼마 되지 않아 형제간에 무력 충돌이 발생했다. 최충수가 태자비를 내쫓고 자신의 딸을 태자에게 시집보내려 하자, 최충헌이 이의민의 선례를 들면서 반대한 것이 충돌의 원인이 되었다.

최충헌과의 싸움에서 패한 뒤 임진강 남쪽으로 달아난 최충수는 지금의 경기도 파주 지역인 파평의 금강사에서 형의 군사들에게 죽임을 당했다. 동생을 죽이고 권력을 독점하게 된 최충헌은 병부상서와 이부상서를 아우르면서 관료의 임면권까지 행사하기 시작했다.

이처럼 중앙의 권력은 최충헌을 중심으로 자리 잡혀 갔으나, 전국 각지에서는 민란이 빈발했다. 만적의 난을 비롯해서 지금의 강원도 강릉 지역인 명주의 난, 그리고 진주, 합천, 경주, 지금의 경남 김해 지역인 금주 등의 민란이 잇달아 벌어졌다.

신종 원년(1198) 5월에 발발한 만적의 난은 당시 만연했던 하극상의 풍조를 보여 주는 대표적인 사건이었다. 만적은 당시 최고 권력자였던 최충헌의 사노로, 노비들을 모아 왕후장상의 씨가 따로 없음을 설파하며 반란을 선동하고 계획했다.

상전들을 죽이고 노비문서를 불태워 새 세상을 열려 했던 반란 음모가 누설되면서 만적을 비롯해 모의에 가담했던 100여 명의 노비들이 강물 속에 던져져 목숨을 잃었다. 만적이 주창한 노예 해방 운동은 같은 노비의 밀고로 허망하게 좌절되었던 것이다.

신종 2년(1199) 8월에는 황주목사 김준거와 그를 따르는 무리가 최충헌을 죽일 목적으로 개경으로 잠입했다가 발각되는 사건이 있었다. 김준거 일당을 잡아서 처형한 최충헌은 자신의 신변 보호를 위해 과거에 경대승이 만들었던 도방을 다시 설치했다.

신종 7년(1204) 1월, 늙고 병든 왕은 자신의 큰아들 희종에게 양위한 후에 숨을 거두었다. 정당한 절차를 통해 왕위에 오른 희종은 최충헌에게 정치적으로 부담스러운 존재였다. 희종이 즉위한 그해에 장군 이광실 등 30여 명이 최충헌을 암살할 음모를 꾸미다가 발각되었는가 하면, 희종 5년(1209) 4월에는 지금의 경기도 개풍군 지역인 청교역의 역리 3명이 최충헌과 최우 부자를 죽일 목적으로 사찰에 공첩을 돌려 승도를 모으다가 체포되기도 했다.

공첩 사건에 연루된 자를 색출하기 위해 최충헌은 교정도감을 설치했는데, 이것은 사건이 종료된 후에도 그대로 남아 정권 유지를 위한 최고 권력기구로 자리 잡아갔다. 최충헌은 이전까지 무인 통치의 중심 기구였던 중방을 무력화시키는 대신, 교정도감을 중심으로 모든 국사를 처리했다.

희종 7년(1211) 12월, 최충헌은 관리 임명을 상주하기 위해 입궁했다가 큰 위기에 빠진다. 당시 최충헌과 떨어져 궁궐 깊숙한 곳으로 유인된 수하들은 잠복해 있던 승려와 무사 등에게 공격을 받았다.

뒤늦게 희종이 파 놓은 함정에 빠졌음을 깨달은 최충헌은 황급히 지주사의 방으로 숨어들었다. 암살자들이 최충헌을 찾기 위해 혈안이 된 사이, 중방에 머물고 있던 김약진과 정숙첨 등은 급보를 받고 내전으로 달려가 최충헌을 구해 냈다.

한편, 궁궐 앞까지 출동한 도방 군사들은 최충헌의 생사를 확인하고는 궁 안으로 들어가 암살자 무리들을 제압했다. 간신히 목숨을 건진 최충헌은 암살 작전에 관계된 자들을 색출해 처단하고, 희종을 폐위시켜 강화도로 추방해 버렸다.

퇴위당한 희종의 뒤를 이어 왕위에 오른 인물은 명종의 큰아들인 강종이었다. 하지만 즉위한 지 채 2년이 안 된 1213년 8월에 강종이 죽자, 최충헌은 강종의 장남인 고종을 다시 왕으로 옹립했다.

명종, 신종, 희종, 강종, 고종 등 5대 왕을 거치는 동안, 어느 제왕 못지않은 권력자로 군림했던 최충헌은 왕녀를 첩으로 삼는가 하면, 심기를 거스르는 자는 가차 없이 반역자로 몰아서 죽였다. 여러 차례 암살 위기를 겪으면서도 건재하게 살아남아 철권을 휘둘렀던 그는 고종 6년(1219) 9월에 71세의 나이로 자연사했다.

최우의 정방 정치

23년간 고려를 쥐락펴락해 온 최충헌이 숨을 거두자, 권력은 그의 아들인 최우의 손에 쥐어졌다. 최우는 부친인 최충헌에게서 물려받은 다량의 금은보화를 고종에게 바치는 한편, 부친이 부당하게 차지한 땅도 본래 주인들에게 돌려주었다. 그리고 토색질을 일삼던 지방 관들을 적발해 처벌하기도 했다.

이렇듯 최우는 일련의 참신한 정책으로 인심을 얻었으나, 자신의 부친처럼 세도를 즐기고 사치를 좋아하는 인물이었다. 그는 자신의 통치에 걸림돌이 되는 세력에 대해서는 무자비한 숙청을 주저하지 않았다.

당시 최우의 권세가 얼마나 대단했는지를 보여 주는 일화들이 있다. 고종 13년(1226)에 최우가 발에 종기가 나서 앓게 되었다. 그때 고위직에서 말단까지 모든 관리들이 최우의 완쾌를 비는 재를 올리면서 소지를 불사르는 통에 개경의 종이 값이 천정부지로 뛰어올랐다. 또 고종 18년(1231)에 최우의 아내인 정씨가 죽었을 때는 왕족이나 관리 등이 장례식에 앞서 저마다 정씨의 명복을 비는 예를 올리려고 술과 과일 따위를 사들인 탓에 개경의 물가가 폭등하게 되었다.

최우는 최충헌의 권력을 상속받을 때 도방과 교정도감 등의 권력 기구도 그대로 물려받았다. 개인적인 신변 보호에 필요한 사병 조직에 지나지 않았던 도방은 최우에 이르러 내외 2개의 도방으로 조직이 확대되었을 뿐더러, 마별초라는 기마 부대도 만들어졌다.

교정도감의 경우, 최우는 최충헌과 마찬가지로 인사권과 행정권을 모두 거머쥐었으며, 최고 권력기구로서 계속해서 그 역할을 수행하게 했다. 다만 도방처럼 조직을 확대시키지는 않았는데, 이는 자신의 사저에 정방이라는 기구를 따로 설치해 둔 때문이었다.

고려 시대에는 관리들의 이력과 근무성적 등을 기록한 《정안政案》이란 것이 존재했다. 문관인 경우에는 이부에서, 무관인 경우에는 병부에서 작성하게끔 되어 있었다. 하지만 최우가 집권하면서 《정안》의 작성은 정방의 소관으로 바뀌었다. 이처럼 인사 행정을 맡은 정방 외에 서방이란 것도 존재했는데, 이는 최우가 가까이하는 문인들의 숙위 기관이었다.

몽골의 침입

고려 희종 때, 몽골 초원에서는 칭기즈칸이 위력을 떨치고 있었다. 몽골의 강력한 위세는 만주 벌판을 건너 고려에까지 영향을 미쳤다. 고종 3년(1216), 몽골군에게 쫓긴 거란족이 압록강을 건너 고려의 영역으로 들어왔다.

고려는 북방 지역을 노략질하고 개경까지 위협하는 거란족을 토벌하여 지금의 평안남도에 자리해 있던 강동성 안으로 몰아넣었다. 이때 거란의 잔당을 소탕한다는 명분으로 몽골군이 압록강을 건너왔다. 이에 고려는 몽골군과 연합하여 1218년 강동성을 공략하고 이듬해 거란족을 완전 소탕했다.

몽골은 고려와 형제의 맹약을 맺고 군대를 철수했으며, 이후로 사신을 보낼 때마다 많은 공물을 거두어갔다. 그 때문에 고려의 불만이 점차 높아지는 가운데, 고종 12년(1225)에 몽골의 사신 저고여가 본국으로 돌아가다가 압록강 인근에서 피살되는 사건이 벌어졌다.

저고여 피살 사건으로 고려와 국교를 단절한 몽골은 고종 18년(1231)에 고려에 대한 1차 침입을 감행했다. 몽골군은 지금의 평안북도 의주와 철산 지역에 있던 함신진과 철주성을 차례로 굴복시키고는 귀주성을 공략했다.

몽골군은 달포 동안 맹공을 퍼부었으나, 귀주성을 함락하는 데는 실패했다. 김경손, 박서 등의 장수가 수하 병사들과 똘똘 뭉쳐 사수한 귀주성은 난공불락의 철옹성이었다. 하는 수 없이 귀주성 점령을 포기한 몽골군은 다른 성들을 무너뜨리면서 개경으로 남진했다. 이에 고려 조정은 사신을 보내 강화 협상을 벌였다.

그런 와중에도 몽골군은 남진을 계속하면서 점령지마다 다루가치를 두어 해당 지역을 다스렸다. 그러다가 고려 조정과 강화를 체결한 다음에는 전리품을 챙겨 철수했다. 이후 몽골은 사신을 보내 고려의 내정에 간섭하는가 하면 많은 공물을 요구하면서 고려를 괴롭혔다.

몽골의 2차 침입이 예상될 즈음, 최우는 강화도로 천도하는 계획을 세웠다. 고종을 위시해 많은 신료들이 개경을 등지는 것에 부정적이었지만, 최우는 군사들을 동원해 강화도에 새 궁궐을 짓는 등 천도를 서둘렀다. 그리고 고종 19년(1232) 6월 장마철에 왕과 문무백관을 끌고 개경을 벗어나 강화도로 옮겨 갔다.

고려의 강화도 천도 소식을 접한 몽골은 대규모 군사를 동원해 고려를 다시 공격했지만 수전 경험이 전무하다시피 한 몽골군에게 바다 건너의 섬을 치는 것은 엄두가 나지 않는 일이었다. 그들은 내륙을 휘젓고 다니면서 고려의 백성들을 함부로 강탈하고 도륙했다.

몽골의 침입에 항전하겠다는 의지로 강화도에 지은 고려 궁궐지

그런 동안, 천혜의 요새인 강화도에 은거한 왕과 귀족들은 평화로운 분위기에서 호사를 누렸다. 이때 최우는 부처님의 가피를 입어 외적을 물리치고자 고종 23년(1236)부터 대장경 조판을 시작했다. 그 후 15년 만인 고종 38년(1251)에 8만 1,258판에 달하는, 이른바《팔만대장경》이 완성되었다.

최씨 정권의 종말

강화도 천도를 통해 자신의 권세를 안정적으로 이어간 최우는 고종 36년(1249) 11월에 병사했다. 최우의 병이 깊어지는 와중에 그의 아들인 최항은 군을 통제하고 경계를 강화함으로써 무사히 정권을 승계했다. 권력을 장악한 최항은 자신의 반대파들을 숙청했을 뿐더러, 아버지의 측근들도 모두 제거해 버렸다.

최항은 최우처럼 사치와 향락을 즐기고 몽골에 대해서도 적대적인 정책을 구사했다. 고종 37년(1250) 1월에는 육지로 나오라는 몽골의 요구를 수용하는 척하면서 강화도 북쪽에 새 궁궐인 승천부를 짓기도 했다.

고종 22년(1235)부터 개시된 몽골의 3차 침입은 고종 26년(1239)까지 진행되었다. 이때 경주의 황룡사 9층탑이 소실되는가 하면, 강화도에서는 대장경 조판이 이루어졌다. 이즈음 몽골에서는 황제가 죽고 황후가 섭정을 하는 등 권력 변동이 생겨 전쟁이 소강 국면을 맞았다. 4차 침입 또한 새 황제의 즉위로 시작되었다가 황제의 급사로 멈추었으며, 역시나 황후의 통치 기간을 거쳐 새 황제가 즉위하면서 5차 침입이 개시되었다. 고종 40년(1253)의 일이었다.

몽골 황제 헌종은 고려 왕이 최항의 반대로 강화도에서 나오지 않는 것을 문제 삼아 군대를 보냈다. 몽골군은 고려의 강토를 유린하면서 왕이 육지로 나와 자신들을 맞을 것을 요구했다. 고종은 어렵사리 몽골군의 요구에 응했다.

하지만 이후에도 몽골군은 고려의 북쪽 변방에 주둔한 채 물러가지 않았다. 이에 고종은 자신의 둘째 아들을 몽골로 보내 철군을 요청했다. 하지만 몽골 황제는 고종의 개경 환도와 몽골 친조를 철군의 조건으로 제시했다.

고려 조정이 조건을 받아들이지 않자, 고종 41년(1254)에 몽골의 6차 침입이 시작되었다. 이때 몽골군의 만행은 그 어느 때보다 가혹했는데, 포로로 잡혀간 고려인만 해도 20만 명이 넘을 정도였다.

몽골과의 타협보다는 대결을 고집했던 최항은 고종 44년(1257) 윤 4월에 숨을 거두었다. 권력은 그의 아들 최의에게로 넘어갔다. 하지만 최의는 권력을 남용하면서 어지러운 정사를 거듭하다가 집권 1년도 안 된 이듬해 3월 26일 별장 김준 등에게 살해당했다. 정변의 주역들이 최의의 측근들을 모조리 제거함으로써, 최씨 정권은 4대 60여 년 만에 종말을 고했다.

무인 시대의 종말

최씨 정권이 끝나고 1년 후인 1259년, 태자가 강화를 청하러 몽골로 간 사이에 고종이 숨을 거두면서 왕위 승계에 문제가 생겼다. 이에 김준은 고종의 둘째 아들을 왕으로 세우려 했으나, 조신들의 반대로 뜻을 이루지 못했다. 결국 태자가 귀국한 이듬해까지 고려의 왕위는 공석으로 남아 있었다.

우여곡절 끝에 원종이 즉위했지만, 고려의 실권은 정변의 주동자인 김준의 손에 쥐어져 있었다. 최씨에서 김씨로 바뀌었을 뿐 여전히 무인들의 집권은 계속되었던 셈이다. 김준은 최씨 정권과 마찬가지로 몽골에 대해 적대적인 자세를 취했다.

원종 9년(1268) 조정의 여론이 개경 환도로 기울었을 때, 김준은 강력하게 반대하고 나섰다. 그러다가 여름은 개경에서 보내고 겨울은 강화도에서 지내는 절충안에 마지못해 동의했다. 이후에도 그는 몽골의 조공 요구에 성실히 응하지 않았을 뿐더러, 몽골 사신도 소홀히 대접해 화를 돋우곤 했다.

가급적 몽골과의 관계를 원만하게 끌어가려 했던 원종에게 매번 몽골을 자극하는 김준은 눈엣가시 같은 존재였다. 원종은 김준의 휘하 장수인 임연이 김준의 아들과 땅 문제로 사이가 틀어진 것을 알고는 접근해서 꾀어냈다.

원종 9년(1268) 12월, 왕이 병을 빌미로 드러눕자 병문안을 온 김준은 임연 일당의 습격을 받아 죽임을 당했다. 정변의 성공으로 권력을 차지한 임연은 원종을 옥좌에서 끌어내리고 그 동생인 안경공 창을 왕으로 옹립했다. 그러나 몽골의 개입으로 원종은 폐위된 지 반년 만에 왕위를 되찾았다.

복위한 후 몽골로 들어간 원종은 임연의 세력을 제거하는 데 필요한 군사적인 지원을 요청했다. 이에 임연은 삼별초를 각 지방에 보내 백성들을 피난시키는 등 몽골군의 침입에 대비하다가 병으로 숨을 거두었다.

임연 사후에 그의 아들 임유무가 권력을 이어받았으나, 원종의 밀명을 받은 이들에게 살해당했다. 그리고 임연의 다른 아들들도 붙잡혀 몽골로 끌려감으로써, 100년을 유지해 온 무신 정권은 완전히 막을 내리게 되었다.

삼별초의 항쟁

무신 정권이 붕괴되자, 고려 조정은 개경 환도 문제를 적극적으로 검토하기 시작했다. 무신들의 반대에도 불구하고 환도가 결정된 가운데, 1270년 5월 27일 원종이 개경으로 입성했다. 몽골에서 돌아온 왕을 맞이하기 위해 대다수 왕실 사람들과 중신들은 환도를 한 상황이었다.

그 무렵 환도 결정에 반발하며 무기고를 열어젖힌 삼별초에 대해서 원종은 해산 조치를 내리려 했다. 이에 삼별초의 수장인 배중손은 6월 1일 강화도에서 왕족인 승화후 온을 왕으로 추대하고 반란을 일으켰다.

삼별초는 1220년경에 최우가 도둑을 막기 위해 조직한 야별초라는 사병 집단에서 비롯되었다. 이후 조직이 커지면서 좌별초와 우별초로 나뉘게 되었고, 여기에 몽골군에게 잡혔다가 탈출한 병사들로 구성된 신의군이 추가되면서 삼별초란 이름을 얻었다.

본래 최씨 집안의 사병 노릇을 했으나, 몽골군의 침입 이후 강화도로 천도하면서부터 외적을 막는 군사 조직으로 탈바꿈했다. 무신 정권의 붕괴와 환도는 이런 삼별초의 존립 근거를 뒤흔드는 사건이라 할 수 있었다. 게다가 원종이 삼별초 소속 병사들의 명부를 올리게 한 탓에, 대몽 항쟁의 선두에 선 자신들이 몽골의 표적이 될지 모른다는 우려도 팽배했다.

반란을 통해 항몽 정부를 세운 배중손 등은 몽골과 연합한 개경 정부의 공격을 받기 쉬운 강화도에서 빠져나왔다. 그리고 배를 타고 남하를 거듭해 8월 19일 전라도 진도에 당도했다. 섬이 넓고 방어하기도 쉬운 진도를 근거지로 한 삼별초는 거제와 탐라 등 주변 30여 도를 아우르는 해상 왕국을 건설했다.

남해안 일대를 장악한 배중손 등은 인근 지방의 세력들을 끌어모아 반기를 들게 하는 한편, 해로를 통해 올라가는 세공들을 탈취하여 중앙정부에 적잖은 타격을 입혔다. 그리고 고려와 몽골 연합군을 상대로 계속해서 승리를 거두었다.

삼별초가 대몽 항쟁을 위해 진도에 축조한 용장산성

원종 12년(1271) 5월 15일, 삼면에서 총공격을 감행한 여몽 연합군과 격전을 벌인 삼별초는 열세를 느끼고 패주했다. 그 과정에서 승화후 온과 배중손이 죽고, 살아남은 군사들은 김통정의 지휘 아래 지금의 제주도인 탐라로 건너가 성을 쌓고 세력 재건을 꾀했다. 이후 계속된 삼별초의 항쟁은 원종 14년(1273) 4월 제주에 상륙한 정벌군의 공세에 무너지고 쫓기던 중에 김통정이 자결하면서 끝이 났다.

여몽 연합군의 일본 원정

몽골 제국의 창시자인 칭기즈칸의 손자로 1271년 원 제국을 세운 쿠빌라이, 즉 세조는 고려를 굴복시킨 후, 바다 건너 일본까지 무릎을 꿇리려 했다. 하지만 일본이 고려를 통해 원의 국서를 몇 차례나 받고도 반응을 보이지 않자, 쿠빌라이는 흑산도를 전진기지로 삼아 일본 정벌을 준비했다.

원종 15년(1274) 봄에 고려는 원의 독촉으로 함선 제작에 들어갔다. 3만 명이 넘는 대규모 인력이 투입되어 대형선 300척과 경쾌선 300척, 급수용 소형선 300척 등 총 900척의 함선을 건조했다.

여몽 연합군의 일본 원정

하지만 원종의 갑작스러운 사망으로 출정일은 3개월이나 늦춰졌으며, 그 사이 원에 붙잡혀 있다가 귀국한 충렬왕이 제25대 왕으로 즉위했다. 같은 해 10월에는 원의 장수인 홀돈과 홍다구 등이 2만 5천 명의 군사를 이끌고 왔다. 이에 고려군의 수장인 김방경이 8천 명의 군사를 지금의 경남 마산 지역인 합포로 이동시켜 원의 군대와 합세했다.

그해 음력 10월 3일, 합포에서 출항한 여몽 연합군은 맨 먼저 쓰시마를 점령하고 이키 섬으로 이동했다. 그런 다음에는 구주에 상륙해 하카다를 공략했다. 쇼니 가케스케가 이끄는 1만 명가량의 일본군이 반격했으나, 세가 불리해지자 미즈키로 퇴각했다.

연합군의 총수인 홀돈은 긴 싸움으로 피로해진 군사들을 모두 배로 철수시켰는데, 그날 밤 갑작스럽게 휘몰아친 태풍으로 함선이 부서지면서 1만 4천여 명의 연합군 병력이 수장당하는 참극이 발생했다. 이렇게 여몽 연합군의 1차 일본 원정은 일본군이 아닌 태풍의 습격으로 실패하게 되었다.

이후로도 일본 정복의 뜻을 꺾지 않은 원 세조는 전력을 수습하여 충렬왕 7년(1281) 5월에 2차 일본 원정을 감행했다. 홍다구의 동로군과 범문호의 강남군 등 총 15만 명의 원군에다 김방경이 이끄는 1만

명의 고려군은 일본 규슈로 건너갔다.

먼저 일본군과 맞붙은 동로군이 밀려날 즈음 강남군이 합세하여 치열한 공방전을 벌였다. 그런 와중에 다시 태풍이 불어닥치면서, 배에 타고 있던 연합군 병력 중 대부분이 수장당하고, 겨우 1만 9천 명 정도만 살아서 귀환했다. 이로써 일본을 정복하려던 원나라 황제의 야심은 물거품처럼 사라지게 되었다.

원의 내정간섭

원의 일개 제후국으로 전락한 이후, 고려 왕의 호칭은 조祖나 종宗 대신에 왕王을 쓰고 앞에는 충忠 자를 붙이기 시작했다. 또한 관제도 원의 입맛대로 바꿔야 했을 뿐더러, 무엇보다 왕은 원에 입조해 황실의 부마가 되어야 했다. 정략결혼의 첫 번째 대상자가 된 왕은 원종의 장남으로, 세조의 딸인 제국대장공주와 결혼한 충렬왕이었다.

실패로 끝난 두 차례의 일본 원정처럼 원의 간섭과 강요에 시달린 충렬왕은 정사보다는 사냥과 향락에 심취했다. 즉위 초 개경을 비롯해 전국 각지에 설치한 응방은 원에 공물로 바칠 매의 사육과 자신의 사냥을 전담하는 기구였다. 충렬왕은 재위 23년(1297)에 제국대장공주가 병사하면서 원의 부마로서 입지가 흔들리자, 정치에 염증을 느끼고 이듬해 1월 아들인 충선왕에게 양위했다.

충선왕은 문관의 선임, 공훈, 예의, 제향, 조회, 학교, 과거 관련 업무를 관장하는 전리사를 전조와 의조로 분리하는 등 관제를 개편했다. 또한 부왕 곁에서 아부하던 자들을 쫓아내고 학자들을 중용했다.

하지만 원나라 진왕의 딸인 왕비 계국대장공주와의 사이가 악화되고 관제를 개편한 것이 원의 심기를 건드리면서 연경으로 소환당했다. 그리고 태상왕인 충렬왕이 양위한 지 7개월 만에 복위하게 되었다. 충렬왕은 개편된 관제를 원래대로 되돌려 놓음으로써 충선왕의 개혁을 없던 일로 만들었다.

충렬왕을 지지하는 세력은 훗날 있을 충선왕의 복위를 막기 위해 계국대장공주를 충선왕한테서 떼어내 원종의 손자인 서흥후 전에게 개가시킬 음모를 꾸몄다. 하지만 충선왕은 1307년 1월 원나라 황제 성종이 죽고 차기 황위를 놓고 반대파와 겨루던 무종의 즉위를 도운 공로로 고려 왕보다 품계가 위인 심왕 작위를 받았다.

한껏 위세가 높아진 충선왕은 서흥후 전을 비롯해 계국대장공주의 재가를 꾸민 자들을 죽이고, 고려 안의 반대 세력도 모두 제거했다. 이로써 국정을 장악한 그는 1308년 7월 충렬왕이 죽자, 다음 달 환궁하여 왕위를 되찾았다.

못다 했던 정책들을 추진하던 충선왕은 오래잖아 측근에게 정사를 맡긴 후 원으로 건너갔다. 그리고 연경에 머무르면서 재위 5년(1313) 3월까지 입국하지 않은 채 가끔씩 전지를 보내 지시하는 방식으로 국정을 변칙 운영했다. 이에 고려 조정에서 계속 귀국을 요청하고 원 황실에서도 귀국을 종용하자, 충선왕은 당시 황제인 인종의 허락을 얻어 아들인 충숙왕에게 양위했다.

하지만 충선왕은 양위 후에도 전지를 보내 국정에 간섭한 데다, 충숙왕 3년(1316)에는 심왕의 작위를 조카인 연안군 고에게 물려주어 정치적인 화근거리를 만들었다. 원의 만권당에 칩거하면서 고금의 서적들을 수집하고 고전 연구에 몰두한 충선왕은 충숙왕 7년(1320)

1월 자신과 친밀했던 인종이 죽고 영종이 황위에 오르자 정치적으로 어려워졌다. 그는 고려 출신 환관의 모함을 받아 토번으로 유배까지 가게 되었다.

충선왕의 유배를 기회 삼아 충숙왕은 부왕의 측근들을 내쫓고 부왕의 조치들도 무효화시켰다. 부왕의 측근들은 연경에 있는 심왕인 연안군 고를 중심으로 결집했다. 계국대장공주의 친오빠인 양왕의 딸과 결혼해 원 황실로부터 신임을 얻은 심왕 고는 고려의 왕위까지 넘보게 되었다.

이런 와중에 왕비인 복국장공주가 충숙왕에게 구타당하고 화병으로 죽는 사건이 발생하면서 충숙왕은 재위 8년(1321) 3월에 원으로 소환되었다. 폐위당할 위기 속에서 근신하던 충숙왕은 재위 10년(1323) 9월 영종이 시해되고 즉위한 새 황제 태정제의 호의로 왕위를 지킬 수 있었다. 그리고 원나라 위왕의 딸 조국장공주와 재혼한 다음, 이듬해인 1325년 5월 고려로 돌아왔다.

한편, 태정제의 즉위로 귀양살이에서 풀려난 충선왕은 충숙왕 12년(1325) 5월에 51세를 일기로 연경에서 숨을 거두었다. 그해 9월 조국장공주를 산욕으로 잃은 충숙왕은 이후 계속된 심왕 고 세력의 정치적 공세에 지친 나머지 재위 17년(1330)에 아들인 충혜왕에게 양위하고 연경으로 옮겨 갔다.

하지만 충혜왕이 실정을 일삼고 원 황제에 불순한 마음을 품었다는 죄목으로 재위 2년 만에 실각하자, 충숙왕은 새 왕비 경화공주와 함께 다시 입국했다. 그는 복위한 지 7년 후인 1339년 3월에 숨을 거두었다.

원에 붙잡혀 있던 충혜왕은 1336년 12월 고려로 송환되었으며, 뒤

우침이 없다는 이유로 충숙왕 사후에도 왕위를 물려받지 못했다. 그런 상태에서 난행을 일삼다가 부왕의 처인 경화공주까지 겁탈하는 만행을 저질렀다.

충혜왕은 경화공주의 사주로 난을 일으킨 조적을 죽이고, 왕위를 노리는 심왕 고의 도전도 물리쳤다. 아울러 원나라 조정에 뇌물을 써서 왕의 자리까지 되찾았다. 하지만 경화공주를 욕보인 사실이 뒤늦게 밝혀지면서 1339년 12월 원으로 압송당해 형부에 구금되었다.

이듬 해 4월 심왕 고와 가까운 승상이 실각하면서 운 좋게 풀려난 충혜왕은 다시 고려로 돌아왔다. 복위한 충혜왕은 전과 마찬가지로 정사를 어지럽히고 백성들을 수탈했다. 그러다 복위 4년(1343)에 원에 있던 부원 세력들의 참소로 또다시 원으로 압송당하는 신세가 되었다. 그해 12월에는 남만 땅으로 귀양을 갔으며, 이듬해 1월 15일에는 마침내 그 운도 다했는지 악양현에서 급사했다.

1344년 2월, 충혜왕의 객사로 그의 큰아들 충목왕이 8세의 나이에 즉위했다. 섭정을 맡은 모후 덕녕공주는 충혜왕이 백성들의 땅과 재산을 빼앗아 만든 재정기구인 보흥고, 궁에서 쓸 마필을 관장한다는 명목으로 민폐를 끼치던 관서인 내승, 매 사육과 사냥으로 역시나 민폐가 컸던 응방을 철폐했다. 또한 권신들이 독점했던 녹과전을 원래 주인들에게 돌려주었을 뿐더러, 환관이나 권문세가의 고리대금을 엄금하고, 진제도감을 설치해 굶주린 백성들을 구휼하는 등 선정을 베풀었다.

하지만 재위 4년(1348) 12월에 충목왕이 병사하면서 덕녕공주의 치세는 난관에 부딪혔다. 충혜왕의 서자인 충정왕이 12세의 나이로 즉위하고, 새로 섭정을 맡은 모후 희비 윤씨와 덕녕공주 사이에 권력 다툼이 벌어짐으로써 정국은 다시금 혼란 속으로 빠져들었다. 이런 와중에 왜구마저 노략질을 일삼아 고려 사회가 뒤숭숭해지자, 실정을 파악한 원나라 순제는 충정왕을 폐하고 충숙왕의 차남인 공민왕을 새 왕으로 세웠다.

공민왕의 개혁 정치

충정왕 3년(1351) 12월, 노국대장공주와 함께 귀국한 공민왕이 왕위에 올랐다. 당시 원나라는 순조의 치세로 잦은 황제 교체와 공위 사태 등 그간의 국정 혼란을 극복한 듯했으나, 잇따른 실정과 천재지변으로 민생과 치안이 악화되면서 각종 반란이 일어나고 홍건적의 대란까지 터진 상황이었다. 이러한 사정에 밝았던 공민왕은 즉위하자마자 변발과 호복 등을 과감하게 고려식으로 바꾸었다.

하지만 고려의 것을 되찾고자 하는 공민왕의 의지는 조정을 장악하고 있던 친원 세력들의 틈바구니에서 날개를 펴기 어려웠다. 그 중심에는 원에 바쳐진 공녀 출신으로 황후의 자리에까지 오른 기씨의 형제들인 기철, 기원 등이 있었다. 그리고 공민왕이 원에 머물 때 시종하면서 그곳 관료들과 쌓은 친분 덕분에 위세를 부리는 조일신 등도 존재했다.

기철 형제와 불화했던 조일신은 공민왕 원년(1352) 6월 거사를 일으켜 한림학사로 재직하던 기원을 살해했다. 미처 죽이지 못한 기철의 무리를 쫓는 한편으로 궁궐을 장악한 조일신의 무리는 공민왕에게서 국왕인을 빼앗아 자기들 마음대로 관직을 나눠 가졌다.

이에 공민왕은 전횡을 일삼는 무리를 처벌하라는 조정 중신들의
뜻을 받아들여 조일신 등을 추포해 목을 베었다. 전격적인 진압 작전
으로 조일신의 난을 평정한 공민왕이 배원 정책을 펼쳐나가자, 공민
왕 5년(1356)에 기철을 위시한 노책, 권겸 등은 반란을 모의했다.

친원 세력의 역모를 간파한 공민왕은 연회를 열고 초청받아 입궁
한 기철과 권겸을 죽인 후, 입궁하지 않은 노책에게는 집으로 사람을
보내 마저 죽였다. 친원파 거물들을 제거하고 그 세력도 흩어 버린
공민왕은 원의 연호와 관제를 버리고 문종 때의 제도를 복구하는 한
편, 원의 내정간섭 기구인 정동행중서성이문소를 철폐하고, 쌍성총
관부를 없애 고려의 영토를 회복했다.

공민왕의 개혁 정책으로 고려가 중흥을 꾀하던 무렵, 남쪽 지방은
왜구의 노략질에, 북쪽 지방은 홍건적의 침입에 노출되었다. 공민왕

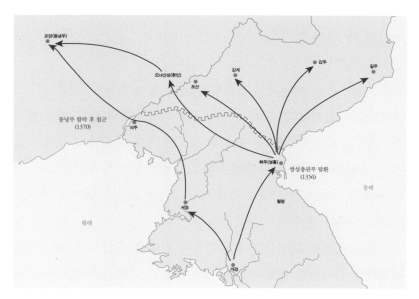

공민왕이 회복한 영토

8년(1359)과 10년에 각각 의주와 개경을 함락한 홍건적 때문에 고려가 입은 피해는 특히 막대했다.

홍건적의 난이 이성계 등 무장들의 활약으로 평정된 다음, 환도 중에 잠시 머물던 경기도 개풍의 홍왕사란 절에서 공민왕은 역심을 품은 김용이 보낸 부하들에게 시해당할 위기를 겨우 벗어나기도 했다. 난이 진압된 후 발뺌하던 김용은 죄상이 발각되면서 사지가 찢겨 죽었다.

그리고 공민왕 13년(1364) 1월에는 기황후의 뜻을 받든 최유가 원나라 군사 1만 명을 이끌고 압록강을 건너왔다가 최영과 이성계의 고려군에게 패퇴한 일도 있었다. 이후 양국의 충돌을 원치 않았던 원 황제로부터 공민왕은 최유를 넘겨받아 처형했다.

신돈의 등장

공민왕이 훗날 신돈으로 불리게 된 편조를 처음 만난 것은 재위 7년(1358)의 일이었다. 당시 공민왕은 유학자들로 구성된 관료 체제가 아닌, 불교 관련 세력을 활용한 새로운 개혁 정치를 구상하고 있었다. 그러한 공민왕의 구상에 적합한 인물로 편조가 부각되었다. 그는 지금의 경남 창녕 지역에 속해 있던 계성현 옥천사 여비의 자식으로 어려서부터 중이 된 인물이었다.

편조는 궁궐을 드나들면서 공민왕의 신망을 쌓았으나, 배척하고 경계하는 인사들이 많았던 탓에 공민왕 13년(1364)에 와서야 정치 일선에 나설 수 있었다. 그리고 이듬해 2월 노국대장공주가 난산으로 숨을 거두자 실의에 빠진 공민왕은 편조에게 국정을 맡겨 버렸다.

힘을 얻은 편조는 자신을 추종하는 인사들을 요직에 앉혔으며, 그에게 미운털이 박힌 인사들은 한직으로 밀려나거나 쫓겨나기 일쑤였다. 그 과정에서 최영도 경주의 행정 책임자인 계림윤으로 좌천되었다가 유배까지 가게 되었다.

조정에서 편조의 수족을 자처하는 무리가 커질수록 권세를 부리는 요승에 대한 비난의 목소리 또한 높아졌다. 하지만 편조를 절대적으로 신임한 공민왕은 그를 진평후에 봉하고, '수정이순논도섭리보세공신 벽상삼한삼중대광 영도첨의사사사 판중방감찰사사 취산부원군 제조승록사사 겸 판서운관사'라는 긴 이름의 최고 관직을 제수했다.

최고 관직에 오른 후 여태 써 온 편조라는 이름을 버린 신돈은 공민왕 15년(1366) 5월에 전민변정도감을 설치했다. 이 기구를 통해 그는 권문세족들이 부당하게 빼앗은 토지를 원래 주인에게 돌려주고, 강압적으로 노비가 된 사람들은 면천시켜 주는 파격적인 조치를 감행했다. 이에 백성들은 신돈을 성인으로 치켜세우며 크게 환영했다.

이듬해에는 숭문관 옛 터에 성균관을 세움으로써 학문을 진작시키고자 한 공민왕의 뜻을 받들었다. 그리고 관리의 근무 일수를 진급 기준으로 삼는 순자격제를 실시해 당시 잦은 변란으로 군공이 높아지던 무장 세력들도 견제했다.

신돈의 위세가 나날이 커지면서 관리들이 궁궐 대신에 그의 집으로 찾아가 국사를 처리하는 상황들이 전개되었다. 이제현은 공민왕에게 신돈을 멀리할 것을 간청했다. 이에 분노한 신돈은 이제현의 문도들이 출사하는 것을 막기 위해 과거시험을 폐지해 버렸다. 또한 자신을 탄핵하려 시도한 간관들을 내쫓았으며, 자신을 죽이려고 모의

한 이들은 장을 쳐서 유배를 보내거나 살해했다.

그런데도 비난하고 배척하는 움직임이 잦아들지 않자, 신돈은 《도선비기》를 근거로 삼아 공민왕에게 천도를 권유했다. 공민왕의 반대로 뜻을 이루지 못한 신돈은 공민왕 18년(1369) 지방의 실력자에게 해당 지역을 다스리게 하는 사심관 제도를 부활시키고 자신은 5도 도사심관이 되어 세력을 키우려 했다.

하지만 사심관 제도의 부활도 공민왕의 반대로 좌절되자, 신돈은 왕의 신임이 사라졌음을 깨닫고는 역심을 품게 되었다. 공민왕 20년 (1371) 7월에 왕이 헌릉과 경릉에 거둥할 때를 거사일로 잡은 신돈은 은밀하게 일을 추진해 나갔다. 그러던 중 역모 사실이 드러나 붙잡힌 그는 수원으로 유배되었다가 수하들과 함께 처형당했다.

공민왕의 최후

한때 신돈의 집을 자주 드나들었던 공민왕은 신돈의 비첩 반야에게 반해 1365년 아들까지 낳았다. 신돈이 역모죄로 처형되자, 공민왕은 당시 8세이던 아들을 데려다가 세자로 삼으려 했다. 하지만 비빈의 소생이 아니라는 이유로 반대하는 태후 때문에 뜻을 이루지 못했다. 공민왕은 이미 '모니노'란 이름을 가지고 있던 아들에게 새로 '우'라는 이름을 지어 주고, 우의 어미는 죽은 궁인 한씨라고 대내외에 알렸다. 하지만 우의 어미가 신돈의 첩인 반야였다는 사실은 평생 꼬리표로 따라다녔다.

한편, 공민왕은 재위 21년(1372)에 궁중에 자제위를 설치하고, 용모가 아름다운 소년들을 뽑아 자신의 좌우 시중을 들게 했다. 그리고 밤마다 그들과 문란한 성적 유희를 즐겼다. 이러한 동성애는 충선왕 때부터 궁중에서 유행한 것으로, 용양龍陽이라는 이름으로 몽골에서 전해졌다.

공민왕은 용양을 즐기는 것으로도 모자라 비빈들에게 자제위 출신들과 억지로 자게 만들어 왕자를 얻으려 했다. 정비와 혜비, 신비 등이 한사코 거부한 탓에 일이 성사되지 않았다. 하지만 익비는 공민왕이 칼로 위협하면서까지 김홍경, 홍윤, 한안 등과 자게 만들었다.

1374년 9월 21일, 익비가 홍윤의 아이를 임신하게 되자, 공민왕은 사건의 진상이 외부로 알려지지 않게 할 목적으로 홍윤은 물론이고 그 사실을 전한 환관 최만생까지 죽이고자 했다. 이에 놀란 최만생은 홍윤, 한안 등과 짜고 밤중에 침전으로 들어가 공민왕을 시해했다.

외부에서 침입한 자객의 소행인 것처럼 꾸민 최만생 등은 사건 조사 과정에서 죄상이 탄로나 모두 역적의 죄로 처형당했다. 공민왕의 유해는 노국대장공주의 능 옆에 나란히 묻히게 되었다.

이인임의 득세

공민왕이 비극적인 최후를 맞이할 즈음, 중국에서는 주원장이 명을 건국해 드넓은 중원 땅을 차지하고, 몽골 지역으로 쫓겨 간 원의 잔족 세력들은 북원 시대를 열었다. 신흥 강국인 명과 제국의 명맥을 이어가는 북원 사이에서 고려는 양다리 외교를 구사했다.

이러한 상황에서 죽은 공민왕의 아들인 우가 1374년 9월 제32대 왕으로 즉위했다. 우왕이 신돈의 비첩인 반야의 아들이라는 출신상의 한계를 극복하고 즉위할 수 있었던 데는 이인임의 도움이 절대적이었다.

이인임은 공민왕 17년(1368) 좌시중으로 등용되어 우왕 13년(1387) 노환으로 수상 자리에서 물러날 때까지 19년 동안이나 재상의 지위를 유지한 인물이었다. 당대 고려 최고의 권신이라 할 수 있었다. 이처럼 힘센 신하의 후원으로 왕이 되기는 했지만, 명과 북원을 상대로 한 외교 관계가 꼬이면서 왕위 계승을 추인받기가 쉽지 않았다. 우왕 즉위 초, 명에 공물로 바칠 말을 호송하던 관리가 명의 사신을 죽이고 북원으로 도망하는 사건이 터졌다. 그 여파로 명 황제는 우왕의 즉위를 인정하지 않게 되었다.

고려 내부에서도 우왕이 선왕인 공민왕의 친자가 아닐 수도 있다며 왕위 계승에 대한 시비가 계속되었다. 게다가 북원에서는 심왕 고의 후손인 탈탈불화가 고려 왕이 되어야 한다고 주장하고 있었다.

명 황제를 설득하기가 어렵다고 판단한 이인임은 북원으로 사자를 보내 우왕 즉위를 인정받으려 했다. 당장 조정의 친명파들이 반발하고 나선 가운데, 이인임은 그중 가장 크게 반대하는 정도전을 귀양 보내는 것으로 응수했다. 그리고 끝내 북원 황제의 승인을 받아 우왕의 즉위를 공식화시켰다.

우여곡절 끝에 왕위를 확정한 우왕은 학문보다는 말달리기와 매사냥 등에 관심을 기울였다. 또한 성정이 잔인해서 시종들 중에서 눈에 거슬리는 자는 함부로 죽이곤 했다. 그리고 호전적인 기질도 다분해 요동 정벌에 대한 의지도 드러내었다.

우왕을 세운 공로로 권세를 틀어쥔 이인임은 청렴하고 강직한 이들을 멀리한 채, 자신의 수족 같은 인사들을 정부 요직에 두루 배치했다. 그렇게 큰 세력을 형성한 이인임 일파는 권력을 농단하면서 사리사욕을 채워 나갔다. 우왕의 잔학한 행동들은 집권 세력의 의도적인 묵인 아래서 자행된 측면이 있었다.

우왕 13년(1387) 12월, 오랫동안 조정을 쥐락펴락해 온 이인임 세력이 몰락하게 되는 사건이 벌어졌다. 이인임의 심복 염흥방의 가노가 전 밀직부사 조반의 토지를 강탈하는 일이 있었던 것이다. 이에 가노를 죽이고 그 집도 불태운 조반을 이번에는 염흥방이 그의 가족과 한데 엮어서 잡아들여 모진 고문을 가했다.

이와 같은 이인임 일파의 만행을 더는 두고 볼 수 없다고 판단한 최영과 이성계는 이듬해 1월 무력을 동원해 조반과 그의 가족을 구해 내고, 이인임을 위시한 그 세력들을 쓸어버렸다. 유배형에 처해진 이인임은 지금의 경북 성주 지역에 있던 경산부에 안치되었다가 곧 사망했다. 그렇게 당대 최고 권신의 20년 세도도 쓸쓸히 막을 내렸다.

이성계의 활약

고려 말 신흥 군벌 세력의 지도자로 떠오른 이성계는 지금의 함경남도 영흥 지역인 화령부가 고향인 북방 출신의 무인이었다. 그의 집안은 본래 전주에서 생활하다가 고조부인 이안사 때 함경도로 이주해 살기 시작했다.

이안사가 원에 귀화하면서 원나라 백성으로 살던 이성계 집안이 다시 고려인으로 벼슬살이까지 하게 된 것은 이성계의 아버지 이자춘 때였다. 당시는 공민왕이 쌍성총관부와 동녕부의 땅을 수복코자 애쓴 시기로, 동녕부에 터 잡고 사는 이자춘을 끌어들이기 위해 동북 면상만호라는 관직을 제수했다.

이자춘 사후에 벼슬을 상속받은 이성계는 탁월한 군사적 재능을 발휘하면서 존재감을 키워 나갔다. 공민왕 11년(1362) 정월 홍건적이 장악한 개경을 탈환하는 데 일조하고, 같은 해 국경을 넘어온 원나라 장수 나하추의 군대를 함흥평야에서 격퇴한 데다, 동북면으로 들어와 기세를 떨치던 여진족도 섬멸했다.

우왕 3년(1377)에는 경상도 지역을 약탈하고 지리산 일대에서 횡행하던 왜구를 대파했으며, 우왕 6년(1380)에는 아지발도가 이끄는 왜구를 그 10분의 1밖에 안 되는 병력으로 대적해 왜장과 그 졸개들을 거의 전멸시키는 대승을 거두었다. 황산대첩이라 불리는 이 전투를 통해 이성계는 고려 조정에서 자신의 입지를 확고히 다질 수 있었다. 이처럼 이성계가 전장에서 승승장구하며 명성을 날리는 동안, 최영은 수문하시중에 올라 정권을 장악해 나갔다. 이런 상황에서 개혁을 통해 고려를 변화시키고자 하는 젊은 관료들은 이성계의 주위로 속속 몰려들었다.

그 결과, 고려의 권력 지형은 권문세족을 대변하는 최영의 군벌 세력과 신진 사대부의 지지를 받는 이성계의 신흥 군벌 세력으로 양분되었다. 대외 관계에서도 각각 친원과 친명으로 성격을 달리했던 두 군벌은 명의 철령위 사건에 대응하는 과정에서 사이가 더 벌어졌다.

위화도 회군

우왕 14년(1388), 명나라 태조는 철령 이북, 이동, 이서의 땅이 본래 원나라에 속했던 곳이므로 철령위를 설치해 명의 직할지로 삼겠다는 뜻을 고려에 전해 왔다. 격분한 최영은 모든 관리들을 불러 명의 조치에 반대한다는 중론을 이끌어 낸 다음, 우왕을 만나 요동 정벌을 강력하게 건의했다.

이에 우왕은 원나라식 관복을 부활시키는 등 반명 노선을 뚜렷이 하는 한편, 그해 3월에는 8도에 명하여 군사들을 모으게 했다. 그간 왜구의 수탈로 생활고에 시달리던 백성들로서는 농사철을 앞두고 장정을 징발하는 데 대해 원성을 쏟아냈다. 무리한 원정이라 판단한 이성계는 요동 정벌 불가론을 설파하며 우왕의 마음을 돌리려 했지만 실패했다.

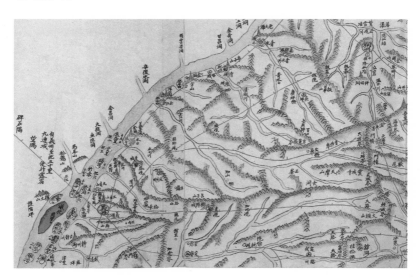

압록강 일대를 그린 이 지도에서 붉게 칠한 부분이 위화도

그리고 4월 18일, 5만여 명의 원정군은 우군도통사인 이성계와 좌군도통사인 조민수의 통솔 아래 서경을 출발했다. 이때 우왕이 총사령관인 팔도도통사 최영을 곁에 붙잡아 두면서 원정군의 지휘는 온전히 정벌 반대론자인 이성계와 조민수의 손에 쥐어졌다.

5월 7일 압록강 하류의 위화도에 당도한 원정군은 강물이 불어 건너기 어렵다는 이유로 그곳에서 보름 가까이 머물렀다. 그동안 이성계는 조민수와 의논해 조정에 철군을 요청했으나, 우왕과 최영으로부터는 진군 명령만 하달되었다. 이에 이성계는 장수들과 뜻을 모아 5월 22일 말 머리를 요동이 아닌 개경으로 돌렸다.

회군 소식을 접한 최영은 급히 천여 명의 군사를 모아 개경에서 반란군을 맞아 분전했다. 하지만 중과부적의 싸움은 곧 끝이 났고, 최영은 반란군에게 체포되어 귀양길에 올랐다. 그리고 그해 12월에 참살되었다.

최대 정적인 최영을 없애고 실권을 잡은 이성계와 조민수는 각각 우시중과 좌시중에 올라 정국을 주도했다. 고려 조정은 원나라 복식을 버리고 명나라 의관을 쓰는 한편, '홍무'라는 명나라 연호도 다시 사용했다. 그리고 우왕은 이성계를 없앨 음모를 꾸몄다는 이유로 폐위당했다.

이후 우왕의 아들 창을 왕위에 앉히는 문제를 두고 찬성하는 조민수와 반대하는 이성계가 맞서게 되자, 당시 이름난 유학자였던 이색은 조민수의 편을 들었다. 그 결과, 9세의 나이로 즉위하게 된 창왕은 모후가 이인임의 친척인 데다 조민수도 이인임의 옛 심복이었던 까닭에, 이성계의 경계심을 자극하기에 충분했다.

고려의 멸망

창왕의 즉위로 좌절감을 맛본 이성계는 신진 사대부를 중심으로 한 자신의 정치적 기반을 확고히 다져나갔다. 신진 사대부의 주축인 정도전, 조준 등은 전제의 문란과 토지의 겸병에 따른 폐해를 없앨 목적으로 사전私田의 혁파를 주창했다.

이에 이성계는 급전도감을 설치해 전제 개혁에 나섰으며, 반대하는 조민수 등은 조준의 탄핵을 받아 실각했다. 이후 수상직인 문하시중에 오른 이색은 온건파의 대표로 급진적인 개혁에 반대하는 목소리를 내면서 정도전 등과 대립했다. 그리고 새 왕조의 개창을 꿈꾸는 급진파에 맞서 개혁을 통해 고려 왕조를 유지하려 애썼다.

이런 상황에서 창왕 원년(1389) 11월에 최영의 생질 김저와 정득후가 유배 중인 우왕을 찾아가 이성계의 암살을 모의한 사실이 발각되었다. 정득후가 자결하고, 체포되어 고문을 당한 김저의 입에서는 가담자들의 이름이 줄줄 새어나왔다.

김저 사건으로 숙청당하는 인사들이 늘어나면서 온건파의 입지는 크게 위축되었다. 반면, 기세가 오른 급진파는 우왕의 아들인 창왕이 신돈의 혈손이라 왕통을 이을 자격이 없다면서 폐위시켰다. 그리고 이성계와 사돈지간인 공양왕을 11월 15일 왕위에 앉혔다.

한편, 창왕을 옹립했던 이색도 급진파의 탄핵을 받아 축출되었을 뿐만 아니라, 신돈의 피를 받은 자가 고려 왕실의 위폐를 더럽혔다는 죄목으로 우왕과 창왕은 유배지인 강릉과 강화도에서 끝내 죽임을 당했다.

이색을 쫓아내고 우왕과 창왕을 제거한 급진파에게 남은 과제는 역성혁명을 통한 새 왕조의 건설이었다. 이성계를 지지하는 신진 사대부 세력의 일원이었던 정몽주는 정도전과 조준 등이 도모하는 역성혁명과 관련해서는 반대하는 입장을 취했다. 그는 자신과 뜻이 맞는 김진양 등을 언론직인 대간 자리에 앉혀 언제든 기회를 보아 이성계 일파를 탄핵할 준비를 했다.

그 기회는 공양왕 4년(1392) 3월 이성계가 황해도 해주에서 사냥을 하다가 낙마해 큰 부상을 당하면서 찾아왔다. 정몽주와 김진양은 정도전, 조준, 남은 등을 탄핵해 쫓아낸 후에 이성계도 처리하려 했다.

심상찮은 사태를 간파한 이방원은 급히 손을 써서 이성계를 그날 밤 개경으로 옮겨 왔다. 이에 정몽주는 이성계의 상태를 확인하러 문병을 갔다. 하지만 돌아오는 길에 선죽교에서 이방원의 수하에게 격살당했다.

정몽주가 이방원의 수하에게 격살당한 선죽교

새 왕조 건설에 방해가 되는 마지막 정적을 제거한 이방원, 정도
전, 조준 등 급진파 세력은 그해 6월 이성계의 왕위 추대를 모의하고,
공양왕을 압박해 옥새를 받아냈다. 여러 차례 옥새를 물리던 이성계
는 1392년 7월 11일 수창궁에서 마침내 보위에 올라 새 왕조인 조선
을 개창했다.

  재위 4년 만에 폐위되어 유배길에 오른 공양왕은 원주에서 간성을
거쳐 삼척으로 옮겨졌다가 1394년에 사사되었다. 공양왕의 폐위를
끝으로 제34대에 걸쳐 475년 동안을 이어온 파란만장한 고려의 역사
도 종말을 고했다.

◆ 후삼국 시대

후백제 / 견훤이 완산주에 도읍하고 후백제를 건국(900)
- ●견훤의 큰아들이 쿠데타를 일으켜 견훤을 금산사에 유폐시키고 왕위에 오름
- ●견훤이 고려로 망명하고, 고려가 후백제를 격파해 멸망시킴

후고구려 / 신라 왕족 출신인 궁예가 송악에 도읍하고 후고구려를 건국(901)
- ●궁예가 미륵불을 자처하며 공포 정치를 일삼아 민심을 잃음
- ●왕건이 거병해 궁예를 몰아내고 고려 건국(918)

◆ 고려 시대

- ●태조 호족 회유 정책(혼인 정책, 사심관 제도, 사성 제도, 기인 제도 등) 시행
- ●혜종 왕자들과 외척들 간에 왕위를 둘러싼 다툼 발생으로 혼란
- ●광종 왕실 족내혼으로 외척 발호 차단. 노비안검법 실시, 과거제 시행
- ●성종 유교 정치 이념 실현. 최승로가 올린 〈시무 28조〉를 바탕으로 정치 개혁
     ○거란 1차 침입(993)
      고려의 거란 배척, 친송 정책으로 거란 장수 소손녕이 대군을 이끌고 침입
      서희의 외교 담판, 강동 6주 설치, 압록강 동쪽 땅 개척
- ●현종 교방을 없애고 사치스러운 궁중 분위기 쇄신, 민생 구제,
      연등회와 팔관회 부활, 대장경 제작 착수, 《칠대실록》 편찬
     ○거란 2차 침입(1010)
      강조의 정변을 구실로 쳐들어 옴. 개경 함락,
      현종이 거란에 신하의 예를 갖추겠다고 약속한 대가로 물러남
      물러가는 거란군을 고려 장군 양규가 공격
     ○거란 3차 침입(1018)
      현종이 친조를 미루자 10만 대군을 이끌고 3차 침입
      강감찬 장군이 군사를 일으켜 거란군을 크게 격퇴(1019년 귀주대첩)
      고려와 거란 협상 : 거란은 강동 6주 포기, 고려는 친송 정책 포기
- ●정종 천리장성 완공, 노비종모법 제정, 도량형 규격 정비, 장자상속법 제정, 경행 개최
- ●문종 공음전시법, 재면법, 답험손실법 제정, 삼심제도 도입, 양반전시과 개정
- ●숙종 주전도감 설치, 해동통보(우리나라 최초의 화폐) 주조, 별무반 설치
- ●인종 김부식에게 명하여 《삼국사기》 편찬, 이자겸의 난, 묘청의 난
     ○이자겸의 난(1126)
      유력한 외척 가문인 인주 이씨 가문의 권력 독점은 이자겸 때 절정을 이룸
      이자겸이 왕위를 노리고 난을 일으킴.
     ○묘청의 난(1135)
      승려 묘청이 서경으로 천도할 것을 주청하다 실패하자 난을 일으킴
      김부식에 의해 진압

- 의종 정중부, 이의방 등이 무신정변을 일으켜 폐위됨
  - 무신정변(1170)

    문신 위주의 정치에 불만을 품은 무신들이 보현원 사건을 계기로 폭발

    권력을 장악한 정중부 일파는 의종을 폐위하고 명종을 옹립. 무인 시대 개막
- 명종 정권을 장악한 무신 최충헌에 의해 폐위됨
  - 농민과 천민의 봉기(1193)

    무신 정권 수립 후 백성에 대한 수탈 강화로 민중 봉기가 각 지방에서 일어남

    김사미, 효심의 난, 망이 · 망소이의 난 등
  - 최충헌의 집권

    4대 60여 년간 최씨 정권이 지속됨. 도방 설치, 교정도감 설치
- 고종 몽골의 침입으로 강화로 천도하며 28년간 항쟁
  - 몽골과의 전쟁(1218)

    몽골 사신 저고여 피살 사건 발생(외교 관계 단절). 40여 년에 걸쳐 몽골과 전쟁
- 원종 친몽정책과 개경 환도를 추진하다 임연에게 폐위(1269), 개경 환도(1270)
  - 삼별초 항쟁(1273)

    무신 정권이 무너지고 정부가 몽골과 강화한 후 개경으로 환도

    몽골에의 항복에 불복하여 항쟁 전개. 고려인의 자주 정신을 보여 줌
- 충렬왕부터 충정왕까지(1274~1351)
  - 원나라의 간섭

    원나라가 일본 정벌을 위해 설치한 정동행성이 고려의 정치를 간섭하는 곳이 됨
  - 권문세족의 등장

    원의 세력을 등에 업은 환관, 역관, 군인 출신 등의 권문세족이 높은 관직 차지
  - 신진 사대부의 성장

    성리학을 공부하고 과거를 통해 관직에 진출해 권문세족과 대립, 개혁 추진
- 공민왕 고려 재건을 위해 개혁과 반원정책을 단행했으나 권문세족 반발로 실패
  - 반원 개혁

    친원파 우두머리 기철 세력 제거, 몽골식 생활 풍습 금지,

    정동행성 폐지, 쌍성총관부 공격해 철령 이북 땅 회복, 전민변정도감 설치
  - 신흥 무인 세력 성장

    왜구에 맞서 싸운 이성계, 최영 등 무인 세력이 새롭게 성장함
- 우왕 이성계의 위화도 회군 후 폐위, 강화도로 추방됨
  - 이성계의 활약

    요동 정벌 반대, 위화도에서 회군, 최영 제거, 우왕을 폐위한 후 창왕 옹립

    모든 군사력 장악
- 공양왕 고려의 마지막 왕
  - 고려 멸망

    이성계와 신진 사대부가 새 나라 건국에 방해되는 세력 제거, 1392년 조선 건국

제4장

조선 시대

조선을 세운 태조 이성계는 비대해진 권문세족의 특권을 빼앗기 위해 여러 개혁을 단행했다. 미약한 왕권이 태종 이방원에 의해 강화되고, 세종 때 이르러 나라가 안정되며 눈부신 발전을 이루었고, 하나둘 정비된 제도들이 조선의 기틀이 되었다.

중앙집권 국가를 형성해 정치와 사회가 안정되어 민족 문화를 꽃 피울 수 있었고 농업, 상공업, 수산업, 광업의 발전에 더해 사림 세력이 성장해 성리학적 사상을 지방까지 확산시켜 향촌 사회의 발전을 가져왔다.

15세기 말에 등장한 사림 세력과 기존의 훈구 세력이 대립하며 사화가 거듭되고 붕당 정치가 이루어지게 된다. 이런 와중에 임진왜란과 병자호란 등 잇따른 외침이 일어나 조선은 큰 타격을 입기도 했다. 외란과 환국 등으로 나라가 혼란한 상황에서 탕평책을 도입했으나 이후 외척 세력이 정권을 독점하면서 정치의 틀이 무너지고 민란이 자주 발생했다.

조선은 19세기 말 대한제국을 선포하며 새롭게 나라를 발전시키려 했으나 개화파와 척사파의 대립으로 혼란을 겪었으며, 결국 일본의 제국주의 희생양이 되어 나라를 빼앗기고 500년 만에 종말을 맞게 된다.

한양 천도

1392년 7월 무너진 고려의 사직 위에 조선을 세운 태조 이성계는 전 왕조의 주인인 왕씨들을 따로따로 귀양 보냈다가 한 배에 태워 바다에서 수장시키는 잔혹함을 보였다. 또한 경기도 광덕산 계곡의 두문동 마을에 은거한 고려의 유신들을 끌어내기 위해 마을에 불을 질렀다가 모두 타 죽게 하는 과오도 저질렀다.

이런 잔혹한 처사 때문에 명나라 태조가 사문사를 보내 진상을 알아 오도록 했을 때, 조선 조정에서는 대책 마련을 위해 한바탕 홍역을 치르기도 했다. 고려와 악연을 쌓은 태조는 개경을 벗어나 새로운 도읍지를 물색했다.

처음에는 한양을 새 도읍으로 정하고 그곳의 궁실을 수리하는 등 천도 준비를 했으나, 만만치 않은 반대에 부딪히면서 중단되었다. 그러다 천도론이 다시 제기되면서 도읍으로 정해진 곳은 한양이 아닌 계룡산 아래 지역이었다. 하지만 이번에도 준비 과정에서 계룡산 일대가 도읍으로 적당하지 않다는 반론이 나와 공사가 중단되었다.

이후 새 도읍지로 거론된 곳은 오늘날 서울 서대문구 연희동과 신촌동 지역인 무악 남쪽 땅으로, 역시나 도읍으로 삼기에는 좁다는 반대 주장에 부딪혔다. 이런저런 이유로 난항을 거듭하던 도읍지 선정은 결국 북악산 아래쪽 땅으로 낙점되었다.

태조 3년(1394) 8월 13일, 천도를 위한 본격적인 공사가 시작되었는데, 제일 먼저 완공된 것은 경복궁으로 그 이름을 지은 이는 정도전이었다. 경복궁 안에서 임금이 나아가 조회하는 정전은 근정전이라 불렸으며, 궁궐 문의 경우에는 동문은 건춘문, 서문은 영추문, 남문은 광화문, 북문은 신무문으로 작명했다.

태조 5년부터는 도읍을 에두르는 성곽을 쌓았는데, 완공하는 데 1년여의 시간이 소요되었다. 인마와 물산의 통행을 위한 4개 대문으로 동쪽에는 흥인문을 내고, 서쪽에는 돈의문을 텄으며, 남쪽과 북쪽에는 각각 숭례문과 숙청문을 세웠다. 그리고 4개 소문으로 동북쪽에는 혜화문, 서북쪽에는 창의문, 동남쪽에는 광희문, 서남쪽에는 소의문을 마련했는데, 수구문이나 시구문으로도 불렸던 광희문과 서소문으로도 불렸던 소의문으로는 죽은 이의 시신이 빠져나갔다.

천도하고 5년이 지난 1399년에 조선의 2대 왕인 정종은 왕자의 난

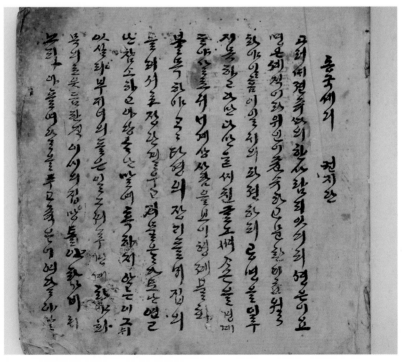

태조 이성계가 조선을 건국하기까지의 과정을 담은 동국세기

으로 형제간에 골육상쟁의 피를 뿌린 한양에서 구도인 개경으로 거처를 옮겼다. 그러나 개경에서도 또다시 왕자의 난이 발발하자, 동생인 방원에게 양위하고 물러났다. 이로써 조선의 3대 왕으로 즉위한 태종 이방원은 왕위에 오른 지 5년 만에 한양으로 되돌아갔다.

1, 2차 왕자의 난

태조 이성계의 조선 개국에 혁혁한 공을 세운 정도전은 국가 운영에 필요한 각종 문물과 제도를 정비하는 한편, 천도를 위한 한양 건설 기획과 공사에서 총책임자 역할을 수행했다. 또한 조정의 여러 요직을 겸임하면서 병권까지 틀어쥔 그는 병서인 《진법》, 《강무도》 등을 저술하기도 했다. 아울러 조선의 기본 법전인 《경국대전》의 효시가 되는 《조선경국전》을 편찬했을 뿐더러, 경세서인 《경제의론》과 불교 비판 철학서인 《불씨잡변》 등도 저술했다.

한편, 조선 건국에 공헌한 또 다른 인사인 이방원은 여러 측면에서 정도전과 갈등했다. 왕실의 권한을 약화시키고 사대부가 중심이 된 중앙집권 체제를 강화할 목적으로 정도전이 추진한 사병 혁파는 개인적으로 무장 집단을 거느렸던 이방원 등 왕실 세력을 자극하기에 충분했다. 게다가 정도전은 왕위 계승 문제에도 개입하여 태조의 죽은 첫 번째 부인 신의왕후 한씨의 소생인 방우, 방과, 방의, 방간, 방원, 방연 등 여섯 형제와 두 번째 부인 신덕왕후 강씨의 소생인 방번, 방석 중에서 8남인 방석을 세자로 책봉하는 데 큰 역할을 했다. 한씨 소생의 형제들, 특히 방원은 자신의 안위와 야심을 위해 정도전 제거에 나섰다.

태조 7년(1398) 8월 이성계가 병으로 앓아 누워 있는 동안, 방원은 안산군수 이숙번이 이끄는 별초군의 도움을 받아 남은의 소실집에서 정도전 일파를 살해했다. 그리고 세자 방석을 붙잡아 목숨을 빼앗고 그 형인 방번도 제거하는 등, 이른바 왕자의 난을 일으켰다.

반란의 성공으로 주도권을 잡은 방원은 자신을 세자 자리에 앉히려는 측근들의 뜻과 달리, 정치적 입장을 고려해 형인 방과가 세자가 되도록 했다. 그로부터 한 달 후인 9월에 방과는 태조의 양위를 받아 왕위에 올랐다.

방과, 즉 정종은 재위 2년(1399) 3월에 왕자의 난으로 피를 뿌린 한양을 떠나 개경으로 천도했다. 하지만 그곳에서도 넷째 왕자인 방간이 군사를 일으켜 방원과 혈전을 벌이는 제2차 왕자의 난이 벌어졌다.

제1차 왕자의 난 때 방원을 도왔던 지중추원사 박포가 논공행상에 대해 불평하다가 귀양까지 가게 되자, 정종 2년(1400) 1월 방간의 난에 가담했다. 방원의 편에 서서 맞서 싸운 이는 이숙번으로, 선죽교 인근에서 시작되어 주변으로 옮겨 가며 진행된 양측 간의 전쟁은 방원의 승리로 마무리되었다. 난의 진압 후에 박포는 죽임을 당하고, 방간은 귀양 조치되었다.

제2차 왕자의 난 이후, 방원은 세제로 책봉되면서 내외의 군사를 통괄하는 권한을 수중에 거머쥐었다. 또한 그해 11월 13일 정종의 양위를 받아 조선의 제3대 왕으로 즉위했다. 그리고 즉위 5년(1405) 개경에서 한양으로 다시 수도를 옮겨 왔다.

태종의 왕권 강화책

태종은 즉위 초부터 왕권 강화와 중앙집권 체제 확립에 적극적으로 나섰다. 그는 사병을 혁파하고 공신과 외척을 대거 숙청했다. 사병 혁파에 저항했던 이거이와 이저 부자를 지방으로 내쫓는가 하면, 세자의 외숙인 민무구와 민무질 형제를 불충죄로 사사했다. 또한 민무구와 연결된 이무와 윤목 등의 목을 베었고, 나머지 처남인 민무휼과 민무회 형제도 서인으로 폐한 뒤에 사사했다. 그리고 자신의 오른팔 노릇을 했던 이숙번도 과감히 숙청했다.

한편, 태종은 의정부서사제를 6조 직계제로 바꾸는 등 관제 개혁을 통한 왕권의 강화와 확대에도 진력했다. 즉, 6조의 판서들이 의정부에 업무를 보고해 재가를 받는 방식에서 의정부를 거치지 않고 직접 왕에게 보고하고 재가를 얻어 업무를 처리하는 방식으로 바꾼 것이다. 이는 당시 의정부를 구성하던 공신 계열의 재상들이 가진 권한을 축소시키는 효과를 발휘했다.

태종이 즉위하고 5년이 경과하면서 대내외적으로 정국이 안정되는 가운데, 불교계에 대한 개혁이 단행되었다. 태종은 재위 6년(1406) 3월에 전국의 불교 종파를 7종으로 축소하고 사찰 수도 242사로 대폭 줄이는 강력한 억불 정책을 펼쳤다. 그 과정에서 사찰에 속해 있던 토지와 노비가 국고로 환수되었다. 이와 같은 '7종 242사 불교 개혁'으로 고려 때부터 조성된 사찰의 토지와 노비는 10분의 1로 줄어든 반면, 국가 재정은 그만큼 충실해지게 되었다.

그 밖에도 주자소를 설치해 동활자인 계미자를 제작했고, 하륜 등에게 명하여 《동국사략東國史略》, 《고려사高麗史》 등을 편찬했다. 또한 호포 제도를 없애 백성들의 부담을 덜어 주었을 뿐더러, 백성들의 억울한 사정을 풀어준다는 취지 아래 신문고도 설치했다. 그리고 국왕 직속의 사법기관인 의금부를 설치해 만일에 있을지 모를 역모 사건에 대비했다.

태종은 재위 18년(1418) 6월에 장자인 양녕을 술과 여색을 즐긴다는 이유로 세자 자리에서 내리고 3남인 충녕을 세자로 세웠다. 그리고 8월에는 왕위를 세자에게 물려준 다음 상왕으로 국정을 감독하다가, 세종 4년(1422)에 56세를 일기로 숨을 거두었다.

세종의 문치주의

세종이 왕위에 오른 후에도 실질적인 권력은 상왕인 태종이 거머쥐고 있었다. 그는 새 왕에게 병권을 넘기지 않는 자신의 처사에 불평했다는 이유로 세종의 장인인 심온 등을 붙잡아 사사했다. 세종 2년(1420)의 일이었다.

이처럼 외척 세력의 발호를 철저히 경계했던 태종이 1422년에 숨을 거두자, 비로소 세종의 시대가 열렸다. 전제적인 철권통치를 밀어붙인 태종과 달리, 세종은 문치주의에 입각한 안정적인 유교적 통치를 펼쳐나갔다.

세종의 문치를 뒷받침했던 것은 1420년 3월에 설치한 집현전이었다. 집현전은 학문 연구와 정책 자문 역할을 담당하는 기관으로, 연구를 수행하는 학사의 수는 설치 당시 10명에서 나중에 32명까지 늘어났다가, 세종 18년(1436)에 20명으로 줄어들어 고정되었다. 그 20

명 중 절반은 경서 연구를, 나머지 절반은 문학 연구를 담당했다.

세종은 자신의 영속적인 업적이랄 수 있는 훈민정음 창제에서도 최항, 박팽년, 성삼문, 신숙주 등 집현전 학사의 도움을 받았다. 우리 글의 사용을 반대하는 최만리, 김문, 정창손 등을 잡아 가두는 무리 수를 쓰면서까지 어렵사리 보급한 훈민정음으로, 당시 문맹 상태였던 대다수 백성들이 문자 생활을 누릴 수 있게 되었다.

세종 27년(1445), 정인지와 권제 등이 조선 왕조의 창업을 노래한 서사시인 《용비어천가》를 왕명으로 편찬했는데, 이는 한글로 쓰인 최초의 시가에 해당한다. 그리고 4년 후에는 세종이 손수 지은 한글 불교 찬가인 《월인천강지곡》도 선보였다.

한글 창제 외에도 천문학, 역학, 농업, 의학, 음악 등 다방면에서 세종은 찬란한 업적을 쌓았다. 천체의 움직임이나 위치를 측정하는 혼천의와 간의를 비롯해, 해시계인 앙부일구, 물시계인 자격루, 강수량을 측정하는 측우기와 수표 등을 만들어 조선의 천문과 기상을 관

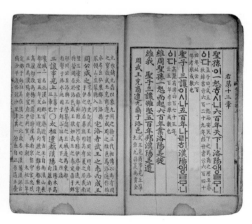

세종의 가장 큰 업적으로 남은 훈민정음과 조선 왕조의 창업을 노래한 서사시 〈용비어천가〉

측했다. 또한 중국의 역법과 이슬람의 역법을 수용하여 우리 실정에 맞는 역법서인《칠정산내편》과《칠정산외편》을 각각 만들었다.

농업 분야에서는 토착적인 농사 기술의 개발을 위해 1429년《농사직설》을 편찬했다. 이는 중국의 농서를 참조하되, 전국 각지의 경험 많은 농부들에게서 농사 경험담을 채록해서 엮은 농서로, 이후 판을 거듭하며 새로운 농법들이 소개되었다.

세종 15년(1433)에는 조선 땅에서 생산되는 약재인 향약과 한방 치료법을 모은《향약집성방》이 왕명으로 편찬되었다. 또한 민간에서 채취하는 향약의 명칭을 목록화하고 그 맛과 성질과 채취 시기 등을 수록한《향약채집월령》도 왕명으로 빛을 보았다. 그리고 중국의 한, 당, 송, 원, 명에 걸친 164종의 고전 의서를 수록한《의방유취》도 편찬되었는데, 이는 동양 최대의 의학사전으로 평가받고 있다.

세종 때에는 고려 궁중 의식에서 연주된 중국 음악인 아악과 삼국 시대 이래로 전해 온 우리 전통 음악인 향악을 정비했다. 아악의 정비를 주관한 인물은 박연으로, 당시 불완전했던 악기 조율을 정리하는 한편, 중국에서 전래된 악기를 개량하여 성능을 크게 높였다. 그리고 정비된 아악과 향악을 표현하는 새로운 악보로, 세종에 의해 정간보가 만들어졌다.

그 밖에도 세종은 농잠 관련 서적 간행을 비롯해, 환곡법의 철저한 시행, 조선통보 주조, 전제상정소 설치를 통한 공정한 전세 제도 확립 등 민생 안정에 공을 들였다. 또한 무기 제조 및 병선 개량과 병서 간행 등 국방력 강화에도 관심을 기울였다.

그런 한편으로 1424년 4월에는 태종에 이어 다시금 불교 개혁을 단행했다. 그해 2월 흥천사에서 터진 음주와 공금 횡령 사건이 단초가 되었는데, 세종은 당시 7종이었던 불교 종파를 천태종과 조계종 등 2종으로 통합하고, 전국의 사찰을 양대 종파에 18사씩 총 36사만 남기고 모두 없애 버렸다. 그 과정에서 상당한 사찰 재산을 국고로 환수할 수 있었다.

대마도 정벌과 사군육진 개척

세종 원년(1419) 6월, 이종무가 지휘하는 정벌군이 대마도를 향해 출항했다. 이미 고려 창왕 원년(1389) 1월 박위와 태조 5년(1396) 12월 김사형이 각각 군사를 이끌고 대마도를 정벌한 데 이은 세 번째 정벌이었다.

전함 227척을 타고 바다를 건넌 정벌군 1만 7천여 명은 대마도에 상륙하여 작전을 전개했다. 당시 규슈九州의 제후들이 총동원되어 대마도를 방어했던 까닭에 섬 전체를 토벌하지는 못했으나, 원정군은 왜구들에게 큰 타격을 입혔다.

왜구의 소탕에 성공한 조선은 세종 25년(1443)에 수차례 통교를 간청해 온 대마도주와 조약을 맺고 삼포를 개방했다. 아울러 삼포와 서울에 왜관을 설치하고 왜인들에게 제한적인 숙박과 무역을 허용했다. 이처럼 정벌과 교역이라는 강온 전략을 통해 조선은 왜구의 준동을 가라앉혔다.

대마도 정벌 이후, 세종은 북쪽 변방에서 소동을 일으키는 야인들의 토벌에 나섰다. 먼저 세종 15년(1433) 평안도도절제사 최윤덕에게 군사 1만 5천여 명을 주어 서북면에 자주 출몰하는 여진족을 치게 했다. 이후에도 준동하는 여진족을 적극적으로 공략하고, 압록강 상류 지역에 군사요충지인 여연군, 자성군, 무창군, 우예군 등 4군을 설치했다.

세종 17년(1435)에는 김종서를 함길도도절제사에 임명해 동북면 지역을 어지럽히는 여진족을 정벌하게 했다. 당시 두만강 유역의 여진족들 중에서 가장 큰 부족인 오도리족과 우디거족 사이의 내분을 틈타 김종서는 종성진, 온성진, 회령진, 경원진, 경흥진, 부령진 등 6진을 구축했다.

세종 시대의 조선은 대마도 정벌로 왜구의 노략질에 시달리던 남부 지역의 안정을 도모했을 뿐더러, 여진 정벌을 통해 북방 지역의 평화도 달성했다. 특히 4군과 6진의 개척으로 조선은 북쪽 경계를 확실하게 두만강과 압록강 지역까지 밀어 올릴 수 있게 되었다.

문종의 치세

세종이 재위 32년(1450)에 숨을 거두자, 첫째 아들인 문종이 조선의 제5대 왕으로 즉위했다. 1421년부터 왕세자로 지내 온 29년 동안, 문종은 인재를 골고루 등용하고 관대한 언론 정책으로 민심을 살피는 등 부왕인 세종의 치세를 도왔다.

재위 말년에는 각종 질환에 시달린 탓에 업무 부담을 덜고자 하는 세종의 명으로 대리청정까지 하게 되었다. 이에 문종은 부왕을 대신해 5년 동안 국정을 운영하다가 왕위에 올랐다. 한마디로 준비된 왕이었던 문종은 즉위 후에도 세종조의 정책을 일관되게 안정적으로 추진했다.

세자 시절부터 진법 관련 서적인 《진법구편》을 편찬하는 등 군사 문제에 조예가 깊었던 문종은 즉위 후 중앙군인 좌군, 우군, 중군 등 3군을 12사에서 5사로 바꾸는 군제 개편을 단행했다. 부대의 수를 줄이는 대신에 병력은 늘리면서 각 병종을 고르게 배치하는 등 보다 효율적이고 체계적으로 재정비가 이루어졌다.

한편, 문종 즉위년에 우리 민족과 이민족 간의 전쟁사를 기술한 《동국병감》이 출간되었고, 문종 원년(1451)에는 정도전의 《고려국사》를 개찬한 《고려사》가 편찬되었다. 또한 문종 2년에는 인물별, 내용별 기술 위주인 기전체의 《고려사》를 연대순 기술 위주인 편년체로 고쳐 쓴 《고려사절요》가 만들어졌다.

문종은 유학 외에도 천문, 역법, 산술, 성률, 음운에 이르기까지 두루 통하지 않은 것이 없었다. 천문 지식과 산술 능력을 발휘해 측우기 같은 정량적인 강우량 측정기를 세계 최초로 개발했고, 태종 때 발명된 화차를 손수 개량하여 국방력 강화에도 크게 이바지했다.

세종의 훈민정음 창제 과정도 참여해 큰 활약을 펼쳤던 문종은 실질적인 국정 참여 기간이 길었지만, 왕으로 통치했던 기간은 짧았다. 그는 재위 2년 4개월 만인 1452년에 39세를 일기로 병사했다.

계유정난 발발

문종 2년(1452) 5월 18일, 문종이 죽고 단종이 12세의 나이로 즉위했다. 수렴청정을 해줄 대비도 죽고 없어 영의정 황보인과 좌의정 김종서 등 원로대신들이 대비의 역할을 대신했다. 관리를 임명하거나 파면할 때, 의정부의 삼정승이 대상자의 이름 위에 노란 표시를 해서 올리면 그대로 처결된다 해서 '황표정치'라는 말이 생겼다.

당시 조정은 의정부의 원로대신들과 집현전 출신 학사들로 대치되는 신료 세력에다 수양대군과 안평대군으로 대표되는 종친 세력으로 나누어져 있었다. 원로대신들은 야심만만한 수양대군을 견제할 목적으로 안평대군과 연대했다면, 권력을 틀어쥔 원로대신들에게 반발한 집현전 학사들은 수양대군과 가까이 지냈다.

초기에는 원로대신과 안평대군 세력이 수양대군 세력에 대해 우위를 차지했다. 안평대군은 의정부 대신들의 후원 아래 문인과 학자들을 자기편으로 끌어들임으로써 조정의 여론을 주도했다.

이에 반격의 기회를 엿보던 수양대군은 단종 원년(1453) 10월 10일에 정변을 일으켰다. 훗날 계유정난이라 불리는 정변을 통해 수양대군은 최대 정적이었던 김종서를 제거하고, 왕명을 받아 입궐하는 반대파들을 모조리 척살했다. 이때 강화도로 유배당한 안평대군도 결국 죽임을 당하고 말았다.

정변으로 반대 세력 제거에 성공한 수양대군은 이조판서와 병조판서를 겸임해 문신과 무신의 인사권을 관장했다. 또한 내외병마도통사를 맡아 내외의 군사들을 마음대로 부리는 등 무소불위의 권력자가 되었다. 이처럼 모든 권한을 숙부에게 빼앗긴 단종은 재위 3년인 1455년 윤6월 11일에 숙부에게 양위하고 상왕으로 물러나 앉았다.

단종 복위 운동

정난공신들이 정국의 주도권을 장악하면서 집현전 학사 출신들은 권력의 주변부로 밀려났다. 그들은 세조의 왕위 찬탈을 비판적으로 보면서 상왕인 단종의 복위를 꾀했다.

세조 2년(1456) 6월, 성삼문 등은 왕과 왕비의 책봉을 승인하는 명나라 고명칙사를 환영하는 연회 때 세조와 그 측근들을 죽이기로 모의했다. 하지만 모의 가담자인 김질이 밀고하면서 거사는 수포로 돌아갔다. 그리고 훗날 사육신으로 불리게 되는 성삼문, 박팽년, 하위지, 이개, 유성원, 유응부 등은 모두 붙잡혀 처형되었다.

이 사건의 여파로 세조 3년(1457) 상왕에서 노산군으로 강등된 단종은 강원도 영월로 유배되었다. 그리고 세조의 동생이자 단종의 숙부인 금성대군이 경상도 순흥에서 단종의 복위를 도모하는 사건이 터지자, 다시금 노산군에서 서인으로 강등되었다. 이후 세조 측으로부터 집요하게 자살을 강요받던 단종은 그해 10월 24일 17세의 나이로 숨을 거두었다.

수양대군의 왕위 찬탈을 전후로 함길도 지방에서는 두 차례 반란이 일어났다. 하나는 단종 1년(1453) 10월에 발발한 이징옥의 난이고, 다른 하나는 세조 13년(1467) 5월에 터진 이시애의 난이었다.

첫 번째 난의 주동자인 이징옥은 함길도도절제사로, 세종 당시 6진 개척에 큰 공을 세운 무장이었다. 계유정난을 일으킨 수양대군이 김종서와 가까운 이징옥을 한양으로 불러들여 제거하려고 하자, 길주에서 봉기했다.

여진족을 반란에 끌어들이면서 스스로 대금 황제를 자처했다는 기

록이 전하지만, 세조(수양대군) 측에 의해 왜곡되었을 가능성이 존재한
다. 토벌군의 출동에 대비하던 와중에 휘하 장수인 정종 등에게 죽임
을 당하면서 난도 진압되었다.

다음으로 터진 이시애의 난은 조선 초기에 발생한 변란 중에서 가
장 규모가 큰 것이었다. 세조 13년(1467), 길주 출신의 호족인 이시
애 형제가 주동한 이 난은 세조의 중앙집권 정책에 대한 반발심에서
비롯되었다. 중앙의 관리가 북도의 수령에 임명되고 그 수령이 지역
유지들의 자치기구인 유향소에 대한 감독을 강화하면서 갈등이 심화
되었던 것이다.

중앙에서 파견된 관리들을 죽인 이시애 형제는 조정에서 군사들을
보내 북도 사람들을 몰살하려 한다는 유언비어를 퍼뜨리며 반란을
일으켰다. 그리고 조정에는 한명회, 신숙주 등과 내통한 관리들이 반

단종이 노산군으로 강등된 후 유배된 영월의 청령포

란을 일으켰다고 거짓으로 고변하여 혼선을 주었다.

그렇게 시간을 벌면서 세력을 확장한 이시애의 반란군은 함흥 이북의 땅을 모두 차지하기에 이르렀다. 뒤늦게 이시애의 계략을 파악한 세조는 구성군 이준에게 10만 명의 군사를 주어 반란을 진압하게 했다.

잘 훈련된 관군의 공세에 맥을 못 추고 후퇴를 거듭하던 반란군은 여러 차례 접전을 벌이면서 전세를 만회하려 했지만, 그때마다 병력이 크게 손실되었다. 이에 여진 지역으로 도주할 기회를 엿보던 이시애 등은 구성군 이준 휘하의 남이 장군에게 퇴로를 차단당한 상태에서 배신한 부하들에게 포박되어 관군에 넘겨져 처형되었다.

이시애의 난이 진압되자, 세조는 북도의 유향소를 없애고 함길도를 좌도와 우도로 분할했다. 그리고 반란이 시작된 길주는 길성현으로 강등시키는 등 확실한 보복 조치를 통해 중앙의 통치력을 강화해 나갔다. 한편, 이시애의 계략으로 고초를 겪었다가 풀려난 한명회, 신숙주 등은 그 위세가 더욱 커졌다.

세조의 치세

계유정난으로 집권하게 된 세조는 정통성 문제 때문에도 왕권 강화가 절실한 숙제였다. 이에 의정부의 재상을 중심으로 국정 운영이 이루어지는 서사제를 폐지하고, 행정 실무를 맡은 6조와 왕 사이에 보고와 명령이 직접 이루어지는 직계제를 부활했다.

또한 세조는 16세 이상 남자들에게 이름, 출생년, 신분, 주소 등을 새긴 목패를 의무적으로 차게 하는 호패 제도를 추진해 사회 통제를 강화했다. 그리고 관료에게 재직 중에만 토지를 지급하는 직전법을 실시함으로써 고위층의 대토지 소유를 막는 동시에 국가 재정의 확보를 도모했다.

한편, 세조 당시에는 많은 서적들이 편찬되었다. 세조 3년(1457) 신숙주, 권람 등이 왕명을 받아 태조, 태종, 세조, 문종 등 4조의 치적을 기록한 사서인 《사조보감》을 펴냈다. 그리고 조선의 기본 법전인 《경국대전》의 찬술도 시작하면서, 〈호전〉과 〈형전〉이 먼저 만들어져 반포되었다.

세조 때에는 사육신 사건을 계기로 정권에 위험 요소로 간주된 집현전과 경연 등이 폐지되었다. 그런 반면, 불교 관련 사업은 세조의 적극적인 후원을 받았다. 승려에게 도첩이 발급되는가 하면, 원각사가 창건되었으며, 불경을 번역하고 간행하기 위한 간경도감 설치도 이루어졌다.

세조의 친불교적 정책들이 시행되는 가운데 정난공신들의 세력 또한 점점 확대되었다. 성종 시기에 이르러서는 이들을 주축으로 하는 훈구 세력이 정국을 주도하게 되었다.

세조 말년에 훈구 세력에 대적한 것은 구성군 이준과 태종의 외손인 남이 장군 등의 왕실 세력이었다. 이시애의 난을 평정하면서 부각된 이들 왕실 세력은 예종 즉위년(1468) 남이가 병사들을 동원해 왕위를 찬탈하려 했다는 모함을 받아 죽임을 당하면서 몰락했다.

이후 훈구 세력에 대한 견제 임무를 맡게 된 것은 사림들이었다. 사림의 진출은 세조의 즉위로 한동안 위축되어 있었다. 부당하게 왕위를 찬탈한 군주를 섬길 수 없다는 양식과 명분이 작용한 때문이었다.

하지만 사림이 중앙 정계에 진출할 기회가 생긴 것은 바로 세조 때였다. 세조 5년(1459) 식년문과에 급제한 김종직을 필두로 해서 사림들이 서서히 조정에 뿌리를 내리기 시작했다. 그렇게 세력을 형성한 사림은 부패한 훈신들을 공격하면서 정치적, 사회적으로 개혁의 바람을 불러일으켰다.

성종의 치세

1468년 9월 7일 세조가 죽고 예종이 왕위에 올랐다. 예종은 부왕인 세조 때 부상한 한명회, 신숙주 등 훈구 세력과 구성군 이준, 남이 등 왕실 세력의 대립 구도 속에서 왕권 강화를 꾀했다.

병조판서인 남이를 겸사복장으로 강등시킨 예종은 남이가 역모를 꾀했다는 고변이 올라오자 붙잡아 죽였다. 그리고 남이의 사건을 빌미삼아 왕실 세력을 약화시킨 후에는 훈구 세력과도 대립하면서 개혁 정책을 펼치고자 했다.

하지만 예종은 즉위한 지 13개월 만인 1469년 11월 28일 20세의 젊은 나이로 갑작스럽게 숨을 거두었다. 훈구 세력에 의한 독살설이 제기되기도 하는 예종의 죽음으로 성종이 제9대 왕에 즉위했다.

성종은 세조의 큰아들로 일찍이 병사한 의경세자의 둘째 아들이었다. 성종이 형을 제치고 왕위에 오를 수 있었던 것은 장인인 한명회의 도움이 결정적이었다. 즉위 당시 성종의 나이가 13세였던 까닭에 세조의 비인 정희대비가 수렴청정을 했는데, 그 7년의 섭정 기간 동안 정국은 정희대비와 훈구 대신인 한명회, 신숙주 등이 주도했다.

성종의 첫 번째 부인이자 권신 한명회의 딸인 공혜왕후 한씨가 성종 5년(1474)에 죽자, 숙의 윤씨가 두 번째 왕비로 책봉되었다. 윤씨는 강한 성격의 소유자로, 훗날 연산군이 되는 원자를 낳았으나, 질투가 심해 성종과 불화하다가 1479년 6월 폐서인당했다. 그리고 사가로 쫓겨간 후에 곧 사사되었다.

이처럼 가정사적으로 순탄치 않았던 성종은 정치적, 문화적으로는 큰 업적을 남겼다. 그중 대표적인 것이 1485년 《경국대전》의 완성과 반포였다. 세조 때부터 찬술한 《경국대전》은 조선 시대 법치의 근간이 되는 법전으로, 이를 보충한 《대전속록》도 성종 23년(1492)에 간행되었다.

이 밖에도 성종은 단군조선부터 고려 말까지의 역사를 다룬 《동국통감》, 전국 각 도의 지리와 풍속 등을 기록한 《동국여지승람》, 국가에서 행하는 각종 의례의 절차에 관해 기록한 《국조오례의》를 편찬했다. 그리고 관수관급제를 실시해 토지 소유의 집중을 억제했다.

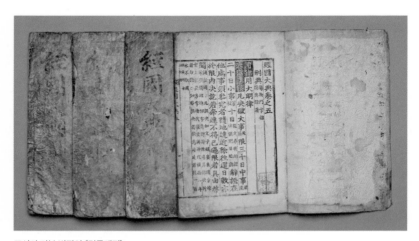

조선의 기본 법전인 《경국대전》

성종은 조선 전기의 문물제도를 완성시킨 군주라는 평가를 받는데, 특히 세조 때 폐지된 집현전과 유사한 기관인 홍문관을 설치해 학문 연구와 왕의 자문 역할을 수행케 했다. 이처럼 정치, 문화 발전에 힘쓰는 한편으로 압록강과 두만강 일대의 여진족을 진압하는 등 북방 경계에도 관심을 기울였다.

연산군의 폭군정치

성종이 재위 25년(1494) 음력 12월 24일에 숨을 거두자, 12월 29일 연산군이 19세의 나이로 왕위에 올랐다. 연산군은 즉위 이후 삼사의 유생들과 자주 충돌했다. 특히 폐비 윤씨가 사사된 전말을 알고부터는 방치된 윤씨의 묘를 다른 곳으로 옮기는 문제 때문에 삼사와의 갈등이 심화되었다.

재위 4년(1498) 7월, 사관 김일손이 세조의 왕위 찬탈을 비난한 김종직의 〈조의제문〉이라는 글을 사초에 올린 문제로 조정이 시끄러워지자, 연산군은 훈구 세력의 주청을 받아들여 김일손을 비롯해 사건에 연루된 것으로 지목된 인사들을 모조리 잡아들였다.

대부분 김종직의 제자들인 이목, 김굉필, 정여창 등 30여 명이 죽거나 유배에 처해졌으며, 이미 죽은 김종직도 부관참시되었다. 무오사화로 불리는 정치적 참화에 삼사의 대간을 비롯한 사림들이 희생되면서, 그간 왕권을 견제해 왔던 삼사의 역할이 위축되었다.

이에 연산군은 한껏 강력해진 왕권을 휘두르며 사치와 향락을 일삼았다. 그리고 국고가 바닥나자, 공신들의 재산을 빼앗고 폐비 윤씨에 대한 복수도 할 목적으로 재위 10년(1504)인 갑자년에 다시금 사화를 일으켰다.

윤씨를 모함해 내쫓았다는 죄목으로 성종의 후궁인 정씨와 엄씨를 손수 때려죽이는가 하면, 할머니인 인수대비도 폭행해 화병으로 죽게 만드는 등 폐륜을 자행했다. 또한 폐비 윤씨의 죽음과 관련된 신하들을 모두 잡아들여 참수하거나 부관참시했다. 이때 한명회의 시신도 무덤 밖으로 끄집어내어졌다.

이와 같은 갑자사화의 난행을 비방하는 언문 투서들이 나돌자, 연산군은 한글 사용을 전면 금지시켰다. 그리고 자신이 타는 가마인 연을 신하들에게 메도록 시켜 반항하는 자들은 불충으로 몰아 처벌했으며, 유생들이 공부하는 성균관에서 술판을 벌이는가 하면, 잘못을 지적하고 간섭하는 사간원을 없애 버렸다.

게다가 궁궐 주변에 사는 백성들을 내쫓고 왕궁을 넓히는 한편, 역대 왕과 왕비의 신주를 모신 종묘를 동물원으로 만들기까지 했다. 그런 가운데, 채홍사를 통해 나라 안의 젊은 미녀들을 끌어모아 밤낮으로 황음을 즐기며 국사를 멀리했다.

극도의 패악으로 민심이 어지러워진 상황에서 전 경기관찰사 박원종과 이조참판 성희안 등이 반정을 도모했다. 연산군 재위 12년(1506) 9월 1일에 거사한 반정 세력은 폭군을 왕위에서 끌어내린 다음, 새 왕으로 중종을 옹립했다. 폐위되어 교동으로 유배된 연산군은 그해 11월 6일 숨을 거두었다.

조광조와 기묘사화

중앙 정계에 등장한 신진 세력인 사림 세력은 구세력인 훈구 세력과 충돌하는 과정에서 사화를 겪었다. 김종직의 〈조의제문〉을 빌미로 일어난 무오사화처럼 훈구 세력이 사림 세력을 정치적으로 탄압한 사건은 중종이 즉위한 후에도 재연되었다.

성종의 둘째 아들이자 연산군의 이복동생인 중종은 선왕의 폐정을 고칠 목적으로 홍문관을 강화했다. 그리고 국정을 주도하는 반정공신들의 기세를 누르기 위해 젊고 유능한 유학자들을 우대했다. 그 과정에서 부상한 대표적인 인물이 조광조였다.

의리와 명분 있는 실천을 중시하는 도학자인 조광조는 왕도정치를 표방했다. 그는 언로의 확충과 대간의 위상 강화를 통해 삼사를 중심으로 포진한 사림 세력의 목소리를 키우고자 했다. 또한 나라에 가뭄이나 홍수 같은 흉사가 생길 때면 일월성신에 제사하는 도교 관련 기관인 소격서를 혁파했다.

그리고 사장詞章 위주로만 관리를 선발하는 대과와 소과를 비판하면서 학식과 덕망 있는 인재를 천거해 뽑는 현량과를 실시했다. 이를 통해 등용된 신진 사류들은 홍문관을 비롯해 사헌부와 사간원, 승정원, 성균관 등의 요직에 배치되었고 조광조의 개혁에 힘을 보탰다.

이렇게 세력을 키운 조광조는 중종 14년(1519) 11월 대간을 이끌고 훈구 세력인 반정공신들의 관작 문제를 공격하기 시작했다. 즉, 공신 중에서 실제보다 공이 부풀려진 76명의 위훈을 삭제할 것을 요청한 것이다. 위훈 삭제에 소극적이었던 중종은 사림 세력의 주장에 떠밀려 2, 3등 공신 일부와 4등 공신 전원의 훈작을 삭탈했다.

조광조의 비타협적인 개혁 추진은 신진 사류들의 전폭적인 지지와 동시에 훈구 세력들의 강한 반발도 샀다. 그리고 중종에게는 도학 정치에 대한 염증을 불러일으켰다. 중종의 심경 변화를 간파한 홍경주, 남곤 등 훈구 세력은 왕의 후궁을 통해 신진 사류들을 모함하는 한편, 궁궐의 나뭇잎에 꿀로 '주초위왕走肖爲王', 즉 "조趙씨가 왕이 된다."라는 뜻의 글자를 써서 벌레가 파먹게 한 것을 임금에게 보여 의심을 불러일으켰다. 위훈 삭제의 흥분이 가시지 않은 그해 11월 15일, 중종은 훈신들의 탄핵 주청을 받아들여 조광조 일파를 잡아들였다. 조광조는 능주로 귀양 가서 사사되었고, 다수의 사림 세력 인사들도 숙청당했다. 기묘년에 발발한 이 사화로 조광조 등이 추진했던 개혁들은 모두 파기되었다.

조광조의 실각과 더불어 개혁 조치들은 물거품이 되었지만, 그가 시도한 도학 정치는 조선의 학풍에 뚜렷한 영향을 끼쳤다. 문장보다는 경학을 중시하는 풍토가 조성되면서 이황과 율곡 등 대학자가 출현했으며, 사회 전반의 풍습과 사상도 유교식으로 변모하게 되었다.

대윤과 소윤의 대결

기묘사화로 사림 세력이 축출된 후 중종 말기에 정국을 주도한 세력은 외척 권신들이었다. 그들은 훈구 세력이 도태되고 사화로 위축된 사림 세력이 아직 세력을 얻지 못한 중종 말부터 명종이 친정을 시작하기 전까지의 과도기에 잠시 권세를 차지했다.

기묘사화 이후 권력의 향배는 심정, 남곤, 홍경주 등 반정공신에게서 김안로를 거쳐 윤임과 윤원형에게로 옮겨 갔다. 김안로는 중종 말기에 권력을 남용하다 사사당한 권신이며, 윤임은 단경왕후 신씨가 반정에 반대한 아비 때문에 폐출당한 후 중종의 두 번째 비가 되어 인종을 낳고 죽은 장경왕후 윤씨의 오빠였다. 그리고 윤원형은 중종의 세 번째 비이자 명종의 모후인 문정왕후 윤씨의 동생이었다.

각각 대윤과 소윤으로 불린 윤임과 윤원형은 중종 말엽에 왕위를 둘러싸고 치열한 권력 다툼을 벌였다. 1544년 11월 중종이 죽고 세자인 인종이 즉위하면서 대윤과 소윤의 투쟁은 대윤의 승리로 마무리되는 듯이 보였지만, 인종이 즉위한 지 8개월 만에 후사도 없이 숨을 거두자 승패는 역전되었다.

1545년에 명종이 12세의 나이로 왕위에 오르고 문정대비(문정왕후)의 수렴청정이 시작되자, 천하는 소윤의 수중으로 들어갔다. 권력을 장악한 윤원형은 윤임이 성종의 셋째 아들 계성군의 양자인 계림군 유를 왕으로 옹립하려 했다는 누명을 씌워 대윤 일파를 제거했다. 그 과정에서 소윤의 처사가 지나치다고 반발한 대간들도 붙잡혀 죽임을 당했는데, 을사년에 벌어진 이 사화는 외척 간의 권력 쟁투에 사림이 희생된 사건이었다.

이처럼 외척 권신들의 전횡으로 정치가 어지러운 가운데 계속된 흉년과 관리의 부패로 민심이 흉흉해지고 도적들이 들끓었다. 그중 대표적인 도적이 양주의 백정 출신인 임꺽정으로, 황해도와 함경도 등지에서 관아를 습격하고 창고를 털어 굶주린 백성들에게 곡식을 나눠주는 등 의적 활동을 했다. 1561년 임꺽정 일당에 대한 대대적인 소탕 작전이 벌어지면서 이듬해 황해도 구월산에서 붙잡힌 임꺽정은 한양으로 압송되어 처형당했다.

세상을 쥐고 흔든 윤원형 등 소윤 일파의 권세는 1553년 문정대비의 수렴청정이 끝나고 명종의 친정이 시작되면서 흔들리기 시작했다. 그리고 문정대비가 숨을 거두자, 영의정 이준경 등의 탄핵 상소를 받아 내쫓기는 처지가 되었다.

보우와 불교 중흥

억불 정책으로 위축되었던 조선의 불교가 회복의 기미를 보인 것은 세조 때였다. 세종 당시 선종과 교종 양대 종파에 18사씩 총 36사였던 사찰은 세조의 즉위 후에 왕실의 후원으로 그 수가 늘어났다.

1476년 정희대비의 섭정에서 벗어나 친정을 시작한 성종은 사사전 寺社田, 즉 나라에서 사찰에 내려준 토지를 국고로 환수하는 조치를 취했다. 그 무렵 사사전을 보유한 사찰의 수는 50사에 달했는데, 성종의 사사전 혁파로 불교계는 큰 타격을 받았다.

토지 회수와 아울러 승려들에 대한 단속도 강화되어, 승려들에게 지급하는 신분증명서인 도첩이 없는 경우에는 부역을 피해 도망친 자로 간주해 강제로 환속시켰다. 도첩을 발급하는 규정도 까다롭게 만들어 승려의 수가 늘어나지 않도록 제약했다.

부역 인구 확보와 불교 탄압이라는 이중의 목적으로 실시된 이러한 조치들은 1492년 도첩제 폐지로까지 이어져, 아예 승려가 되는 길을 막아 버렸다. 그 결과, 16세기에는 도첩을 갖지 못한 승려 아닌 승려들이 사회문제를 일으키는 일들이 많아졌다.

불법적으로 승려가 된 이들은 주로 농민들이었다. 훈신들의 토지 소유가 늘어나면서 상대적으로 토지를 잃거나 갖지 못한 농민들이 많아진 데다, 환곡과 방납, 군역 등의 의무에 짓눌린 탓에 승려나 도적이 되는 예가 적지 않았다. 이처럼 부득이하게 승려 행세를 하게 된 이들은 어려운 불도보다는 강도질에 노출되기가 쉬웠다.

이에 정부는 《동국여지승람》에 나와 있지 않은 사찰은 허물어 없애고, 무자격 승려들의 환속을 위해 도첩 확인을 강화하는 조치를 취했다. 이런 반불교적인 분위기 속에서 권력 중심에 등장한 인물이 보우였다. 문정대비와 소윤 일파는 사회 안정을 해치지 않게끔 불교계를 강력하게 이끌어 줄 지도자로서 보우를 끌어들였다. 그리고 보우는 침체된 불교를 중흥시키기 위해 그들의 힘을 활용했다.

명종 3년(1548) 봉은사 주지로 임명된 보우는 선교일치를 내세워 불교계 내부의 단결을 촉구했다. 또한 유교와 불교의 이치가 근본적으로 다르지 않다는 유불조화를 주장함으로써 불교에 대한 부정적 인식을 희석시키고자 애썼다.

명종 6년(1551) 5월에는 문정대비의 지지 아래 선종과 교종을 부활시키고 각각의 본사로 봉은사와 봉선사를 지정하는 한편, 그해 11월에는 도첩제를, 이듬해에는 승과제도를 부활시켰다. 그 외에도 승려의 부역 동원 금지, 잡인들의 사찰 출입 금지, 사찰의 토지에 대한 면세 등의 조치를 시행했다.

이처럼 보우의 활약으로 만들어진 여러 제도적인 보장 덕분에 불교계는 안정적인 기반을 확보하게 되었다. 그러나 명종 20년(1565) 4월에 문정대비가 죽고 이이의 탄핵 상소로 보우도 제주도로 유배 가서 죽임을 당하자, 보우의 정책들이 모두 폐지되면서 불교 중흥의 기운도 그만 사그라졌다.

사림의 성장과 정치

사림은 훈구와 대립하는 개념으로 15세기 후반 역사의 지평으로 떠올랐다. 세조의 계유정난부터 성종 때까지 8차례에 걸쳐 배출된 공신 250명 정도가 훈구 세력의 핵심을 이루었다. 그리고 이들과 무관하게 권력에서 소외된 지방의 사림들은 점차 사림세력으로 불리게 되었다.

세조와 예종은 강성한 훈구 세력을 견제할 목적으로 사림들을 끌어들였고, 성종 때는 하나의 정치 세력으로서 사림 세력이 형성되기에 이르렀다. 그들은 관학파가 아니라 정몽주로부터 길재를 거쳐 김숙자와 그 아들인 김종직으로 전수된 사학파의 전통을 이어받았다.

공맹의 가르침을 실천하는 도학 정치를 강조한 김종직은 성종의 두터운 신임을 토대로 자신의 제자들인 김일손, 김굉필, 정여창, 남효온 등의 정계 진출을 도왔다. 그들은 삼사를 중심으로 세력을 구축하면서 기득권 세력인 훈구 세력과의 대립을 강화해 나갔다.

그렇게 형성된 사림 세력은 무오사화, 갑자사화, 기묘사화, 을사사화 등 네 차례의 정치적 시련기를 힘겹게 통과했다. 그리고 선조의 즉위와 함께, 훈구 세력과 권신이 사라진 조선의 정국을 주도하기 시작했다.

사림 세력이 중심이 된 정치는 훈구 세력과 권신들의 정치처럼 위에서 모든 것을 결정하고 지시하는 상명하달의 구조가 아니었다. 언론 담당 기구의 자율권이 강화되었고, 관직의 고하에 상관없이 국사의 비판이 보장되었으며, 사대부의 여론을 수렴해 정책에 반영하곤 했다.

위보다 아래가 강조되는 이러한 정치 구조에서 특히 주목받은 것은 이조전랑이라는 직책이었다. 이조의 정5품직인 정랑과 정6품직인 좌랑으로 구성된 전랑은 관원을 등용하는 세 가지 방식, 즉 과거시험, 문음, 천거 중에서 관원을 천거할 수 있는 권한을 가지고 있었다.

전랑의 천거권은 당상관 아래 관직을 대상으로 했는데, 의정부의 정승은 물론이고 부서장인 이조판서조차도 개입할 수 없는 독점권이었다. 게다가 왕을 비판하고 고위 관료를 탄핵할 수 있는 삼사의 관리들에 대한 임명 동의권도 가지고 있었기에 그 자리의 무게가 실로 막중했다.

그런 이조전랑을 임명하는 권한은 이조판서가 아닌 전랑 스스로에게 있었다. 다시 말해, 전랑이 자신의 후임자를 추천하고 왕이 임명하는 방식이었다. 아울러 대역죄를 짓지 않은 이상 탄핵당하지 않았으며, 퇴임 후에 정승으로 승진할 수 있는 기회도 보장받았다.

이처럼 특권을 가진 전랑 자리를 노리는 이들이 적지 않았다. 선조 때의 동서 분당도 전랑직 임명을 둘러싼 갈등으로 촉발된 정치적 사건이었다. 이후 붕당 간의 대립이 격화되는 가운데, 논란의 중심에 놓인 전랑의 특권을 해체하는 조치들이 취해지면서 대신들의 권한 강화가 이루어졌다.

서원의 설립

중앙 정계에 진출한 후에 무오사화와 갑자사화로 큰 시련을 겪은 사림 세력은 도학을 기치로 내세우며 재기를 도모했다. 일찍이 관학의 침체에 대한 비판이 제기되어 온 상황에서 이에 대한 개선을 주장한 훈구 세력과 달리, 사림 세력은 새로운 교육 체제의 필요성을 역설하며 중국의 서원 제도에 관심을 기울였다.

당 말기부터 시작된 서원은 송대 유학자인 주자의 백록동서원을 기점으로 남송, 원, 명 등 왕조를 거듭하며 성행했다. 그 영향을 받아 이 땅에 세워진 최초의 서원은 중종 38년(1543) 풍기군수 주세붕이 건립한 백운동서원이었다.

비록 기원은 중국에 두고 있지만, 조선의 서원은 기능과 성격 등에서 중국의 서원과 큰 차이를 보였다. 즉, 중국의 서원이 관인 양성을 위한 학교의 기능에만 충실했다면, 조선의 서원은 인재 양성을 위한 교육 외에도 선현과 향현을 제사지내는 사당이자 사림이 뜻을 모으는 공론장으로서 구실했다.

조선 시대 최초의 사액서원인 소수서원

백운동서원의 경우, 중종 36년 풍기군수로 부임한 주세붕이 그곳 출신의 유학자이자 고려 말 주자학의 선구자인 안향을 배향하려고 지은 사당에서 출발했다. 이후 여기에 유생 교육장으로서의 기능을 추가하면서 서원의 형태를 갖추게 되었던 것이다.

명종 5년(1550) 새 풍기군수로 부임한 퇴계 이황의 청원으로 백운동서원에 소수서원이라는 어필 현판과 서적 및 토지 등이 하사되었다. 이로써 조선 시대 최초의 사액서원인 소수서원이 등장했다.

이후 전국적으로 서원이 세워지면서 사림의 지역적 기반이 강화되었다. 그리고 사액 요구도 늘어나 숙종 때에 이르러서는 사액서원의 숫자가 131개소에 달했다. 사액이 중단된 것은 당쟁의 소굴로서 서원의 폐단이 격화된 영조 때의 일이었다.

붕당의 출현

1567년 명종이 후사도 없이 죽자, 중종의 서자였던 덕흥군의 셋째 아들인 선조가 16세의 나이로 왕위에 올랐다. 명종의 비인 인순왕후가 대비로서 수렴청정하다가 이듬해 선조에게 환정했다.

선조는 재위 초기부터 사림 세력에 대해 우호적인 조치를 취했다. 즉, 훈구 세력과 갈등하면서 희생된 조광조 등 사림의 신원을 회복해 주는 한편, 선비들에게 해를 입힌 남곤, 윤원형 등 권신의 생존 당시 벼슬과 공적을 깎아 없앴다. 이와 같은 조치로 사림들이 중앙 정계에 진출할 수 있는 계기가 마련되었다.

선조가 즉위한 이후 사림은 빠른 속도로 세력을 확장해 나갔다. 바

야흐로 16세기 중반은 훈신 정치에 이어 외척 권신 정치의 혼란상을 수습하고, 사림 정치가 본격적으로 전개된 시기였다. 그리고 이황, 이이 등 여러 인재들의 등용으로 국정 쇄신이 이루어졌을 뿐더러 유학을 장려하는 풍토도 조성되었다.

하지만 사림 세력이 중앙 정치를 독점하면서 내부적으로 분열 양상을 보이기 시작했다. 중종, 인종, 명종 등 선대 왕 시절부터 벼슬살이를 한 원로 사림과 정계에 새로 진출한 젊은 사림이 갈등의 두 축이었다. 김효원을 따르는 신진 사림들은 심의겸을 중심으로 하는 원로 사림들을 소인배로 몰면서 자신들은 군자를 자처했다.

선후배 사림들을 결정적으로 갈라놓은 것은 이조전랑 임명 문제로 인한 심의겸과 김효원 사이의 갈등이었다. 영남 사림의 영수인 김종직 학파의 맥을 이은 김효원은 권신 윤원형의 집에서 처가살이하던 이조민이란 인물과 친해 윤원형의 집을 자주 드나들었다. 이를 권신에게 아부하는 것으로 오해한 심의겸은 김효원을 안 좋게 보았다.

이후 이조정랑 자리가 공석이 되자 적임자로 추천받은 김효원은 당시 이조참의였던 심의겸의 반대로 애를 태워야 했다. 대사간 이이의 중재로 겨우 이조정랑이 된 김효원은 나중에 자리에서 물러날 때 후임으로 심의겸의 아우 심충겸이 천거되자 반대 의사를 분명히 했다. 심충겸은 김효원의 반대로 결국 정랑 자리에 오르지 못했다.

오해로부터 촉발된 반감은 심의겸과 김효원의 사이를 완전히 갈라놓은 데다가, 두 사람을 각각 추종하는 사림 세력의 기성 세력과 신진 세력이 편을 갈라 옥신각신, 갑론을박하는 사태로까지 발전했다. 이때 서대문 근처에 자리한 심의겸의 집에서 자주 회동한 기성 사림 세력은 서인으로, 동대문 근처에 있는 김효원의 집으로 모여든 신진 사림 세력은 동인으로 불리게 되었다.

선조 8년(1575) 동서 분당으로 조정이 두 파로 갈라서자, 율곡 이이는 선조에게 분당의 책임자를 외직으로 내보내 사태를 수습할 것을 건의했다. 그 결과 심의겸은 개성부유수로, 김효원은 경흥부사로 나가게 되었으며, 이이의 주도로 동인과 서인의 인사들을 적절히 안배해 관직에 앉히는 인사가 이루어졌다.

하지만 한번 갈라선 파당은 봉합되기보다 갈등과 다툼 속에서 점점 더 사이가 벌어졌다. 그리고 선조 17년(1584)에는 파당의 이해 조정과 탕평에 힘을 쏟았던 율곡 이이마저 아무런 보람도 없이 눈을 감고 말았다. 이후 권력 다툼에서 세를 얻은 동인이 서인을 누르고 점점 정권을 주도하게 되었다.

임진왜란 전의 정세

16세기 후반 일본은 급격한 정세 변화를 겪고 있었다. 포르투갈 상인에게 화약총 기술을 전수받은 오다 노부나가가 조총 부대를 결성해 경쟁자들을 빠른 속도로 제압해 나갔다. 1582년 전국 시대의 혼란상을 정리하고 일본 통일을 눈앞에 둔 상태에서 오다 노부나가가 암살당하자, 뒤를 이어 권력을 잡은 도요토미 히데요시에 의해서 통일이 완수되었다.

일본 열도를 장악한 도요토미 히데요시는 제후들에게 나눠줄 영지를 확보하고 언제든 자신에게 도전할 수 있는 제후들의 군사력을 소모시킬 목적으로 대륙 침략을 꿈꾸며 조선 출병을 계획했다. 그리고 전쟁 준비를 서둘렀다.

그런 반면, 조선은 외적의 침입에 대비한 군사적 방비가 허술한 상태였다. 문종 시대를 지나 세조 때 확립된 오위 조직은 수포대역제, 즉 베를 내고 군역을 대신하게 하는 제도의 성행으로 15세기 후반부터 무너지기 시작했다.

왜와의 교역 창구로 조선이 제한적으로 개방한 부산포, 제포, 염포 등 삼포에서는 교역 조건 때문에 갈등이 점증했다. 일본의 무역선은 삼포에만 출입이 가능하고 무역과 어로가 끝나면 곧장 철수한다는 조건이었는데, 왜인들은 이 규정을 준수하지 않았다. 그리고 함부로 삼포에 들어와 거주했으며, 그 수는 해마다 늘어나는 추세를 보였다.

이를 바로잡기 위해 조선 조정에서 철저한 세금 징수와 초과 인원 철수 등 엄격한 통제를 가하기 시작하자, 경제 활동이 위축된 왜인들은 중종 5년(1510) 대마도주의 군사적 지원을 받아 난을 일으켰다. 이른바 삼포왜란은 곧 진압되었지만, 조선인과 왜인 모두 인명 피해가 컸다. 조선은 모든 왜인들을 추방하고 삼포를 폐쇄했으나, 중종 7년(1512) 대마도주와 임신약조를 체결하면서 삼포 중 제포를 개방했다가 후일 왜관을 부산포로 옮겼다.

왜란 당시 삼포 일대의 수령들은 문관 출신이 많아 군사들의 운용이 제대로 이루어지지 않았다. 게다가 의정부의 삼정승과 병조의 주요 인사, 국경 수비를 책임진 바 있는 인물 등이 모여 군사 전략과 전술을 논의하는 기존 방식으로는 변란에 효과적으로 대처할 수 없었다. 이러한 문제점을 보완하기 위해 조정은 비변사를 설치했다.

비상시국 때마다 한시적으로 운영된 비변사는 군사와 관련해 현실성이 결여된 정책을 입안해 온 의정부와 병조를 대신해 군사 운영

방침을 결정했다. 이 때문에 군사 주무부처인 병조가 군사 업무에서 소외되는 웃지 못할 상황이 벌어지곤 했다. 이런 와중에 명종 10년 (1555) 을묘왜변이 발발하자, 비변사는 군사 부분만을 담당하는 의정부의 하위 기관으로서 자리 잡게 되었다.

조선의 문치주의는 오랜 평화 속에서 국방력의 약화를 초래했다. 또한 사화와 당쟁에 따른 정치적 혼란은 외적의 동향을 파악하고 대비하는 일에 소홀하도록 만들었다. 율곡 이이의 10만 양병설처럼 외적의 준동에 대비한 국방 강화 정책이 제시되었으나, 진지한 검토와 실행은 이루어지지 않았다. 이처럼 무방비한 상황에서 조선은 만반의 준비를 갖춘 일본의 침공을 받게 되었다.

임진왜란의 발발

선조 23년(1590) 3월 통신사로 일본을 방문한 황윤길과 김성일 등은 동북 지방을 경략 중이었던 도요토미 히데요시를 그해 11월이 되어서야 만나 국서를 전했고, 이듬해 정월 도요토미의 답서를 가지고 귀국했다. 답서에 명을 정벌할 테니 조선은 길을 열어 달라는 내용의 글이 있어 논란이 벌어진 가운데, 서인인 황윤길은 왜가 반드시 침략할 것이라고 한 반면에 동인인 김성일은 왜가 침략하지 않을 것이라고 했다.

이처럼 상반된 보고에 조정은 동서 파당별로 갈려 논쟁을 되풀이하면서 시간을 허비했다. 결국 조정은 김성일의 주장대로 왜의 침입이 없을 것으로 보고, 만일의 사태에 대비해 성곽을 수축하고 군비를

1592년 4월 13일에 벌어진 부산진 전투를 그린 부산진순절도

정비하던 것도 중단시키는 결정을 내렸다.

선조 25년(1592) 4월 13일, 20여만 명의 출정 병력 중 선발대를 실은 왜의 병선이 부산포 앞바다를 새까맣게 덮는 것으로 1592년의 왜란은 막을 올렸다. 동래부 다대포 봉수대에서 봉화가 올랐고, 경상도와 전라도의 모든 감영으로 다급하게 전달된 상황 보고가 한양에까지 가닿는 동안, 조총으로 무장한 왜군도 부산진과 동래부를 연파하며 파죽지세로 북상했다.

한양을 향해 올라오는 왜군을 막기 위해 경상도 상주에 진을 친 순변사 이일이 패주한 데 이어 충청도 탄금대에서 배수진을 친 도순변사 신립마저 전사하자, 4월 30일 선조는 북으로 몽진을 결행했다. 임금이 도성을 버렸다는 사실에 분노한 백성들은 궁궐에 불을 질렀다.

전쟁 발발 20일 만에 한양이 왜군의 수중에 떨어진 가운데, 선조 일행은 개성을 지나 평양으로 달아났다. 한양에서 대오를 정비한 왜군은 전후방 지역으로 분산, 진출하면서 조선 팔도를 마구 유린했다.

개성에 이어 평양이 함락당하고 함경도까지 적에게 내어준 상황에서 속수무책으로 꽁무니만 빼던 선조는 급기야 요동으로 망명할 생각을 해야 할 정도로 비참한 신세가 되었다. 이에 선조는 광해군을 세자에 책봉하고 본국에 남아 분조 활동에 진력하도록 명한 후에 의주로 옮겨 갔다.

광해군의 분조는 선조 25년(1592) 6월부터 이듬해 10월까지 유지되었다. 그동안 광해군은 평안도, 강원도, 황해도 등지를 돌면서 민심을 수습하고 적과 맞서 싸울 병력을 끌어모아 전쟁을 수행하는 등 전시 지도자로서 열과 성을 다했다. 그리고 분조가 해체된 이후에도 국난 극복을 위해 동분서주했다.

한편, 임진왜란 초기의 암울했던 전황 속에서도 기적 같은 승전 소식들이 남쪽 바다에서 올라왔다. 이순신이 지휘하는 조선 해군이 1592년 5월 7일 옥포해전의 승리를 시작으로 5월 8일 적진포해전, 5월 29일 사천해전, 6월 2일 당포해전, 6월 5일 당항포해전에서 연거푸 승전고를 울렸다. 그리고 7월 8일 한산도 앞바다에서 적선 47척을 격파하고 12척을 나포하는 대승을 거두었다. 한산도해전의 패배로 왜의 수군은 주력부대가 무너졌으며, 육지와 바다에서 동시에 치고 올라가는 수륙병진계획도 무산되었다.

　그즈음 조선의 원군 요청을 받은 명나라에서 조승훈이 지휘하는 1차 원군 3천 명이 압록강을 건너왔다. 명군은 7월 15일 평양성에 도착하여 공격을 개시했으나, 적의 기습을 받아 패주했다. 그해 12월에는 이여송이 이끄는 2차 원군 4만 3천여 명이 조선으로 들어왔다. 그리고 이듬해 1월 28일 김응서의 조선 관군 및 서산대사의 승군 등과 연합하여 평양성을 공격, 탈환했다.

조선군과 명나라군이 합세해 1593년 평양성을 탈환하였다. 당시 전투 장면을 그린 평양성 탈환도

퇴각하는 왜군을 추격하며 한양 북쪽 벽제관까지 내려온 이여송의 군대는 왜군의 기습을 받아 패하자 개성을 거쳐 평양성으로 퇴각했다. 그리고 성안에 은거한 채 싸움에 나서지 않고 적과의 화의 교섭에만 주력했다.

그런 동안 한양 탈환을 위해 행주산성까지 올라와 진을 친 전라도 관찰사 권율은 채 1만 명이 안 되는 병력으로 3만여 명의 왜군과 싸워 대승을 거두었다. 선조 26년(1593) 2월 12일에 벌어진 이 전투는 이순신의 한산도해전, 1592년 10월 5일에 발발한 김시민의 진주전투와 함께 임진왜란의 3대 대첩으로 꼽힌다.

임진왜란 당시 전황을 바꾸고 적을 물러나게 한 데는 의병의 눈부신 활약도 한몫했다. 충청북도 옥천에서 의병을 일으킨 유생 조헌은 영규 등 승병과 힘을 합쳐 청주를 탈환한 데 이어, 전라도로 진출하려는 왜군을 금산에서 맞아 싸우다가 700명의 의병과 함께 장렬히 전사했다.

1592년 4월 22일 경상도 의령에서 의병을 일으킨 홍의장군 곽재우는 위장전술과 유격전을 통해 적을 타격하면서 점점 세력을 키워 경상우도 지역을 지켜냈다. 아울러 김시민의 진주성에도 병력을 보내 승리할 수 있도록 도왔다.

그 외 전라도 담양에서 군사를 일으킨 고경명은 금산성에서 왜군과 싸우다 전사했으며, 전남 나주에서 기치를 든 김천일은 수원에서 적을 무찌른 후에 강화도로 옮겨 가 연안의 적들을 공격했다. 그리고 이듬해 진주성으로 입성한 그는 1차 전투의 패배를 설욕하기 위해 몰려온 10만에 가까운 왜적을 맞아 싸우다가 전사했다.

묘향산에 은거 중이던 노승 서산대사는 전국에 격문을 돌려 각처의 승려들로 하여금 나라를 구하는 일에 나서도록 촉구했다. 이에 지리산에서 궐기한 제자 처영은 권율의 휘하로 들어가 활약했고, 또 다른 제자 사명당은 금강산으로부터 1,000여 명의 승려들을 이끌고 평양으로 왔다. 이에 서산대사는 1,500여 명의 승군을 조직한 다음, 평양성 탈환 작전에 참여하여 큰 공을 세웠다.

선조 26년(1593) 4월 19일, 왜군은 거의 1년 만에 한양에서 철수를 개시했다. 이에 한양으로의 귀환을 서두르던 선조는 행주대첩의 영웅 권율을 도원수로 삼고, 남해에서의 연전연승으로 전세를 역전시킨 명장 이순신을 삼도수군통제사에 임명했다. 그리고 전시의 최고 군직인 도체찰사를 맡아 군정과 민정을 총괄한 유성룡은 영의정에 제수했다.

정유년의 재침략

전쟁이 소강상태에 빠진 가운데, 명과 일본 사이에 2~3년 동안 강화 교섭을 위한 사신 왕래가 계속되었다. 하지만 도요토미 히데요시가 제시한 강화 조건 때문에 교섭은 끝내 결렬되었다. 도요토미가 내건 조건은 명의 황녀를 일본에 후비로 보낼 것, 무역증서제를 부활할 것, 조선 8도 중 4도를 일본에 할양할 것, 조선의 왕자 및 대신 12명을 인질로 보낼 것 등이었다.

이처럼 무리한 조건이 관철되지 않았다는 이유로 도요토미 히데요시는 선조 30년(1597) 1월 15일 14만 명의 대군에게 명령을 내려 조선을 다시금 침략하게 했다. 정유년의 재란은 이렇게 시작되었다.

당시 조선에서는 삼도수군통제사 이순신이 왕명을 어기고 불충했다는 죄목으로 파직당해 옥중에 갇힌 상태였으며, 수군의 통솔권은 원균이 장악하고 있었다. 정유년 7월 15일 조선 수군은 거제도 앞 칠천량에서 왜군에게 크게 패했는데, 이때 원균은 여러 수군 장수들과 함께 전사했다.

칠천량해전의 패배로 왜군이 조선의 제해권을 장악하게 되자, 다급해진 조정은 이순신의 지위를 회복시켜 적과 맞서 싸우게 했다. 이순신은 함선 12척을 수습하고 흩어진 군사들을 모으는 등 전열을 정비했다. 그리고 그해 9월 16일 전라도 진도와 육지 사이의 좁은 해로인 명량에서 적선 133척을 맞아 빠르고 변화무쌍한 조류를 효과적으로 활용하면서 격전을 벌였다. 그 결과, 왜군은 31척의 배를 잃고 퇴각했고, 조선 수군은 제해권을 되찾는 데 성공했다.

한편, 육지에서는 8월 16일 조명 연합군이 지키는 남원이 왜군에게 함락되었고, 전주도 2천 명의 명군이 성을 버리고 달아나면서 왜군에게 무혈 점령당했다. 이에 한양에서는 또다시 몽진 얘기가 나올 정도로 불안감에 휩싸였는데, 9월 5일 명군이 충청도 직산 북쪽의 소사평에서 왜군을 크게 무찌르면서 전세를 역전시켰다.

왜군의 북상이 주춤해진 가운데 전쟁은 소강상태로 빠져들었다. 그 와중에도 명의 원군은 계속 조선으로 들어왔으며, 조선의 육군이나 수군 자체의 전력도 점점 강화되었다. 그에 반해 왜군은 예봉이 꺾였을 뿐더러, 결정적으로 선조 31년(1598) 8월 18일 도요토미 히데요시가 병사하면서 전의를 상실했다.

그해 9월 철수를 시작한 왜군은 육지에서 쫓기고 바닷길도 봉쇄당한 상태에서 퇴로를 확보하기 위해 500척의 병선을 이끌고 남해 노량에서 조명 연합 수군과 일대 격전을 벌였다. 7년 전쟁의 대미를 장식하는 마지막 전투에서 이순신은 적의 총탄에 맞아 전사했다. 왜군도

정유재란 당시 남원성을 지키다 전사한 관군과 의병 등을 합장한 무덤

200척의 전함을 잃고 수많은 사상자를 낸 채 겨우 탈주할 수 있었다.

1592년에 시작된 왜란이 동아시아 삼국에 끼친 영향은 심대했다. 일본에서는 도요토미 가문이 몰락하고 도쿠가와 이에야스가 대권을 거머쥐었다. 또한 중국에서는 과도하게 국력을 소모한 명나라가 쇠퇴하고 만주의 여진족이 세운 청나라가 중원의 패자로 부상했다. 그리고 전쟁의 참화를 직접적으로 겪은 조선에서는 농지의 황폐화, 국가 재정의 고갈, 매관매직, 신분 질서의 변동 속에서 극심한 진통을 겪게 되었다.

당쟁의 심화

임진왜란이 일어나기 전인 선조 22년(1589), 동인으로 홍문관수찬을 지낸 바 있는 전주 사람 정여립이 대동계라는 단체를 만들어 역모를 꾀한다는 고변이 올라왔다. 이에 조정이 발칵 뒤집힌 가운데 당시 서인의 거두인 정철은 3년 가까이 국문을 주도하면서 수많은 동인 인사들을 역모 사건에 엮어 들여 숙청했다.

무려 천여 명의 동인이 화를 당한 기축옥사로, 정국의 주도권은 동인에게서 서인에게로 넘어가게 되었다. 그리고 정여립이 속한 전라도는 반역의 고장으로 낙인찍혀 이후 호남 출신 인사들의 등용이 제한되었다. 지나칠 정도로 가혹하고 무리하게 진행된 기축옥사는 동서의 당쟁을 심화시키는 방아쇠로 작용했다.

1591년 정철이 세자 책봉 문제를 거론했을 때, 자신이 총애하는 후궁 인빈 김씨의 소생인 신성군을 해치려는 음모라고 의심한 선조는 정철을 삭탈관직하고 서인을 실각시켰다. 선조의 의심은 동인의 주도면밀한 공작에 따른 결과로, 이는 기축옥사에 대한 보복전의 성격을 띠고 있었다.

다시금 정국의 주도권을 쥐게 된 동인은 정철 등 서인에 대한 처리를 두고 엄한 처벌을 주장하는 이산해, 정인홍 등 강경파와 처벌의 수위나 범위를 줄이자고 주장하는 유성룡, 김성일 등 온건파로 나뉘었다. 이는 동인이 남명 조식 계열의 북인과 퇴계 이황 계열의 남인으로 갈라서는 계기가 되었다.

임진왜란이 터진 후에도 동서의 갈등과 동인에서 쪼개진 남북의 다툼은 존재했지만, 국난 극복이라는 발등의 불을 꺼야 하는 까닭에 파당 간의 잡음은 그리 크지 않았다. 1597년 왜적이 재침하려 하니 출정해서 싸우라는 조정의 명령을 어긴 이순신에 대한 처벌 문제를 놓고 강경한 입장인 선조를 두둔하는 서인과 선처를 주장하는 남인이 갈등한 일은 예외적인 경우에 속했다.

하지만 종전하고부터는 사정이 180도로 달라졌다. 임진왜란 중에 적극적인 의병 활동으로 공을 세운 북인 세력은 왜적과의 화의를 주장했다는 이유로 유성룡을 탄핵해 실각시켰다. 이 일로 조정에서 남인 세력은 크게 위축되고, 북인이 주도권을 잡았다.

북인은 선조 말년에 또다시 대북과 소북으로 분화되었는데, 그 계기가 된 사건은 뇌물을 받아 사치를 일삼은 것으로 알려진 홍여순이 대사헌에 임명된 일이었다. 같은 북인으로서 홍여순을 두둔한 이산해, 이이첨 등은 대북이 되고, 홍여순을 비판한 남이공, 김신국 등은 소북으로 갈라섰다.

대북과 소북은 차기 권력의 향배를 정하는 문제에서도 확연한 차이를 보였다. 당시 광해군은 세자이면서도 명으로부터 그 지위를 인정받지 못하고 있었다. 후궁인 공빈 김씨의 소생인 광해군은 친형인 임해군의 성정이 광폭했던 까닭에 둘째임에도 불구하고 세자로 책봉되어 전시에 큰 활약을 했다.

하지만 선조 39년(1606)에 인목왕후 김씨가 영창대군을 낳자, 후계 구도에 파란이 일기 시작했다. 소북 세력은 왕비의 소생에게로 쏠린 선조의 마음을 받들어 광해군을 밀어내고 영창대군을 세자로 삼으려 한 반면, 대북 세력은 광해군의 세자 지위를 지키고자 했다. 두 세력 간의 힘겨루기는 선조가 재위 41년(1608)에 갑자기 숨을 거두면서 대북의 승리로 마무리되었다.

대동법의 실시

대동법은 지방의 토산물을 현물인 공물로 납부하던 것을 쌀로 통일시킨 제도였다. 대동법이 시행되기 전 공납에는 여러 문제점들이 지적되었다. 중앙에서 지정한 품목을 현물로 바쳐야 했기에 백성들의 부담이 컸을 뿐더러, 지정한 품목이 그 지방에서 생산되지 않는 경우도 있어 따로 구입해서 바쳐야만 하는 번거로움도 적지 않았다.

게다가 공물을 한양까지 운송하는 동안 발생하는 비용과 손실까지 백성들에게 전가하는 일이 비일비재했다. 공물을 정해진 분량 이상으로 초과해 거둬들였던 것이다. 그 과정에서 초과분을 더 늘려 잡아 개인적으로 착복하는 관리들도 적지 않았다.

공납은 정기적으로 시행하는 상납과 필요시에 시행하는 별공으로 나뉘었는데, 이 중 비정기적인 별공의 횟수가 늘어나면서 백성들의 부담을 가중시켰다. 그런 가운데 공납 물품을 마련하지 못한 경우, 대신 납부해 주는 대납과 추후 대납한 것에 이자를 붙여 받아 가는 방납 등도 성행했다.

공물을 수거해서 나라에 바치는 일을 전문적으로 수행한 것은 공인貢人으로 불린 어용상인이었는데, 이들은 방납 시에 과중한 이자를 붙여 심한 경우에 10배에서 100배의 공물을 징수하기도 했다. 이처럼 지나친 방납은 지방 관리들도 연루된 상태에서 조직적으로 행해진 탓에 좀처럼 사라지지 않았다.

그 때문에 방납의 폐단을 시정하기 위한 노력들이 계속되었다. 선조 2년(1569) 율곡 이이는 공물을 토지세로 전환해 토지 1결당 쌀 1말씩을 거두는 수미법을 주장했는데, 시행에 옮겨지지는 못했다.

또한 선조 27년(1594) 임진왜란 당시 군량 확보를 위해 유성룡의 건의로 대공수미법이 시행되었다. 전국에서 상납하는 모든 공물을 쌀로 대신 내도록 정한 이 제도는 채 1년도 못 가서 폐지되었다. 전란으로 쌀을 구하기 힘들었던 탓도 있었지만, 방납에 관계하는 공인과 관리들의 방해 책동이 크게 작용한 때문이었다.

전란이 종식되고 공납이 재개되면서 폐단도 다시 생겨나자, 이원익과 한백겸의 건의를 받은 광해군은 즉위년인 1608년 경기도 지역에 대동법을 실시했다. 대공수미법을 보완하고 확대한 대동법은 봄가을 두 차례에 걸쳐 토지 1결당 쌀 8말씩, 도합 16말을 징수하도록 한 방식이었다. 국가는 이 법에 따라 거둬들인 대동미를 국가는 공인들에게 나눠 주어 필요한 물품을 구입해 납부하도록 했다.

선혜청이 주관한 대동법 제도가 큰 호응을 얻으면서 인조 2년

(1624) 강원도, 충청도, 전라도에서도 대동법이 시행되었다. 또한 효종 2년(1651)에는 충청도, 효종 9년(1658)에는 전라도 해안 지방, 숙종 3년(1677)에는 경상도로 시행 지역이 확대되었다.

대동법은 잡다한 공납 품목을 쌀로 단일화시키고, 부과 기준을 인두나 호에서 토지로 바꾸었다는 점에서 의의를 가진다. 이는 지주에게 과세를 부담시키는 대신 가난한 백성들의 부담은 덜어주는 효과를 발휘했다.

광해군의 집권

광해군이 즉위한 해는 1608년이다. 그러나 즉위하고서도 명으로부터 인준을 받지 못해 애를 끓여야 했던 광해군은 이듬해 6월에야 겨우 책봉례를 거행할 수 있게 되었다. 세자 시절부터 계속된 인준 문제는 정통성 시비로 이어졌으며, 집권 기간 내내 정권을 위태롭게 만드는 정치적 뇌관 역할을 했다.

이런 상황에서 광해군의 정치적 파트너인 대북의 분열은 계속되었다. 대북의 중심인 이산해와 홍여순 사이에 갈등이 벌어져 이산해를 따르는 육북과 홍여순을 지지하는 골북으로 갈라섰다. 그리고 소북 세력도 광해군을 지지하는 청북과 영창대군을 옹호하는 탁북으로 쪼개졌다. 이 분파들 중에서 광해군 집권 초기는 대북 중 육북과 소북 중 청북이 연대해 정국을 이끌었다. 그리고 집권 중반기부터는 대북이 독점적으로 정국을 주도했다.

동인이 서인에 견줘 분파가 심했던 것은 그 뿌리에서 이유를 찾을 수 있다. 서인의 구성원은 평생지기이면서 사상적으로 통했던 율곡 이이와 우계 성혼의 문인들이었던 까닭에 갈등 요소가 많지 않았다. 하지만 동인은 사상적으로 이질성이 큰 퇴계 이황과 남명 조식에다 서경덕의 문인들이 뒤섞여 있는 탓에 차이와 분열이 도드라질 수밖에 없었다.

광해군 2년(1610)에 김굉필, 정여창, 조광조, 이언적과 더불어 이황이 사림의 5현으로 문묘에 종사되자, 북인의 거두 정인홍은 자신의 스승이자 북인의 뿌리인 조식이 문묘에서 빠진 사실에 분개했다. 이에 이언적과 그의 영향을 받은 이황을 비방하는 소를 올려 둘의 문묘 종사를 막으려 하다가, 8도의 유생들로부터 탄핵을 받기도 했다.

집권파이면서도 소수파인 대북에 의지한 데다 적자도 장자도 아니었던 광해군의 권력은 기초가 불안정했다. 그런 상황에서도 명과 후금 사이에서 고도의 중립적 외교술을 구사하며 국익을 취했고, 백성

김굉필, 정여창, 조광조, 이언적, 이황이 모셔져 있는 성균관 대성전

들에게 큰 부담을 안기던 공물을 현물이 아닌 쌀로 대체시키는 대동법을 최초로 실시하는 등 업적을 쌓았다.

하지만 정통성이 부족한 왕권을 지키기 위해 친형인 임해군과 동생인 영창대군을 죽이는가 하면, 영창대군의 모후인 인목대비를 서궁에 유폐하는 등 무리수를 두었다. 이는 권력에서 소외된 서인들에게 반발할 수 있는 빌미가 되었으며, 실제로 재위 15년(1623) 3월에 터진 이귀, 김자점 등 서인의 반정으로 광해군은 왕위에서 쫓겨났다. 그리고 강화도로 유배되었다가 다시 제주도로 옮겨졌으며, 인조 19년(1641) 7월 1일에 숨을 거두었다.

서인 정권의 수립

1623년 3월 13일, 반정을 성공시킨 서인들은 대북 세력을 제거하고 선조의 손자인 인조를 옹립했다. 서인이 내세운 반정의 명분은 아우를 죽이고 어미를 폐했다는 것과 전란에서 구해 준 명의 은혜를 저버리고 오랑캐와 교류했다는 것이었다. 하지만 이러한 명분들은 그다지 설득력을 발휘하지 못했다. 반정은 대북이 장악한 권력을 빼앗아오기 위한 서인의 반발, 즉 권력 투쟁의 성격이 농후했던 까닭이었다. 따라서 거사 후에 벌어진 논공행상을 둘러싼 잡음이 끊이지 않았다. 그 대표적인 예가 이괄의 난이었다.

광해군 당시 이괄은 함경도병마절도사로 부임하려다가 반정군에 가담했는데, 반정에 뒤늦게 참여했다는 이유로 1등이 아닌 2등 공신에 책봉되었다. 이후 후금과의 국경 분쟁이 잦아지자, 도원수 장만의 추천으로 평안도병마절도사 겸 부원수가 되어 영변으로 떠나야 했다. 그는 자신이 변방으로 보내지는 것에 상당한 불만을 품었다.

이런 상황에서 이괄의 아들 이전이 한명련, 기자헌, 정충신 등과 함께 역모를 꾀했다는 고변이 터져 나와 궁지에 몰리게 되었다. 인조 2년(1624) 1월 24일, 이괄은 자신의 아들을 잡으러 온 선전관과 의금부도사 등을 죽이고 반란을 일으켰다.

이괄이 이끄는 반란군은 황해도 황주에서 1차로 맞닥뜨린 관군을 대파한 연후에 황해도 평산에서 다시 관군과 충돌해 승리를 거두었다. 2월 8일 반란군이 예성강을 건너 남하 중이라는 소식을 들은 인조는 한양을 떠나 공주로 피신했다.

2월 11일 한양에 입성한 이괄은 선조의 아들인 흥안군을 찾아내 왕으로 추대하는 한편, 반정에 불만을 품었던 인사들과 북인들을 불러

인조반정의 공신들이 거사를 모의하며 칼을 씻고 결의를 다졌다 하여 이름 붙여진 세검정

모아 고위직에 앉혔다. 하지만 입성 당일, 도원수 장만이 이끄는 토벌군에게 패하여 광희문을 통해 이천으로 퇴각했다. 그리고 2월 14일 부하 장수인 이수백, 기익헌 등에게 살해되었다.

이괄의 난은 반정을 통해 세운 인조와 서인 정권의 부끄러운 민낯을 여실히 드러낸 사건이었다. 권력의 정통성도 허약했을 뿐더러, 체제를 수호할 만한 군사력도 허술했던 것이다. 반란 실패 후에 후금으로 달아난 한명련의 아들 한윤은 조선의 실정을 고자질하면서 침공을 부추겼다. 이는 인조 5년(1627) 정묘호란을 촉발시킨 한 원인으로 작용했다.

이괄의 난 이후, 인조는 악화된 여론을 무마할 목적으로 남인의 영수인 이원익을 영의정에 제수하는 등 남인과 소북 인사들을 끌어들여 야당을 만들었다. 이는 대북의 독주로 망한 북인 정권의 전철을 밟지 않으려는 조치였지만, 관제 야당 세력으로 서인 공신 세력을 견제하기는 애당초 불가능한 일이었다.

인조의 '원종 추숭 논란'

반정으로 왕이 된 인조에게 정통성 확보는 중차대한 문제였다. 인조는 종법상 자신의 왕위 승계를 정당화할 목적으로 생부인 정원군을 왕으로 추숭코자 했다. 그 과정에서 예법을 둘러싼 논쟁이 벌어졌다. 광해군을 왕으로 인정하지 않는 상황에서 종법상 대통을 이은 선조를 인조의 할아버지가 아닌 아버지로 보아야 하느냐는 문제였다.

당시 예학의 권위자였던 김장생은 인조가 선조의 왕위를 계승한 까닭에 왕통상 인조의 아버지는 선조라고 주장했다. 왕통이 사적인 혈통보다 우선한다는 김장생의 시각은 대다수 유신들의 생각과 일치했다. 그에 따르면, 인조는 정원군을 아버지가 아닌 백숙부로 대접해야 옳았다.

반면, 이귀와 박지계 등은 사적인 혈통을 그대로 인정해서 인조는 선조의 손자이자 정원군의 아들이라고 주장했다. 이는 비정상적인 왕위 계승을 정상적인 왕통으로 바꾸려는 인조와 반정 공신들의 생각을 대변해 주었다. 말하자면 정원군을 왕으로 추숭할 수 있는 여지를 열어 놓은 것이었다.

인조 2년(1624) 시작된 추숭 논의는 정묘호란 발발로 사그라졌다가, 인조 8년(1630) 8월 음성현감 정대붕의 상소로 재개되었다. 이귀 등은 정원군의 왕 추숭과 그에 걸맞은 묘 건립을 주장했으나, 대부분의 신료들은 강력하게 반대했다. 또한 성균관의 생도들까지 나서서 인조에게 공론에 따르고 비도非道를 피할 것을 한목소리로 청했다.

인조는 재위 10년(1632) 2월에 다수의 반대에도 불구하고 추숭도감을 설치했으며, 그해 5월에는 끝내 추숭을 단행했다. 또한 재위 13년(1635) 3월에는 아버지 정원군과 어머니 계운궁 구씨를 각각 원종대왕과 인헌왕후로 봉하고, 그 위패를 종묘에 모시는 데 성공했다.

산림의 등장

예학과 관련한 논쟁 과정에서 두각을 나타낸 세력이 사계 학파와 산림이었다. 사계 학파는 사계 김장생과 김집 부자 및 그 문인들로 이루어진 예학 연구파로, 이들의 활동에 힘입어 17세기 조선의 예학 시대가 열렸다. 그리고 산림은 산림지사의 준말로, 출사하지 않고 초야에 은거하면서도 학덕이 높아 사림의 추앙을 받는 선비를 가리켰다.

김장생은 조선 중기의 대표적 성리학자인 율곡 이이의 학문을 전승했으며, 그에게서 비롯된 사계 학파는 율곡을 시조로 하는 기호학파의 핵심을 차지했다. 개성 출신 학자인 서경덕의 문인들이 북인 정권에서 활동하다가 인조반정으로 몰락한 후, 기호 지방 인사들에게 김장생, 김집 문하에 드는 것은 학문 수양이나 사회 활동에 필수적인 요소로 인식되었다.

이로써 서인의 학문적인 모체로 자리 잡게 된 사계 학파는 송시열, 송준길 등에 이르러 정계와 학계의 주도권을 차지했다. 거주지가 충청도 지역이어서 호서 사림으로 불리는 이들은 향촌에 머물면서도 중앙에 포진한 다수의 사계 학파 문인들을 통해 강력한 영향력을 행사할 수 있었다.

이런 정치적 환경은 김장생의 위상을 한껏 높여 주었다. 그는 지방에 은거하는 일개 학자가 아니라, 주류 학파의 수장이자 서인 세력의 추앙을 받는 산림이 되었다. 앞서 광해군 시기에도 정인홍이 산림의 위치에 오른 바 있으나, 본격적인 산림 시대가 개막한 것은 인조 때였다.

반정으로 권력을 잡은 공신들은 서인 정권의 안정과 기득권 유지를 위해 산림 중용과 왕실과의 혼인이라는 두 가지 기본 정책을 밀약했다. 그에 따라 인조 원년(1635)부터 산림직이 새로 마련되기 시작했다.

성균관의 사업司業과 좨주祭酒, 세자시강원의 찬선贊善, 익선翊善, 자의論議 등이 대표적인데, 이는 공석이 되더라도 산림이 아닌 인사에게는 맡기지 않았다. 그리고 이미 다른 관직을 받은 경우에도 겸직할 수 있었으며, 차후에 파격적인 영전이 보장되었다.

김장생, 장현광, 박지계 등이 산림으로 인조의 부름을 받았다. 김장생과 박지계는 기호 지역에 대한 배려로, 장현광은 영남 세력에 대한 배려로 성균관의 사업에 제수되었으나, 김장생과 장현광은 사양하고 받지 않았다.

그들 셋 외에도 17세기의 대표적인 산림으로 김집, 송시열, 송준길, 윤선거, 권시, 허목, 윤휴, 박세채, 윤증, 이현일, 권상하 등이 활동했다. 특히, 호서 사림들의 지지를 토대로 부친의 학통을 승계한 김집은 김장생에 견줄 만큼 큰 존경과 대우를 받았다.

병자호란의 발발

임진왜란에 참전하면서 국력을 소진한 명은 만주 지역에 대한 지배력이 점차 약화되었다. 이런 와중에 여진족에 속한 한 부족의 수령인 누르하치가 주변 부족들을 정복하면서 점점 세력을 확장해 나갔다. 1616년 만주 지역의 패권을 장악한 누르하치는 후금을 세우고, 명이 차지한 중원 땅을 넘보기 시작했다. 그리고 1618년 4월 명에 선전포고를 했다.

후금의 공격을 받은 명은 임진왜란 때 구원해 준 사실을 거론하며 조선에 원군을 요구했다. 의리와 명분을 중시한 신료들이 명의 요구에 따르자고 주청하는 가운데, 광해군은 파병이 불러올 후유증을 고려해 신중한 자세를 보였다.

하지만 더욱 거세지는 명의 파병 압력과 신료들의 주청에 밀린 광해군은 재위 11년(1619) 2월 강홍립에게 1만 명의 군사를 주어 전장으로 보냈다. 그러면서 때를 보아 후금에 투항하게 함으로써 명과 후금 사이에서 절묘한 중립 노선을 취했다. 그 결과 조선은 명의 추궁이나 후금의 군사적 보복을 비껴갈 수 있었다.

이처럼 국익을 중시한 광해군의 대외 중립 정책은 인조반정 후 의리와 명분을 앞세운 서인 세력에 의해 친명배금 정책으로 바뀌었다. 서인 정권의 정책은 후금을 자극하기에 충분했다. 게다가 요동에서 평안도 철산군 앞바다에 있는 가도로 쫓겨 온 명나라 장수 모문룡도 청군의 배후를 자주 기습한 탓에 조선 정벌의 유혹이 커졌다. 이괄의 난 진압 때 후금으로 달아난 한윤의 꼬드김도 유혹을 키우는 데 일조했다.

인조 4년(1626) 후금의 누르하치가 죽고 그의 아들 태종이 칸으로 즉위했다. 그 이듬해 1월 태종은 장수 아민에게 3만 6천 명의 군사를 주어 압록강을 건너게 했다. 이른바 정묘호란의 발발로 의주성이 무너지고, 모문룡도 공격을 받아 가도에서 쫓겨났을 뿐더러, 용천에서 안주와 평양을 거쳐 평산까지 밀고 내려온 후금군의 기세에 눌린 인조는 강화도로, 세자는 전주로 피란했다.

이때 평안도 용천에서 이립, 철산에서 정봉수 등이 의병을 일으켜 자칫 퇴로가 막힐 것을 염려한 후금군은 진격을 멈추고 조선에 화의를 요구했다. 이에 척화 주장과 화친 주장으로 들끓던 조정은 조건부 화친에 나섰다.

조선이 후금과 화친해 형제지국이 되고, 지금처럼 명과 우호 관계를 유지한다는 조건에 후금도 동의했다. 이로써 정묘호란은 발발한 지 두 달 만인 3월 초 조약을 체결하고 양국이 형제의 맹약을 맺는 것으로 마무리되었다.

인조 13년(1635) 후금의 태종은 내몽골을 평정하면서 국호를 청으로 바꾸고, 이듬해에는 스스로 황제의 자리에 올랐다. 그리고 조선에 형제의 관계가 아닌 군신의 관계를 요구했다. 정묘호란 때와 마찬가지로 조선은 척화와 주화의 주장들이 다투는 가운데, 인조는 척화파의 손을 들어 주었다.

조선이 반청 움직임을 보이자, 인조 14년(1636) 12월 9일 청 태종은 15만 대군을 이끌고 다시금 압록강을 건너왔다. 병자년에 발발한 호란은 정묘년의 호란과는 사뭇 전개 양상이 달랐다. 압록강을 건넌 지 6일 만에 한양 근교까지 진격한 청군은 강화도로 가는 길목을 서

인조의 항복을 받은 청 태종이 자신의 승리를 기념해 지은 삼전도비

둘러 점령해 그쪽으로 인조가 피란하는 것을 막았다. 하는 수 없이 행차를 돌린 인조는 남한산성으로 들어가 8도에 근왕병을 모집하는 격문을 띄우고 명에 급히 사신을 보내 도움을 요청했다.

그런 사이에 청의 선봉군이 남한산성을 포위한 데다, 이듬해인 1637년 1월 1일에는 명의 원군이나 근왕병이 아닌 청 태종이 이끄는 본대가 당도했다. 청군은 산성을 완전히 고립시키는 한편, 수비가 허술한 강화도를 공략해 그곳에서 피란 중이던 왕비와 왕자, 관료 등을 붙잡아 끌고 왔다.

남한산성 안에서는 최명길 등 주화파와 김상헌 등 주전파 사이의 논쟁이 벌어져, 결국 주화파의 현실론을 받아들인 인조는 성문을 열고 항복했다. 그해 1월 30일 인조는 지금의 서울 송파구 삼전동에 있던 한강 나루인 삼전도에서 항복 의식을 치렀다.

청의 방식에 따라, 항복을 받는 단을 높이 쌓은 후 청태종 앞에서 인조는 세 번 절하고 아홉 번 머리를 조아렸다. 이와 같은 삼배구고두三拜九叩頭의 의식을 통해 조선은 청의 신하국이 되었음을 내외에 공표했다. 그와 동시에 명과의 우호 관계는 단절되었으며, 막대한 양의 공물과 함께 인조의 두 아들인 소현세자와 봉림대군 및 주전파인 홍익한, 윤집, 오달재 등을 인질로 청에 내주어야 했다.

소현세자의 죽음

병자호란 후 인질이 된 소현세자는 지금의 선양 지역인 청의 수도 심경으로 끌려갔다. 그곳에서 머무는 9년 동안 두 차례를 본국을 다녀가기도 했던 그는 조선의 국익을 위해 외교관 노릇을 자처했다.

청에서 요구하는 조공의 수준을 경감하려고 다방면으로 손을 쓰는 한편, 양국 관계의 개선을 위해 청의 왕족이나 고관들과 적극적으로 친교를 맺었다. 그 과정에서 필요한 뇌물을 마련하고 노예로 잡혀 온 조선인들의 몸값을 벌 목적으로 영리 활동을 벌이기도 했다.

1644년 9월에는 북경으로 건너가 두 달여를 머물면서 그곳의 발전된 문물들을 접했다. 특히 독일인 신부 아담 샬과 교유하여 천문, 수학, 천주교 관련 서적 및 지구의, 천주상 등을 입수했다.

삼전도의 굴욕적인 항복 이후 반청 의식이 고조된 조선에서는 소현세자의 이러한 활동에 대해 부정적인 시각이 팽배했다. 청나라가 인조를 밀어내고 소현세자를 왕위에 앉힐 수도 있다고 우려하는 가운데, 인조 23년(1645) 2월 세자 부부가 귀국했다.

부왕의 노골적인 의심과 박해 속에서, 귀국한 지 두 달 만에 병석에 누운 소현세자는 나흘을 못 넘기고 급사했다. 세자의 죽음과 관련해 의심스러운 점이 적지 않았으나, 인조는 별다른 의혹 조사도 없이 장례식을 서둘렀다. 그리고 죽은 소현세자의 아들을 세손으로 책봉해야 마땅한 상황에서 엉뚱하게도 세자의 동생인 봉림대군을 세자로 결정했다.

이후 소현세자의 부인인 강빈은 시아버지인 인조를 독살하려 했다는 혐의를 쓰고 사사되었다. 또한 제주도로 유배된 소현세자의 두 아들은 물론이고, 강빈의 친정 식구들과 그녀를 시중들었던 궁녀들까지 죽임을 당했다.

이처럼 소현세자와 그 주변 사람들이 화를 입은 것은 명을 중화로 받들고 청을 오랑캐로 여기는 사림 세력이 당시 정국을 쥐고 흔들었던 사정과 무관하지 않았다. 그간 조정을 이끌어 온 반정공신들은 병자호란 때 존명사대의 원칙을 버리고 청과 화친하면서 정권의 기반인 사림의 신임을 잃게 되었다. 그리고 조정에는 영향력 강한 호서 사림의 문인들이 대거 출사했다.

1644년 멸망되어 없어진 명나라를 추종하고 중원의 강대국인 청나라에 복수하자는 조선의 움직임은 의리와 명분에 집착하는 사림들의 여론을 반영한 결과였다. 그처럼 비현실적인 여론 속에서 청과 가까웠던 소현세자가 제거되고 반청 인사인 봉림대군이 왕위에 오를 수 있었다.

효종의 즉위

1649년 5월 인조가 죽자, 효종이 조선의 17대 왕으로 즉위했다. 그와 동시에 김집, 송시열, 송준길 등 호서 사림의 중요 인물이 중앙 정계에 대거 유입되었다. 그리고 서인 세력은 낙당, 원당, 한당, 산당 등 4개 파벌로 분열되었다. 그중에서 낙당은 김자점, 원당은 원두표를 중심으로 결집한 반정공신들의 파당이었고, 한당은 김육, 산당은 김집을 중심으로 뭉친 파당이었다.

처음에는 공신들이 낙당과 원당으로 갈라서서 서로 다투다가 세력 강화를 위해 사림들을 등용했다. 그러나 대거 출사하게 된 호서 사림들은 기대와는 반대로 공신들을 공격했다. 그 결과, 낙당과 원당의 두 영수인 김자점과 원두표가 차례로 파직되었다. 이후 김자점이 자기 아들과 역모를 꾀하다가 주살당하면서 그의 일파인 낙당도 몰락했다. 그리고 원당도 신진 세력에 밀려났다.

낙당과 원당이 사라진 조정은 한당과 산당의 차지가 되었다. 한당이 서울과 경기에 거주하는 명문사족들로 구성되었다면, 산당은 향촌 출신의 유학자들이 대부분이었다. 한당과 산당의 대립은 그들의 영수인 김육과 김집이 대동법의 확대 문제로 갈등하면서 더욱 심화되었다.

즉, 실용주의적 유학자인 김육은 대동법의 확대를 주장한 반면, 유교적 명분론에 충실했던 김집은 대동법의 확대에 반대했다. 두 사람이 다투던 중에 김집이 관직을 버리고 낙향하자, 송시열과 송준길 등도 뒤따라 낙향하면서 산당 세력은 크게 위축되었다.

결국 낙당, 원당, 한당, 산당 중에서 한당만 살아남아 정국을 주도하게 되었다. 하지만 1658년 김육이 죽고, 효종의 북벌 계획으로 척화론을 주창하는 호서 사림이 주목받으면서 정국의 주도권은 한당에서 산당으로 넘어갔다. 이런 가운데 산당의 영수로 성장한 송시열이 대의명분론에 입각한 북벌론을 펼치며 효종의 북벌 계획을 이론적으로 뒷받침했다.

북벌 운동의 추진

효종은 즉위 초부터 북벌 의지를 실행에 옮길 방도를 찾았다. 하지만 청과 화친을 주도했던 공신 세력이 정국을 주도하는 상황에서는 북벌을 추진하기가 어려웠다. 그런 점에서 성리학적 대의명분론에 충실한 사림 세력의 정계 진출은 효종에게 북벌 정책을 밀고나갈 수 있는 동력을 제공했다.

효종은 자신과 뜻을 같이하는 신하들과 함께 북벌 계획을 수립하고, 그에 따른 군사력 증강을 위해 어영청의 확대 개편에 나섰다. 효종에게는 북벌 반대 세력의 도전을 막고 왕권을 강화할 수 있는 강력한 호위군이 필요했다.

어영청은 인조 원년(1623) 후금과의 충돌에 대비해 양성한 260여 명의 화포군으로 출발했다. 이후 국왕 호위 임무를 맡고 점차 조직이 커졌는데, 이괄의 난이 끝나고는 천 명, 정묘호란 직후에는 5천 명, 병자호란 이후에는 약 7천 명으로 늘어났다.

하지만 어영군은 재정적인 부담 때문에 병력을 분할해 교대로 도성에 들어와 번을 서는 형태로 운용되었다. 실질적인 경비 능력 강화를 위해 상주 병력의 확보가 필요한 상황에서 효종은 병력 수를 2만 천 명으로 3배나 늘리고 천 명의 도성 상주 병력을 확보했다. 그리고 노련한 무관인 이완에게 어영청을 맡겨 북벌 정책의 본영 역할을 수행케 했다.

어영청과 같은 중앙군인 훈련도감의 병력도 늘리기 위해 애쓰는 한편, 제주도에 표류한 네덜란드인 하멜 일행을 훈련도감에 배속해 조총이나 화포를 신식으로 개량케 함으로써 전력 증강을 꾀했다. 그 외에도 친위병인 금군을 기병화하고 정원도 천 명으로 늘려 전투력을 배가시켰으며, 남한산성을 근거지로 하는 수어청을 재정비하여 한양 외곽의 방어력도 강화했다. 지방군인 속오군의 경우에는 문신 관리가 가진 군사권을 무신 관리에게 주어 훈련 강화에 따른 군사력의 상승을 유도했다.

이처럼 효종이 북벌 정책에 힘을 쏟는 동안, 명 재건 운동과 러시아의 중원 침략 등으로 대륙의 정세는 불안정해지고 있었다. 15세기 후반 몽골의 지배에서 벗어난 러시아가 서서히 남하하여 흑룡강 유역까지 진출하자, 청과 충돌이 빚어지기 시작했다. 이후로도 우수리강 하구를 지나 송화강 방면으로 더 남하한 러시아인과 청의 무력 대결은 불가피했다.

효종 5년(1654) 2월, 러시아에 견줘 무기 수준이 낮았던 청은 조선 조총부대의 파병을 요청했다. 마땅히 거절할 명분이 없었던 효종은 군사를 보내 청군을 돕게 했다. 그해 4월 28일 송화강 중류 지점에서 벌어진 전투에서 조선군의 활약으로 러시아군을 패퇴시켰다.

1차 나선(러시아) 정벌에 성공한 조선 조총부대는 효종 9년(1658) 또다시 청의 요청을 받아 2차 나선 정벌에 나서게 되었다. 두 차례의 러시아 정벌은 북벌을 위해 육성한 조총부대로 북벌 대상인 청을 군사적으로 도와주는 결과를 낳았다. 그리고 북벌 계획에도 차질을 초래했다. 기대했던 명 재건 운동도 미약했을 뿐더러, 군사력 증강에 따른 과도한 조세 부담과 때마침 발생한 전국적 흉년은 북벌에 대한 피로감과 저항심리를 증폭시켰다.

이런 상황에서 북벌론의 한 축을 담당했던 송시열이 치욕을 씻기 위해서는 수신부터 해야 한다는 논리로 효종의 군사적 행보에 제동을 걸었다. 북벌론을 통해 왕권 강화를 꾀해 온 효종과 북벌론에 동조하면서 정치적 입지를 다져 온 송시열의 분열은 예정된 것이었다. 10만 명의 군사를 양성해 200만 명의 군사를 거느린 신흥강국 청을 친다는 북벌론 자체가 실현 가능성이 낮은 구호적인 목표에 가까웠던 때문이었다.

북벌에 사상적 대의명분을 제공했던 송시열 등 사림 세력과의 갈

등 속에서도 효종은 북벌 운동을 계속 추진해 나갔다. 그러나 재위 10년(1659) 5월 4일, 효종은 귀밑에 난 종기 때문에 침 시술을 받던 중 갑자기 피를 쏟고 급사했다. 그리하여 북벌론도 한때의 꿈으로 스러져 버렸다.

기해년의 1차 예송

1659년 5월 효종이 죽고 현종이 왕위에 오르자, 인조의 계비인 자의대비 조씨의 상복 문제가 불거졌다. 이는 두 차례의 예송 논쟁으로 전개되었는데, 첫 번째 예송은 효종이 죽으면서 시작되었다.

조선에서 예론 문제는 기본적으로 성종 때 편찬한 《국조오례의》를 참고해서 결정했는데, 대비의 복례가 실려 있지 않아 문제를 낳았다. 다시 말해, 아들인 왕이 죽었을 때 어미인 대비는 어떤 상복을 입어야 하느냐를 두고 논쟁이 벌어졌던 것이다.

송시열을 비롯한 서인들은 효종이 인조의 장자가 아닌 중자이기 때문에 그 어머니는 3년복 대신에 중자복인 1년복을 입어야 한다고 주장했다. 하지만 윤휴 등 남인들은 장자인 소현세자가 죽고 중자인 효종이 왕통을 이었으므로 적장자로 보아 대비의 상복은 3년복이어야 한다고 맞섰다.

장자복이니 중자복이니 하는 논쟁은 단순히 대비의 상복 문제에만 그치는 것이 아니라 효종의 적통 여부를 따지는 문제로까지 비화했다. 그리고 이 문제는 효종의 아들인 현종의 정통성과 관련된 중대 사안이기도 했다.

예송 논쟁의 중심에 있던 노론의 영수 송시열

권력 구조상 비주류에 속한 남인들로서는 상복 문제를 왕통과 결부시켜서 보다 길고 논쟁적으로 끌고 갈 필요가 있었다. 하지만 서인이 정국의 주도권을 장악하고 있던 상황에서 벌어진 1차 예송은 송시열 등 서인의 뜻대로 돌아갔다.

이듬해 남인의 거두 윤선도가 1년복을 주장한 송시열 등을 공격하는 상소를 올리면서 논쟁에 다시 불을 붙였다. 서인들이 왕통과 종통을 분리해 효종을 낮추어 보면서 인조의 종통을 잇지 못할 사람으로 만든 것은 장자인 소현세자의 아들을 정통으로 삼고자 하는 저의가 있어서라고 몰아붙였던 것이다.

서인들은 윤선도를 맹비난하면서, 터무니없는 주장으로 임금과 신하 사이를 이간질한 죄를 물으려 했다. 예송은 정쟁으로 변질되었고, 서인들의 위세에 눌린 현종은 윤선도를 함경도 산수로 유배했다.

윤선도의 상소 사건 이후에도 논란은 사그라지지 않았다. 오히려 일파만파로 번지면서 성균관은 물론이고 지방 유생들까지 예송 문제에 뛰어들었다. 저마다 자신이 속한 당파의 주장을 두둔하고 상대 당파의 주장을 공격하는 상소들이 전국에서 밀려들었다. 그중 특히 눈길을 끈 것은 영남 유생 천여 명이 올린 복제 상소였다.

입 있는 자들은 떠들고 글 쓰는 자들은 상소하는 와중에서 기해예송의 주동자인 송시열은 논쟁을 서둘러 마무리 지으려 했다. 이에 영의정 김수홍 등은 송시열의 조언을 받아 장자나 중자의 구분 없이 1년복을 입는다는 《대명률》과 《경국대전》의 조항을 내세우며 1년복을 밀어붙였다.

갑인년의 2차 예송

두 번째 예송은 갑인년인 현종 15년(1674)에 벌어졌다. 현종의 모후인 인선왕후 장씨가 죽으면서 자의대비가 입어야 하는 상복이 또다시 문제가 되었던 것이다. 《경국대전》에 따르면, 장자부가 죽으면 1년복, 중자부가 죽으면 9개월복을 입어야 했다. 앞서 송시열의 주장대로 한다면, 자의대비는 9개월복을 입어야 옳았다.

하지만 9개월복을 시행하기 위해서는 기본 전제로 효종이 장자인지 중자인지를 다시 판단해야만 했다. 결과적으로 기해예송 때의 결정은 최종적인 것이 되지 못했다. 예조는 자의대비의 상복을 처음에는 1년복으로 했다가 나중에는 9개월복으로 고쳐서 올렸다.

앞선 예송에서 부왕인 효종의 적통과 더불어 자신의 정통성까지 부정당한 바 있는 현종은 예조의 결정에 제동을 걸었다. 자의대비의 상복을 대공복으로 수정한 이유를 따지는 한편, 김육의 손자로 송시열 등과 소원한 관계였던 김석주에게 기해년의 복제가 어디에 근거한 결정이었는지 상세하게 조사해 보고하도록 명했다.

현종은 처지가 궁색해진 서인에게 효종을 중자로 본 책임을 묻고, 기해년에 자의대비가 입었던 상복은 송시열의 주장이 아닌, 《대명률》과 《경국대전》의 조항에 따른 결정일 뿐이었음을 확인했다. 그러고는 예조에 명하여 자의대비의 상복을 1년복으로 바꾸었다.

갑인예송으로 현종은 지난날 서인의 기세에 눌려 지켜내지 못했던 부왕의 적통과 자신의 정통성을 복원할 수 있었다. 기해예송 때 1년복을 밀어붙인 영의정 김수홍이 유배를 가고, 새로 남인 허적이 영의정 자리에 올랐다. 위기에 몰린 서인은 본격적인 숙청을 앞두고 현종이 병사하면서 잠시 한숨을 돌리게 되었다.

1, 2차 예송은 경전 해석에 대한 송시열과 윤휴의 기본 입장이 달랐던 데서 비롯되었다. 송시열이 주자의 해석에서 한 글자도 벗어나서는 안 된다는 입장이었던 반면, 윤휴는 주자의 해석대로만 경전을 볼 필요가 없다는 입장이었다.

주자를 지독히도 숭배했던 송시열은 주자의 해석에 충실하지 않은 윤휴를 사문난적으로 몰아붙였다. 송시열과 동문수학한 윤선거도 윤휴를 비호했다는 이유로 미움을 받았다. 이러한 갈등 이후 윤선거의 아들인 윤증에 이르러 증폭되면서 서인이 노론과 소론으로 갈라서는 결과로 이어졌다.

한편, 우계 성혼의 제자들은 인조반정에 참여해 대거 공신 반열에 올랐는데, 청과 화친한 일로 송시열 등 산당의 공격을 받으며 소론과 연결되었다. 이로써 조선 후기의 파당은 이이, 송시열 계열인 노론에다 성혼, 윤선거 계열인 소론 그리고 이황, 조식 계열인 남인으로 나뉘어졌다. 이 중에서 이황, 조식 문하인 영남 남인들은 선조와 광해군 시절에 실각되고 윤휴, 허목, 허적 계열인 기호 남인들만 남아 세를 이어갔다.

환국과 공작 정치

1674년 8월 18일 현종이 병사하자, 숙종이 14세의 나이로 왕위에 올랐다. 어리지만 과단성과 추진력이 있었던 숙종은 즉위와 동시에 송시열 등 서인을 몰아내고, 허적 등 남인을 대거 요직에 기용하는 갑인환국을 단행했다.

서인 정권을 갈아엎고 남인 정국을 만든 갑인년의 환국에는 김석주의 입김이 강하게 작용했다. 한당 소속이었던 김석주는 권력을 장악한 송시열 등 산당 세력에 반감을 품고 있었다. 그러던 차에 현종의 명으로 기해년의 복제 근거를 조사한 그는, 현종이 죽고 숙종이 즉위하자 송시열 등이 저지른 기해년의 잘못을 숙종에게 보고했다.

정국을 주도하게 된 남인은 송시열에 대한 처벌 문제를 두고 양분되었다. 극형을 주장하는 윤휴, 허목 등은 청남이 되고, 극형에 반대하는 허적, 권대운 등은 탁남으로 뭉쳤는데, 조정의 여론은 탁남에게로 기울었다.

숙종은 파당을 지어 내분을 일삼은 데다 지나치게 힘이 세어진 남인에 대해 염증을 느꼈다. 그 때문에 숙종 6년(1680) 3월에 남인을 쫓아내고 서인을 다시 기용하는 경신환국을 일으켰다. 3월 28일 허적이 자신의 조부가 시호를 받은 것을 축하하는 잔치를 열면서 대궐에서 쓰는 기름 먹인 장막과 차일을 허락도 없이 가져간 것이 환국의 빌미가 되었다.

다음 달인 4월에는 인조의 손자이자 숙종의 5촌인 복창군, 복선군, 복평군 삼형제가 허적의 아들 허견과 결탁해 역모했다는 고변이 들어왔다. 김석주의 주도 아래 이루어진 이 고변으로, 복창군 등 삼형제와 허견이 처형되고 허적도 아들을 두호한 죄로 죽임을 당했다. 100여 명의 남인이 숙청당한 경신환국으로 다시금 서인 정권이 들어서게 되었다.

이처럼 김석주는 남인의 편에서 갑인환국을 조장하는가 하면, 경신환국 때는 서인의 편에서 공작 활동을 하는 등 출세 지향적인 면모를 보였다. 서인이면서도 한당으로 비주류인 데다 부왕 현종의 처사촌이었던 그는 숙종의 신임을 받아 우의정에 제수되고 호위대장도 겸직하며 세력을 얻었다.

이후에도 김석주는 남인 소탕을 목적으로 능숙한 공작 솜씨를 발휘했다. 숙종의 정비 인경왕후의 숙부인 김익훈과 짜고 김환 등을 부추겨 남인이 역모를 꾀한다고 고변하게 만들었다. 숙종 8년(1682)에 일어난 이 고변으로 허새, 허영 등이 처형당했고, 관련자로 지목된 남인들도 모두 처벌받았다.

임술고변이라 불리는 역모 조작 사건을 두고 서인들 중에서도 비판하는 이들이 적지 않았다. 이때 송시열은 고변에 관계한 김익훈 등을 감싸며 훈척 세력과 교감했는데, 이것이 논란이 되면서 송시열을 지지하는 축과 비판하는 축으로 서인이 갈라서게 되었다. 비판하는 쪽의 중심인물은 윤증이었다.

일찍이 윤증은 부친인 윤선거가 죽자 묘갈명을 송시열에게 부탁했으나 좀처럼 성의를 보여주지 않아 사이가 틀어졌다. 이 때문에 사상적, 학문적으로도 멀어진 두 사람은 임술고변을 계기로 정치적인 결별까지 맞게 되었다. 즉, 송시열을 중심으로 하는 노론과 윤증을 주축으로 하는 소론으로 분당되었던 것이다.

희빈 장씨 사건

임술고변으로 정국을 주도하게 된 것은 김석주와 송시열이었다. 특히 송시열과 그의 노론은 한 정파의 독주를 오래 두고 보지 않는 숙종에게 경계심을 갖게 할 정도로 강성해졌다. 그러한 경계심은 숙종 15년(1689) 후궁 장씨가 낳은 아들의 원자 책봉 문제를 두고 노론과 충돌하면서 또 한 번의 환국 사태를 촉발시켰다.

노론은 중전 민씨에게서 후사가 나기를 기다렸다가 적자에게 왕위를 물려줘야 한다면서 후궁 소생의 원자 책봉을 반대했다. 이런 노론의 주장을 무시한 채 숙종은 원자 책봉을 강행했으며, 후궁 장씨를 희빈에 봉했다. 아울러 서인의 기세를 누르기 위해서 남인 인사들을 등용했다.

이때 노론의 영수인 송시열이 원자와 희빈 책봉을 비판하는 상소를 올려 숙종의 노여움을 샀다. 숙종은 남인 세력이 올린 반박 상소에 기대어 송시열을 삭탈관직하고 제주도로 유배한 후에 사사했다. 송시열의 숙청을 시작으로 100여 명의 노론 인사들이 화를 입는 가운데, 남인 인사들에 대한 중용이 이루어졌다.

이른바 기사환국으로 정국의 주도 세력은 서인 노론에서 남인으로 급변했다. 또한 그 여파로 중전 민씨가 폐서인되어 사가로 쫓겨 가고, 남인의 지지를 받은 희빈 장씨가 새로 중전의 자리에 올랐다.

숙종은 즉위 이래로 정국을 주도하는 파당을 갈아엎는 환국 정치를 통해 신료들의 세력을 약화시키고 왕권을 강화시켰다. 경신환국 때는 김석주의 의도에 많이 따랐지만, 이후로는 숙종 자신의 의지로 정계 개편을 단행하면서 정국을 주물렀다. 따라서 환국 사건들에서 상수로 작용한 것은 신하들의 의도가 아닌, 숙종의 의지였다.

숙종 20년(1694) 3월, 노론 김춘택과 소론 한중혁 등이 폐비 민씨의 복위를 꾀했다는 죄목으로 고발당하는 사건이 벌어졌다. 남인의 영수인 우의정 민암 등은 이 사건을 빌미 삼아 옥사를 일으켜 서인 세력을 완전히 뿌리 뽑으려 했다.

하지만 당시 숙종은 심경의 변화를 일으켜 민씨를 폐위한 일을 후회하고 있었다. 그런데다 훗날 영조가 되는 연잉군의 생모 숙원 최씨에 대한 독살설이 때마침 불거져 나왔다. 그러자 숙종은 옥사를 일으킨 처사를 문제 삼아 민암을 파직해 사사하고, 남인 세력을 몰아냈다. 그와 동시에 민씨를 지지했던 노론과 소론 인사들을 요직에 등용했다.

4월 1일 밤 2시경부터 전격 개시된 갑술환국으로 135명의 남인들이 화를 입었다. 이로써 완전히 실각한 기호 남인 세력은 이후 두 번 다시는 집권하지 못했다. 그리고 서인들이 재집권한 조정은 노론과 소론의 각축장이 되었다.

남인의 몰락과 함께 중전인 장씨가 희빈으로 강등되고, 그 소생인 세자도 그 지위가 위태로워졌다. 그런 상황에서 중전에 복위한 민씨에게 노론의 관심과 지지가 쏠리자, 소론은 세자 보호를 자청했다.

희빈 장씨는 세자의 모후인 자신이 중전 자리에서 쫓겨난 데 불만을 품고 동생 장희재를 끌어들여 중전 민씨를 해하려다가 발각되었다. 세자의 장래를 걱정한 소론 중신들의 변호 덕분에 장희재를 귀양 보내는 선에서 사태는 수습되었다.

하지만 그 후 중전을 해코지하려는 희빈 장씨의 시도가 또다시 드러나는 바람에 장씨 남매는 사사되었다. 그리고 앞서 그들을 변호했던 소론 일파도 숙청당하면서 정국의 주도권은 노론이 장악하게 되었다.

신임옥사의 발발

숙종은 재위 43년(1717)에 노론 좌의정 이이명과 독대한 후, 건강상의 이유를 내세워 세자에게 대리청정을 명했다. 이런 숙종의 지시에 대해 그간 세자의 반대편에 섰던 노론은 찬성하고, 세자의 보호자 노릇을 해 왔던 소론은 반대하는 기묘한 상황이 벌어졌다. 세자의 실정을 유도해 폐위시키려는 수순으로 본 까닭이었다.

그해 8월부터 숙종과 노론의 뜻대로 대리청정이 시작되었다. 하지만 세자의 폐위는 이루어지지 않았다. 대리청정을 하는 동안, 별다른 실정을 하지 않은 탓이었다. 의도하지 않은 상황들이 계속되는 가운데, 숙종이 재위 46년(1720) 6월 8일에 숨을 거두면서 세자가 왕위에 오르는 사태까지 벌어졌다. 경종 시대가 개막된 것이다.

경종 즉위 후에도 노론은 정국의 주도권을 잃지 않았다. 경종의 모후인 희빈 장씨의 추숭 문제를 거론한 죄로 소론계 유생이 사형을 당할 만큼 노론의 힘은 강력했다. 그리고 그 힘으로 숙종의 둘째 아들이자 경종의 이복동생인 연잉군의 세제 책봉을 밀어붙여 관철시켰다. 세제 책봉 두 달 만인 경종 원년(1721) 10월에는 세제의 대리청정을 요구했다.

이와 같은 노론의 전횡에 대해 김일경 등 소론은 반역이라고 몰아붙이며 거세게 반발했다. 그 과정에서 경종은 대리청정 요구를 물리고 겨우 친정을 회복할 수 있었다. 그 뒤 김창집, 이이명, 이건명, 조태채 등 노론 4대신을 축출하고 소론 세력이 주도권을 잡는 신축환국이 벌어졌다.

또한 경종 2년(1722)에는 서덕수 등 노론 고관의 자제들이 경종을 시해코자 했다는 목호룡의 고변이 들어와 심문 과정에서 역모가 사실이라는 실토를 받아냈다. 이 때문에 유배 중인 노론 4대신을 비롯해 170여 명의 노론 인사들이 역적으로 몰려 죽거나 귀양 가는 임인옥사가 발발했다. 서덕수의 고모부인 세제 영조도 연루자로 의심받아 죽을 뻔한 위기를 가까스로 넘겼다.

신축환국과 임인옥사를 합쳐서 신임옥사라고도 부르는데, 이 일련의 사건들을 통해 소론은 노론에게 큰 타격을 입히고 권력을 장악할 수 있었다. 이로써 조선의 당쟁은 정책 대결이나 파당 간의 주도권 다툼을 뛰어넘어, 군왕을 택하고 거기에 충역의리를 결부시키는 피비린내 나는 정쟁으로 격화되었다.

노론을 꺾고 정쟁에서 승리한 소론 정권의 수명은 그리 길지 못했다. 경종이 재위 4년(1724) 8월에 급사했기 때문이었다. 경종은 죽기 전에 게장과 생감을 먹고 복통과 설사에 시달렸다고 전해지는데, 두 음식은 한방에서 상극이라 해서 함께 먹지 못하도록 하는 것들이었다. 이를 두고 항간에는 세제인 연잉군(영조)이 독이 든 게장을 경종에게 보내 죽게 했다는 소문도 돌았다.

붕당 타파의 실패

1724년 8월 25일 경종이 죽고 세제인 영조가 왕위에 올랐다. 경종이 독살되었다는 소문은 영조의 치세에 짙은 그림자를 드리웠다. 경종 독살설은 사실 여부를 떠나서 노론과 소론 사이의 정쟁이 낳은 불신과 증오의 산물이었다. 그런 아귀다툼 속에서 즉위한 영조는 붕당의 폐해를 지적하며 붕당 타파를 천명했다.

즉위 직후 시작된 영조의 붕당 타파 정책은 의정부 삼정승 자리에 이광좌, 유봉휘, 조태억 등 소론 인사를 앉히는 파격을 선보였다. 노론의 지지로 왕이 된 영조의 고육책이라 할 수 있었다. 그런 한편으로 신임옥사를 주도한 소론 강경파인 김일경과 당시 역모를 고변한 남인 목호룡을 처형했다.

영조는 즉위 초의 어수선했던 정세가 어느 정도 안정되자, 재위 1년(1725)에 삼정승 자리를 소론 인사에서 노론 인사로 바꿔 앉히고, 모든 삼사 관원도 노론 사람들로 채워 넣는 을사환국을 단행했다. 그렇게 노론 정권을 세운 영조는 노론 4대신을 비롯해 신임옥사에서 숙청당한 인사들을 신원하고 그 충절을 포상했다.

이로써 노론 세력은 영조를 통해 이루려던 정치적 목표, 즉 신임옥사를 억울한 옥사로 규정하고 노론 4대신을 신원하는 과업을 완수했다. 하지만 그 정도에서 만족하지 않고 소론을 역적으로 규정하면서 이광좌, 유봉휘, 조태억 등 전임 소론 삼정승의 처벌을 요구했다.

노론 중심의 탕평 정치를 구상하고 있던 영조는 강경파들을 압박하며 정쟁을 가라앉히려 했지만, 소론에 대한 노론의 공세는 더욱 거세어졌다. 그러자 영조는 재위 3년(1727)에 노론 4대신을 신원했던 을사년의 처분을 백지화하고, 2년 전 파직했던 소론 인사들을 다시 불러들여 정국을 을사환국 이전으로 되돌리는 정미환국을 단행했다.

환국으로 다시 소론 정권이 들어선 가운데, 이듬해인 영조 4년(1728)에 이인좌의 난이 발발했다. 무신년에 일어났기 때문에 무신란이라고도 하며, 소론 강경파와 남인 세력 일부가 주동이 되어 일으킨 전국적인 규모의 반란이었다.

반란에 앞서 영조의 정미환국으로 소론이 정국의 주도권을 가지게 되자, 반란군 사이에서 신중론과 회의론이 대두했다. 또한 조정에 발탁된 소론 인사들을 통해 반란 모의 사실이 노출되기 시작했다.

이런 상황에서 청주 출신 남인이자 윤휴의 손자사위인 이인좌 등이 거사를 강행했다. 반란군은 영조가 숙종의 친아들이 아닐 뿐더러, 경종의 죽음에도 관계되어 있다고 선전했다. 그러면서 영조와 노론을 없애고 소현세자의 증손인 밀풍군 탄을 왕으로 추대코자 했다.

3월 15일, 이인좌는 청주성 공격을 시작으로 반란의 기치를 높이 들었다. 청주목사 이봉상 등을 죽이고 청주성 점령에 성공한 이인좌는 각처에 격문을 띄워 반란에 동참할 것을 종용했다. 그리고 한양을 향해 북상하여 목천, 청안, 진천 지역을 차례로 점령한 다음 경기도 안성과 죽산에 이르렀다.

한편, 조정에서는 소론 강경파와 남인 인사들을 체포해 내부 준동을 막고, 도성 밖의 관군을 동원해 한양의 방비에 만전을 기했다. 그리고 소론 온건파인 오명항, 조현명 등에게 군사를 주어 반란군을 치게 했다. 토벌군은 24일 경기도 안성에서 반란군을 격파했다. 이때 죽산 일대로 달아났다가 붙잡힌 이인좌 등은 한양으로 끌려와 처형 당했다. 청주성에 남아 있던 반란군도 박민웅 등이 이끄는 의병들에게 토벌되었다.

영남 지역에서는 정희량이 거병하여 안음, 거창, 합천, 함양 등을 점령했으나, 역시나 박민웅이 지휘하는 군사들에게 평정되었다. 그리고 호남 지역에서는 박필현 등 주모자가 거병 전에 붙잡혀 처형되는 바람에 반란이 실패로 돌아갔다.

영조의 탕평책

영조는 무신년의 반란이 당쟁 때문에 일어난 것으로 파악했다. 반란을 일으킨 쪽은 소론과 남인이지만, 반란의 원인은 노론 쪽에 있다고 보았던 것이다. 결론적으로 한 당파가 조정을 장악하게 해서는 안된다는 영조의 생각은 탕평파, 즉 탕평책에 호응할 수 있는 온건파 인사들의 중용으로 이어졌다.

영조가 우선적으로 주목한 탕평파는 반란 진압 과정에서 공을 세운 조문명, 조현명, 송인명 등 소론계 인사였다. 영조의 지원 아래 소론 탕평파가 정국의 주도권을 잡게 되자, 노론 인사들은 집단적으로 사퇴하는 등 강한 불만을 표시했다.

이에 소론 탕평파는 노론 온건파인 홍치중에게 도움을 구했다. 홍치중은 노소의 공존에 걸림돌로 작용하는 신임옥사 문제를 해소할 방안을 제시했다. 신임옥사의 충역의리 해석을 신축환국과 임인옥사로 분리해서 처리하자는 것이었다. 즉, 신축년에 세제인 영조의 대리청정을 둘러싸고 빚어진 옥사는 충으로, 임인년에 경종을 시해하려다 생긴 옥사는 역으로 보자는 주장이었다.

홍치중의 주장에 따르면, 죽은 노론 4대신 가운데 이건명, 조태채는 신원하고 아들과 손자가 임인옥사에 연루된 김창집과 이이명은 신원할 수 없었다. 노론이 정치에 참여할 수 있도록 4대신의 신원을 처결하면서도, 절반만 신원해 소론의 반발도 막아 보자는 절충안이었다. 이는 영조 5년(1729) 8월 18일 기유처분으로 공식화되었다.

기유처분을 통해 출사하기 시작한 노론 인사들은 빠른 속도로 세력을 확장했다. 그러자 영조는 임인옥사 때 고문에 못 이겨 역모를 시인했던 서덕수의 신원을 전격적으로 추진했다. 기유처분에 배치되는 이 결정은 역모에 연루되었다고 의심받은 영조 자신의 억울함을

1742년 영조가 탕평책을 널리 시행하며 세운 탕평비각

풀고자 하는 1단계 조치였다.

영조는 2단계 조치로 재위 15년(1739)에 소론 탕평파를 실각시키고 노론 인사들을 중용했다. 그리고 이듬해 노론 4대신의 완전한 신원 요구를 수용하는 경신처분을 단행했다. 15년 전인 을사년의 처분으로 되돌아가 충역시비를 정리한 셈이었다.

하지만 노론 세력은 자신들의 신원에만 신경 쓸 뿐, 영조의 신원에는 관심을 기울이지 않았다. 이에 영조는 노론 인사들을 파직시키고 다시 탕평파를 기용하는 변덕을 부렸다. 노론의 명분이 우세를 점한 상태에서 탕평파의 이견과 조율을 거친 결과, 영조 17년(1741) 신유대훈이 반포되었다. 경종 원년(1721)의 세제 책봉은 대비와 경종의 하교에 따른 것이고, 임인옥사는 억울한 옥사이므로 화를 당한 자는 신원한다는 내용을 담고 있었다.

노소의 합의로 이루어진 신유대훈을 통해 영조는 자신에게 씌워진 혐의를 벗고, 정통성도 인정받게 되었다. 이후 영조는 치세 전반기와 달리 노론 위주의 탕평책을 펼치며 정국을 이끌어 나갔다.

사도세자의 죽음

영조의 탕평책은 당파 사이의 의리 시비를 절충하고 그 절충안에 따르는 온건파를 주로 기용하는 완론 탕평이었다. 충과 역을 따지면서 왕의 절충안에 따르지 않는 강경파 준론 인사들은 영조의 부름을 받지 못했다.

완론 탕평 속에서도 우세를 점한 것은 노론이었다. 노론을 중심으로 정국을 안정시킨 상태에서 노소의 인사들을 고르게 등용하는 방식이었다. 그리고 신유대훈 이후로는 노론의 우세가 더 뚜렷해지는 양상을 보였다.

영조는 재위 25년(1749) 정월 세자에게 인사, 형정, 군정 관련 업무 외의 정무 일체를 처결하도록 했다. 대리청정을 명한 것이었다. 당시 영조의 나이는 56세였고, 세자의 나이는 15세였다.

실질적인 결정은 주로 부왕의 몫이었지만, 어린 세자도 가끔씩 결정에 참여했다. 문제는 그런 세자의 결정이 부왕의 견해에 반한다는 점이었다. 특히 노론을 바라보는 시각에서 부자는 크게 어긋나 있었다. 영조는 노론의 지지로 왕이 된 까닭에 노론 세력을 존중할 수밖에 없는 입장이었다. 하지만 어릴 때부터 노론의 전횡을 보고 자란 세자는 노론 인사들에 대해 호의적이지 않았다.

그런 세자에게 영조는 노골적으로 불만을 표시하곤 했다. 부자의 갈등은 세자가 장성한 후에 함부로 궁궐을 비우고 재물을 낭비할 뿐더러, 사람을 죽이기까지 하는 등 기행을 일삼으면서 극도로 악화되었다. 노론도 평소 소론에 가까운 성향을 보이는 세자에게 비판적인 자세를 보였다.

당시 조정에는 세자의 장인이자 영의정인 홍봉한이나 영조의 계비인 정순왕후 김씨의 일문 등이 큰 힘을 발휘하고 있었다. 영조의 보호를 받으며 빠르게 성장한 이들 외척 세력은 비외척 세력과 노론의 주도권을 놓고 다투었다. 이런 상황에서 홍봉한은 세자의 패악을 가리기 위해 뇌물을 쓰고 힘을 동원했다.

영조 38년(1762) 5월 22일, 형조를 찾은 나경언이란 인물이 세자의 비행을 낱낱이 적은 문서를 전달했다. 형조에서 올라온 문서를 본 홍봉한은 더는 세자를 비호할 수 없음을 깨닫고 영조에게 보고했다. 이에 영조는 윤5월 13일 세자를 폐하여 서인으로 만든 다음, 뒤주에 가두고 물과 음식을 주지 못하게 했다. 뒤주 안에서 굶주림과 기갈에 시달리던 세자는 8일 만인 윤5월 21일 숨을 거두었다. 세자가 죽자 영조는 세자의 지위를 회복시키고 사도세자라는 시호를 내렸다.

실학파의 등장

17세기 중엽 이후 조선은 임진왜란과 병자호란으로 전 국토가 황폐화된 상황에서 점차 농업생산력이 회복되고 도시를 중심으로 상업이 발달하는 변화된 상황으로 나아가고 있었다. 기성의 사회 체제가 흔들리고 신분제가 동요하던 시기에 청으로부터 서학과 발전된 과학 문물이 소개되면서 소중화小中華라는 관념적이고 자폐적인 세계관을 반성적으로 돌아보는 계기가 마련되었다.

이때 등장한 것이 실학이었다. 백성들의 실생활과 동떨어진 공리공론만 일삼는 성리학과 달리, 실학은 실용을 추구하고 개혁과 개방이라는 시대의 요청에 부응하는 참신한 면모를 보여 주었다. 실학에서 강조한 것은 경세치용經世致用, 이용후생利用厚生, 실사구시實事求是의 정신인데, 이는 실학 관련 학파들을 구분 짓는 용어로도 사용된다. 즉, 경세치용 학파, 이용후생 학파, 실사구시 학파로 나뉘는 것이다.

경세치용이란 세상을 다스리는 내용의 학문은 실제 사회에 이바지하는 것이어야 한다는 뜻을 가진다. 경세치용을 강조한 학파는 이익에서 시작하여 안정복, 황덕길, 허전 등으로 이어진 성호학파였다.

성호학파는 권력에서 소외당한 경기 지역 남인 소속 학자들을 중심으로 이루어졌다. 이들은 토지 개혁과 농민 생활의 안정을 중시하여 중농학파로도 불리며, 토지 개혁을 중점 과제로 여겼다. 따라서 토지 제도와 행정기구 등의 제도 개혁을 강조했다.

다음으로 이용후생은 백성이 사용하는 기구를 편리하게 하고 의식 衣食을 풍부하게 하여 생활을 윤택하게 한다는 의미를 가진다. 이용후생을 강조하는 학파는 홍대용과 박지원에서 시작하여 박제가, 이덕무, 유득공 등으로 이어진 북학파였다.

북학파는 한양에 거주하는 노론 계열의 인사들을 주축으로 했다. 이들은 사신의 행차를 따라 직접 청나라를 방문하여 선진 문물을 체험할 수 있었다. 이 중 박제가나 이덕무는 서얼 출신이었지만 정조의 배려로 규장각에서 활동하며 정책에도 일정한 영향을 끼칠 수 있었다. 상업과 유통 측면에 많은 관심을 기울여 중상학파라고도 불리며, 상공업의 진흥과 기술 혁신 방안을 적극적으로 제시했다.

끝으로 실사구시는 실제 사실에서 진리를 구한다는 의미를 가진다. 실사구시를 모토로 삼은 학파는 실증적인 학문 연구 방법에 의거해 유교 경전과 역사, 금석문 등을 연구했다. 실학사상이 개화사상으로 넘어가는 시기에 활동했던 김정희, 이규경, 최한기 등이 대표적인 인물이다. 이들은 사회개혁의 방안 등은 그다지 뚜렷하게 보이지 않지만, 철저한 고증과 분석에 기초한 근대적인 학문 연구 태도를 확산하는 데 기여했다.

실학은 많은 한계를 가진 학문이었다. 실학자들이 제시한 개혁안의 상당 부분은 왕조 체제의 유지를 지향한 것이었다. 또한 상당수가 몰락한 지식인 출신이었던 까닭에 자신의 개혁안을 현실에 반영할 수 있는 수단을 가지지 못했다. 그리고 자신들의 이론을 강화하고 발전시키기 위한 구체적 작업도 전개하지 않았다.

이 때문에 18세기 중엽부터 19세기 초까지 활동했던 실학파에게서는 구체적인 제도 개혁의 의지가 강하게 드러났지만, 19세기 중엽 이후로는 민생 개선의 움직임이 점차 희미해졌다. 하지만 당대 사회의 문제점을 발견하고 드러낸 점에서 실학은 그 의미와 가치를 인정받을 만한 학문이었다.

균역법의 실시

영조는 재위 26년(1750) 양인에게 2필씩 징수하던 군포를 1필로 균일하게 줄이는 균역법을 실시했다. 법안 시행에 따른 부족 재원은 균역청에서 다른 세원을 통해 보충하게 했는데, 이는 백성들에게 부과된 과중한 역의 부담을 줄여 주려는 조치였다.

역役은 노동력을 징발하는 수취 체제로, 부역과 군역으로 나뉘었다. 부역은 국가나 지역 관청에서 백성들에게 지우는 노역을 가리키며, 군역은 16세 이상 60세 이하의 양인 신분 남자들에게 부과된 병역 의무였다.

조선 초기 군제는 중앙은 오위가 담당하고, 지방은 진관을 운영하는 체제였다. 그리고 양인은 군영에서 직접 병역 의무를 이행하는 정군正軍과 정군을 경제적으로 돕는 보인保人으로 나뉘었다.

이와 같은 구조가 오랜 평화 속에서 느슨해지면서 사람을 사서 자신의 병역 의무를 대신 지게 하는 고가대립雇價代立이 생겨났다. 또한

나라에서도 차츰 병역을 면해 주는 대가로 포를 바치게 하는 대역납
포 제도를 실시하게 되었다.

임진왜란 후에 조선의 군제는 훈련도감 등 오군영 체제로 바뀌었
다. 훈련도감은 전문 군인으로 구성된 특수 부대로, 호조에서 지급
하는 포를 가지고 운영비용을 충당했다. 오군영에 속하는 다른 군영
들도 양인들이 병역 대신에 매년 두세 필씩 내는 군포로 운영되었다.
하지만 조선 후기 관직을 매매하거나 족보를 사거나 호적을 위조하
는 양인이 늘어나면서 양인의 숫자가 줄어들었다. 그에 따라 가난하
고 무력한 양인들만 군역을 지게 되었는데, 나라에서는 줄어든 만큼
의 군포를 양인들에게 추가로 부과했다. 그 과정에서 온갖 수탈이 행
해졌다.

즉, 이미 죽어 군역에서 제외된 자의 포를 그 가족에게 징수하는
백골징포, 16세 미만으로 자격 미달인 어린아이에게 군포를 징수하
던 황구첨정, 군포 부담을 피해 도망할 경우 친척에게 대신 부담을
지우는 족징, 그리고 이웃에 연대책임을 물어 군포를 징수하는 인징
등 그 종류가 다양했다.

당시 족징을 피하려고 일족이 집단 자살하는 일도 있었다. 이와 같
은 폐해를 없애고자 균역법을 실시한 영조는 군포의 부족분을 어염
세, 선무군관, 은여결, 결작 등을 통해 충당토록 했다.

그중 어염세魚鹽稅는 왕실 재원으로 쓰기 위해 어민이나 염부에게
걷는 세금이었고, 선무군관은 대체로 군역을 지지 않는 부유한 양인
들을 군관으로 삼아 포를 징수하는 제도였다. 은여결은 조세 대상에
서 누락된 숨은 경작지인 은결과 기록된 토지의 결수보다 초과된 만
큼의 결수인 여결을 합친 것이었다. 그리고 결작은 토지 1결당 2두씩

지주에게 부과한 세금을 가리켰다.

이와 같은 방식으로 결손을 보충한 균역법은 군포의 액수를 줄였다는 점에서 일정 부분 개선된 조치였다. 하지만 여전히 양인에게만 부과된 역이었다는 점, 지주에게 부과된 결작을 양인 농민이 떠안기 쉬웠다는 점, 죽거나 달아난 자의 군포가 면제되지 않고 주위에 전가되었다는 점 때문에 근본적인 해결책은 되지 못했다.

정조의 탕평책

파당 간의 대립을 조정하면서 온건파들을 중용해 온 영조의 완론 탕평책은 외척 세력의 득세라는 부작용을 초래했다. 영조 재위 말년은 사도세자의 처가인 풍산 홍씨 가문과 영조의 계비인 정순왕후 김씨의 가문 등 두 외척 세력이 주도권을 놓고 다투었다.

정조는 어머니 혜경궁 홍씨의 숙부 홍인한과 고모인 화완옹주의 양자 정후겸, 정순왕후의 아버지 김한구와 오빠 김구주 등의 계략으로 위태로운 세손 시절을 보냈다. 이런 상황에서 세손의 보호막이 되어 준 인물이 홍국영이었다.

사도세자의 죽음에 동조한 바 있는 홍인한은 정조가 왕이 되는 것을 경계했다. 하지만 영조 51년(1775) 세손은 왕명으로 대리청정을 시작했다. 그리고 이듬해인 1776년 3월 영조가 83세의 나이로 병사하면서 정조는 왕위에 올랐다.

즉위 후에 정조가 우선적으로 한 일은 자신에게 위협이 되는 외척 세력을 제거하는 작업이었다. 홍국영, 서명선 등 친위 세력을 앞세운 정조는 홍인한과 정후겸 등을 사사하고, 김구주 등도 죄상을 들춰내어 유배형에 처했다. 이러한 숙청 작업으로 외조부인 홍봉한과 고모인 화완옹주를 제외한 대다수 외척들이 실각하면서 그 세력이 크게 위축되었다.

이를 주도한 인물이 홍국영이었다. 세손 시절부터 정적과의 싸움에 앞장섰던 홍국영에 대한 정조의 신임은 대단했다. 친위 부대의 필요성을 크게 느끼고 홍국영에게 수어사, 총융사, 금위대장, 숙위소의 책임을 모두 맡겼을 정도였다.

정조의 호위 책임은 물론이고 승지가 되어 왕명출납까지 맡게 된 홍국영은 권신으로서 세도를 부리기 시작했다. 왕비에게 소생이 없는 것을 본 그는 외척으로서 권세를 누리고자 자신의 누이를 정조에게 시집보냈다.

하지만 누이인 원빈 홍씨가 후사도 없이 1년 만에 죽자, 정조의 이복동생인 은언군의 아들을 원빈 홍씨의 양자로 삼아 왕세자에 책봉하려는 무리수를 두었다. 그 때문에 정조의 신임을 잃게 되었고, 정조 3년(1779) 김종수의 탄핵이 받아들여지면서 실각되었다.

외척들을 정리한 정조는 영조의 탕평책을 이어받되, 타협이 아니라 의리에 기초한 준론 탕평을 펼쳐나갔다. 당파의 구별 없이 의리, 즉 왕에 대한 충성을 지키는 인사를 중용하려는 정책은 당시 조정을 장악하고 있던 노론의 반발에 부딪혔다.

정조는 노론 우위의 정국 속에서 집권 초반을 운용해 나갔다. 사도세자를 뒤주에 가둬 아사시킨 임오년의 의리를 해석하는 문제에서도 영조가 못 박은 노론의 의리에 수정을 가하지 못했다. 하지만 정조는 평생에 걸쳐 임오의리를 수정하여 사도세자의 명예를 높이고자 했다.

노론의 눈치를 살피며 정사를 베풀던 정조는 어느 정도 왕권 안정이 이루어진 후에는 준론 탕평의 뜻을 실천에 옮겼다. 노론의 반대를 무릅쓰고 채제공을 재상 자리에 앉히는 등 남인 인사들을 등용하고, 서북인들도 골고루 뽑아 썼다.

이와 같은 정조의 준론 탕평으로 조정은 시파와 벽파로 나뉘었다. 이는 새로운 당파가 아니라 기왕의 노론, 소론, 남인 중에서 정조의 정책에 동조하는 인사들은 시파, 동조하지 않는 인사들은 벽파가 되었다. 사도세자의 죽음에 대해서도 시파는 동정한 반면, 벽파는 당연한 것으로 여겼다.

시파와 벽파는 노론, 소론, 남인처럼 파당을 짓고 결집하는 모습을 보이지는 않았다. 시파와 벽파의 대립은 파당 간의 대립에 우선하지 않았으며, 정조의 정책에 대한 동조 여부에 따라 조건적으로 집단화된 것에 지나지 않았다.

정조 12년(1788) 영의정에 노론 김치인, 좌의정에 소론 이성원, 우의정에 남인 채제공이 각각 임명되었다. 이는 파당의 실세들을 전면에 배치해 논쟁하고 소통케 할 의도로 단행한 파격적인 인사였다.

이후 정국의 주도권은 채제공의 주도로 노론 시파에게 넘어갔으며, 노론 벽파 세력은 점차 약화되었다. 그리고 좌의정으로 승진한 채재공은 정조 15년(1791)에는 영의정과 우의정이 없는 독상으로서 정조의 개혁 정책을 추진했다.

정조 16년(1792) 영남 유생 1만여 명이 연명해 사도세자의 신원과 책임자들의 처벌을 요청하는 상소를 올렸다. 〈영남만인소〉에는 남인 채제공의 중용으로 고무된 영남 남인들의 비원이 담겨 있었다. 이인좌의 난 이후 반역의 땅으로 낙인찍히면서 줄곧 불이익을 당해 왔던 까닭이었다.

〈영남만인소〉 사건으로 영남 유림에 대한 정조의 관심이 높아진 가운데, 임오의리가 다시금 정치 현안으로 부상했다. 사안의 중대성 때문에 노론 벽파가 크게 동요하고, 벽파와 시파 사이의 대립이 격화되었다. 이에 정조는 영조의 유시를 좇아 임오의리를 보존한다는 입장을 밝힘으로써 힘의 우위가 아직 노론에 있음을 보여 주었다.

화성 건설과 개혁 정치

정조는 강고한 노론의 견제 속에서 개혁 정책을 통해 왕권을 강화해 나갔다. 정조 즉위년(1776), 개혁에 필요한 측근 세력을 양성하고 결집시키는 거점으로 삼고자 규장각을 설치했다. 규장각은 역대 왕들의 어제御製와 어필 등을 정리하고 보관하는 한편, 국내외 서적을 수집하거나 편찬하는 왕실 도서관이자 연구 기관으로 출발했다.

서얼 허통을 시도한 정조는 규장각 검서관 자리에 박제가, 이덕무, 유득공 등 다수의 문식 있는 서얼을 임명했다. 그리고 재위 5년(1781)에는 규장각의 기능을 재정비함으로써 국왕의 통치를 보좌하는 기관으로 삼았다.

정조는 규장각 설치와 아울러 조선 초기에 시행했던 사가독서에 견줄 만한 초계문신제를 마련했다. 이는 37세 이하의 당하관 가운데 재능 있는 자를 뽑아 규장각으로 보내 학문을 연마하게 하는 제도였다. 이들은 40세에 졸업하게 되는데, 그동안 국왕의 정책을 보좌할 수 있는 충직하고 역량 있는 인재로 육성되었다.

조선 후기를 대표하는 실학자인 정약용, 서유구 등도 초계문신제를 통과한 인물들로, 정조 말년에는 공경대부의 태반을 초계문신들이 차지했다. 이들은 암행어사로도 파견되어 민정을 파악하고 왕권을 강화하는 데 큰 역할을 했다. 규장각과 초계문신제는 집권 세력에

정조 즉위년에 세운 왕실 도서관이자 연구 기관인 규장각

대항하는 친왕 세력의 화수분 노릇을 하면서 권력 구조의 변화를 이끌어 냈다.

한편, 즉위 초 정적으로부터 목숨의 위협까지 받았던 정조는 재위 1년(1777) 11월에 자신의 신변 보호와 정권 수호를 위해 금군 외에 별도의 호위 기구인 숙위소를 설치했다. 숙위대장은 오군영을 총괄하는 상위 직책으로, 궁궐 숙위 외에도 도성 전체의 경비도 관할했다. 이 특별한 기구는 홍국영이 실각하면서 함께 폐지되었다.

정조 9년(1785)에는 숙위소와 달리 국왕의 호위만을 전담하는 장용위가 만들어졌다. 소수 정예인 30명의 무관으로 출발한 장용위는 3년 후 장용영으로 개편되었고, 정조 17년(1793)에는 수도 방위와 화성에 자리한 현륭원과 행궁 수호의 역할까지 맡을 정도로 조직이 커졌다.

이처럼 장용영이 빠른 속도로 확장되는 동안, 오군영은 반대로 왜소해져 군영으로서의 의미도 상실할 정도가 되었다. 오군영의 재정과 군사가 장용영으로 이동한 결과였다. 오군영 가운데 가장 정예 부대인 훈련도감의 경우, 장용영으로 빠져나간 군사의 수가 2,200여 명에 이를 정도였다.

장용영으로 오군영을 통합한 것은 정조의 화성 경영과 밀접한 관련을 가지고 있었다. 정조는 재위 13년(1789) 7월 사도세자의 묘를 경기도 양주 배봉산에서 수원으로 이장하고 현륭원을 조성했다. 그리고 수원을 친위 세력의 본거지로 삼고자 했다. 이러한 정조의 의도는 화성을 축조하고, 수원의 상권을 부양하는 정책을 추진하며, 장용영의 일부를 화성으로 이전시키는 등의 조치를 통해 구체화되었다.

여기서 수원 상권을 부양하는 정책이란 정조 15년(1791) 6월에 전격 실시된, 육의전을 제외한 모든 시전의 금난전권 철폐를 가리킨다. 금난전권은 육의전과 시전 상인에게 부여된 전매 특권으로, 18세기 이후 소상인의 몰락과 상품 유통의 지연, 물가 폭등의 원인이 되어 왔다. 정조의 금난전권 철폐는 왜곡되었던 시장질서의 회복뿐만 아니라, 시전 상인들과 결탁해 온 노론 권신들에 대한 견제 효과도 거두었다. 아울러 한양에 집중되어 있던 경제력을 지방으로, 특히 수원으로 끌어당길 수 있는 기회로도 작용했다.

정조의 화성 축조는 정조가 화성으로 행차하기 전년도인 정조 18년(1794) 2월에 시작해서 정조 20년(1796) 9월에 완성되었다. 화성 축조 계획은 3년 전 시장 개혁에 감춰져 있던 최종적인 의도를 드러내 주었는데, 정조는 화성 축조를 통해 왕권 강화를 위한 새로운 물적 토대를 완성하고자 했다.

당연하게도 노론 벽파는 화성 축조에 반발했지만, 정조는 계획을 밀어붙였다. 화성은 규장각 학사인 정약용에 의해 설계되고, 채제공의 감독 하에 공사가 진행되어 2년 6개월 만에 완공되었다.

정조는 화성 건설과 더불어 군제 개혁에도 착수했다. 화성 부근의 지방군을 오위 체제로 재편성해 장용영의 지휘를 받도록 하였다. 그 결과 정조는 주요 군사력을 장악하게 되었다.

화성 건설과 군사력 장악에 성공한 정조는 안정적으로 개혁 정책을 펼쳐나갈 수 있었다. 그리고 왕이 의리의 주인임을 자처하는 군주 도통론을 내세워, 인조 이래로 인정되어 온 산림도통론을 정면으로 부정했다.

왕권 강화에 대한 정조의 자신감과 실력은 그의 재위 22년(1798)에 채제공이 벽파의 공세로 사임하고 노론 벽파 정권이 들어서면서 도

전받기 시작했다. 탕평이 통하지 않는 강고한 신료들을 상대로 전제적인 태도를 보이면서 정사를 끌어간 정조는 재위 24년(1800) 5월 말에 오회연교를 발표했다.

'오월 그믐 경연장에서의 하교'라는 뜻의 오회연교를 통해 정조는 자신의 통치 원칙을 밝혔는데, 그 내용은 사도세자가 억울하게 죽었다는 것과 선왕 영조의 유지대로 책임을 묻지 않을 테니 거짓 논리로 맞서지 말라는 것이었다. 이는 노론 강경파에게 던지는 투항 명령이었다. 그리고 남인 강경파를 재상에 기용할 것임을 암시함으로써 노론 벽파 정권을 압박했다.

정조는 오회연교를 발표한 지 채 한 달도 안 된 그해 6월 28일 갑자기 숨을 거두었다. 그간 개혁을 추진해 왔던 남인과 노론 시파 세

왕권 강화의 토대를 만들기 위해 새로이 축조한 화성

력도 급속히 와해되었다. 왕의 후원 외에는 그들 사이에 별다른 공조 기반이 존재하지 않은 결과였다. 규장각 학사들에게 주어졌던 권한도 사라졌을 뿐더러, 다음 해 정월에는 장용영의 기능도 크게 줄어들면서 끝내 혁파되었다.

조선 후기의 산업

17~18세기 조선의 상업계에 나타난 대표적인 변화 중 하나는 장시의 확대였다. 15세기 말경 전라도 지방에서 처음 나타나기 시작한 장시는 18세기 중엽 전국적으로 천여 군데를 헤아릴 정도로 그 수가 늘어났다.

보통 5일마다 열리는 장시에는 인근 지역에서 생산된 농산물과 수공업 제품들이 교환되었고, 행상인 부보상이 가지고 온 먼 지방의 특산물들도 거래되었다. 이런 장시들 중 일부는 상설 시장으로 발전하거나 주변 시장들과 합쳐지면서 큰 규모의 시장으로 성장했다.

17세기 중엽부터 청나라와의 무역이 활발해진 것도 주목할 만한 변화였다. 의주의 중강, 청의 구련성과 봉황성 사이 책문 등 국경 지역에서 관무역과 사무역이 이루어졌는데, 이곳 의주의 만상은 사무역을 통해 성장했다. 청나라에서는 비단, 약재, 말, 문방구 등이 수입되었고, 조선에서는 은, 종이, 가죽, 무명 등이 수출되었다. 그리고 19세기 이후로는 개성 인삼이 수출품으로 인기를 끌었다.

17세기 이후로 일본과의 무역도 활발해졌다. 은, 구리, 유황, 후추 등이 일본으로부터 수입되었고, 조선에서는 인삼, 쌀, 무명 등을 수출했다. 교역을 주로 담당한 것은 동래 상인이었는데, 이들은 일본에서 수입한 은을 다시 중국으로 수출하는 방식을 통해 많은 이익을 거두었다.

전국적으로 장시가 확대되면서 사상私商들의 활동도 크게 늘어났다. 이들은 각 지방의 장시를 연결하면서 물품을 교역하는 한편, 현지마다 지점을 두어 상권을 장악했다. 또한 대외 무역에도 참여해 큰 부를 쌓았다. 그 과정에서 한양의 경강상인, 개성의 송상, 평양의 유상, 의주의 만상, 동래의 내상 등은 대표적인 거상으로 성장했다.

1791년 육의전을 제외한 시전의 금난전권이 사라졌다. 그러자 사상들은 육의전 외의 상품들을 자유롭게 거래할 수 있게 되었다. 그리고 동대문 근처의 이현, 남대문 밖의 칠패, 종로의 종루를 중심으로 시전 이외의 새로운 시장이 형성되면서 상업 활동이 활발하게 이루어졌다.

관청으로부터 공가貢價를 받아 필요한 물품을 구해 관청에 납품하는 공인은 빠르게 성장했다. 이들은 한 종의 물건을 대량으로 구매해 넘기는 과정에서 큰 이익을 남길 수 있었으며, 자신들의 든든한 물주나 다름없는 나라에는 세금으로 공인세를 바쳤다.

상업의 발달과 더불어 시장 질서를 교란시키는 매점매석 행위를 통해 막대한 이득을 취하는 도고 상인도 출현했다. 이는 상품 생산이 수요를 충족시키지 못해서 촉발된 현상으로, 시전 상인이나 공인처럼 정부의 인가를 받은 이들이 물건을 싹쓸이하는 경우도 있었고, 경강상이나 송상처럼 재력이 풍부한 사상들이 물가를 폭등시키는 예도 존재했다.

상공업의 발달은 자연스럽게 금속 화폐에 대한 수요를 증가시켰다. 1678년 시중에 첫 선을 보인 상평통보는 17세기 말에 이르러 전국적으로 유통되었다. 하지만 금속 화폐로서 여전히 인기를 끈 것은 은자였으며, 쌀과 포布 등도 현물 화폐로서 널리 사용되었다.

그 틈바구니에서 보조 수단에 머물렀던 상평통보가 핵심적인 유통 수단으로 탈바꿈하게 된 계기는 18세기 후반에 이루어진 대동미와 기타 세금의 금납화였다. 금속 화폐의 유행은 상품 경제를 활성화시키는 데 크게 이바지했다.

상인과 양반 지주들 사이에서는 화폐가 유통 수단을 넘어 재산 축적 수단으로 활용되기도 했다. 그로 인해 시중에서 돈이 줄어드는 전황錢荒 현상이 나타났다. 이와 같은 유통 화폐의 부족은 18세기 중엽 이후 빈부 격차를 심화시키고 돈이면 뭐든 다 할 수 있다는 인식을 조장하는 등 심각한 사회 문제를 야기했다.

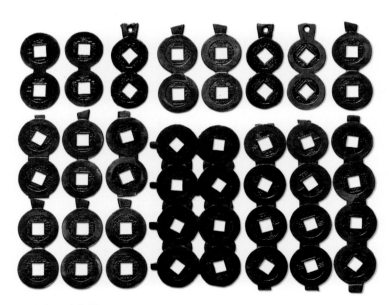

조선 후기에 주조된 상평통보

세도 정치의 시작

1800년 6월 28일 정조가 죽고 순조가 11세의 나이로 왕위에 올랐다. 영조의 계비 정순왕후 김씨의 수렴청정이 시작되면서 김관주와 심환지 등 노론 벽파가 주도권을 장악하게 되었다. 이들은 정적인 시파 인사들을 역적으로 몰아 대거 숙청했다.

순조 원년(1801)에는 천주교 신자들을 탄압했는데, 이는 천주교 신자가 많았던 시파를 제거하기 위한 수단으로 활용된 측면이 컸다. 일종의 정치적 박해라고 할 수도 있는 혼란 속에서 이가환 등 남인 천주교 신자들이 처형되었으며, 정약전, 정약용 형제도 전라도 지방으로 유배당하는 고초를 겪었다.

그런 와중에도 노론 시파인 김조순은 벽파 세력의 수장인 정순왕후의 추인 아래 정조의 유지를 받들어 순조를 보좌했다. 그리고 순조 2년(1802) 자신의 딸을 왕비로 만드는 데도 성공했다.

정적들을 향해 거침없이 칼을 휘두르던 노론 벽파의 권세는 오래가지 않았다. 순조 4년(1804) 정월 정순왕후가 수렴청정을 거두고 이듬해 정월에 죽자, 벽파 정권도 흔들렸다. 이후 전개된 권력 쟁투에서 벽파가 밀려나고, 외척인 김조순의 일가가 정권을 차지했다. 이로써 조선 후기 안동 김씨의 세도 정치가 뿌리내리기 시작했다.

한편 풍양 조씨의 일원인 형조참판 조득영은 시파를 공격하는 우의정 김달순을 탄핵함으로써 벽파 세력 제거에 큰 공을 세웠다. 이를 계기로 풍양 조씨 가문과 안동 김씨 가문의 협력 관계가 만들어졌다. 그리고 조씨 가문의 여식이 훗날 익종으로 추대되는 세자와 결혼하게 되었다.

안동 김씨 일가는 핵심 권력기구인 비변사를 장악함으로써 자신들의 세도를 유지할 수 있는 기반을 마련했다. 군사 업무에 외교 통상 업무까지 아우르는 비변사는 세도 정치 기간 동안 조직과 권력이 더욱 비대해졌을 뿐더러, 친척끼리 동일 부서나 연관 부서에서 일하는 것을 금하는 상피제도 사라지고 내부적으로 자천까지 일삼았다.

순조는 재위 8년(1808)부터 실무 관원들과 접촉하고 암행어사를 파견하는가 하면, 친위부대를 증강하고 하급 친위 관료를 양성하는 등 친정을 시도했다. 하지만 안동 김씨 위주의 정국을 개편하기에는 역부족인 상황에서 건강을 해친 데다가, 재위 9년(1809)에 심한 기근이 닥치고 재위 11년(1811)에는 홍경래의 난까지 터지자 친정을 포기했다.

이후 거칠 것이 없어진 안동 김씨 인사들의 세도 정치가 본격화되었다. 외척 세력에 눌려 지내던 순조는 재위 27년(1827) 2월 세자 익종에게 대리청정을 명하고 정치 일선에서 물러났다. 익종은 안동 김씨 세력에 맞서기 위해 처가인 풍양 조씨 인사들에다 그간 권력에서 소외되었던 소론, 남인, 북인, 서북인 등을 끌어들였다.

탕평을 통해 안동 김씨를 견제하고 왕권 강화를 꾀했던 익종은 순조 30년(1830) 5월 6일 숨을 거두었다. 순조가 일선에 복귀하고, 탕평 인사들은 숙청되었다. 겨우 3년여에 그친 익종의 정치 실험이 남긴 것은 풍양 조씨의 세력화였다.

다시 득세한 안동 김씨와 권세의 일부를 나눠 가진 풍양 조씨의 틈바구니에서 눌려 지내던 순조는 재위 34년(1834) 11월에 눈을 감았다. 그리고 손자인 헌종이 8세의 나이로 왕위에 올랐다. 순조의 왕비인 순원왕후 김씨가 대왕대비로서 수렴청정에 나선 가운데, 2년 전

죽은 김조순의 아들 김유근을 중심으로 한 안동 김씨와 익종의 장인인 조만영을 따르는 풍양 조씨의 연정 구도가 형성되었다.

이러한 연정 구도가 깨어진 것은 순원왕후가 수렴청정을 거둔 1840년 전후였다. 안동 김씨를 누르고 풍양 조씨가 세도를 부리게 되었던 것이다. 그러나 1849년 헌종이 죽고 철종이 즉위하면서 권력의 축은 다시 안동 김씨에게로 기울었다.

천주교 박해

천주교가 조선에 본격적으로 전파된 것은 18세기 말부터였다. 당시 오랜 당파 싸움의 영향으로 권력에서 소외된 재야 남인 인사들과 학문적 발전이 정체된 주자학의 고루함에 지친 젊은 학자들 사이에서 천주교는 빠르게 수용되었다. 그리고 왕실에서도 믿는 이들이 생겼다.

조선 최초의 천주교 신자인 이벽은 독학으로 천주교 교리를 익혔다. 그의 영향을 받은 남인 학자 이승훈은 1783년 청나라 사신 일행이었던 아버지를 따라 북경에 가서 해당 교구의 그라몽 신부에게서 조선인으로서는 처음 세례를 받았다. 그리고 이듬해 조선으로 돌아와 지인의 집을 교회로 삼고 전도를 시작했다.

이때 정약용이 이벽, 이승훈 등과 접촉해 천주교에 입교하자, 그를 추종하던 이들이 다수 입교했다. 이처럼 신자들이 늘어나는 가운데, 1785년 형조에서 천주교인들을 적발하면서 역관 김병우가 매를 맞고 유배 갔다가 죽는, 조선 최초의 순교 사건이 발생했다.

이듬해 정조는 경서 외에 어떤 책도 청나라에서 들여오지 말라는 금서령을 내렸다. 하지만 신도들은 왕명을 어기고 천주교 서적을 몰래 들여와 포교용으로 썼다. 이에 정조 15년(1791)에는 경서까지도 들여오는 것을 금했으며, 압수한 천주교 서적들은 모조리 불살라 버렸다.

그해 조선 최초의 천주교 박해인 신해박해가 일어났다. 전라도 진산의 남인 교인이던 윤지충이 모친상을 당하자, 권상연과 더불어 신주를 불태우고 천주교식으로 제례를 지낸 것이 문제가 되었다. 남인 세력을 보호하고 싶었던 정조가 처벌에 소극적이었던 데다가, 남인 채제공이 교도들을 비호한 덕분에 윤지충, 권상연이 희생되는 선에서 사건은 마무리되었다.

박해 사건 후에도 천주교는 빠르게 확산되었고, 정조 18년(1794) 12월에는 청국인 신부 주문모가 압록강을 건너와 포교 활동을 시작했다. 정조 24년(1800)에는 교인의 숫자가 1만 명으로 늘어났다.

채제공이 실각하고 정조마저 죽자, 정권을 장악한 노론 벽파 세력은 정적을 처단할 목적으로 대대적인 천주교 박해에 나섰다. 순조 원년(1801) 천주교도 300명을 처형한 신유박해로 기호 남인은 정권에서 완전히 밀려나게 되었다. 이때 순교한 사람들 중에는 중국인 신부 주문모를 비롯해 이승훈과 정약종 등이 포함되었다.

같은 해 9월, 황사영 백서 사건이 터졌다. 교인 황사영이 신유박해의 전말과 대응책을 비단에 적어 몰래 중국 북경으로 보내려다가 붙잡힌 사건이었다. 한양으로 압송된 황사영은 서소문 밖에서 능지처참되었다.

황사영 백서에 적힌 천주교 박해의 대응책은 청나라 황제가 조선에 압력을 넣어 선교사를 받아들이게 하거나, 조선을 청나라의 한성으로 편입시켜 감독하거나, 수백 척의 서양 군함에 5~6만 명의 군사를 실어 보내 조선을 압박하거나 하는 등의 방법이었다. 백서의 내용을 접한 조선 조정에서는 천주교도들이 서양 오랑캐들을 끌어들여 나라를 망치려 한다고 판단했다. 그 때문에 천주교인에 대한 탄압을 더욱 강화했다.

1805년 이후로 노론 벽파 정권이 무너지고 시파인 김조순 등 안동 김씨 세력이 집권하면서 천주교에 대한 탄압이 줄어들었다. 그리고 지식인 중심으로 전파되던 신앙이 민간으로 퍼져나가면서 저변 확대가 이루어졌다.

그런 가운데 헌종 원년(1835) 겨울에는 프랑스 신부 모방이, 헌종 3년(1837) 1월에는 조선 주재 주교로 임명된 프랑스 신부 앙베르가 신부 샤스탕과 함께 한양으로 몰래 들어왔다. 그들의 활동으로 교인의 수는 빠른 속도로 늘어났다.

이에 조정에서는 천주교에 대한 탄압 정책을 다시 꺼내 들었는데, 이것이 헌종 5년(1839)에 벌어진 기해박해였다. 천주교 배척을 전면에 내세운 이 정책은 안동 김씨로부터 권력을 탈취하려는 목적으로 풍양 조씨가 일으킨 정치적 사건이었다. 안동 김씨는 천주교에 대해 관용적이었을 뿐더러, 중심인물인 김유근은 병으로 은퇴한 뒤 세례까지 받은 터였다.

이듬해 봄까지 1년 넘도록 진행된 기해박해로 주교 앙베르와 모방, 샤스탕 신부가 모두 죽임을 당했으며, 100여 명의 신자들도 옥사하거나 처형되었다. 그리고 풍양 조씨는 안동 김씨를 몰아내고 정권을 장악하는 데 성공했다.

천주교를 적대시하는 풍양 조
씨의 세도 정치 속에서도 전도 활
동은 중단되지 않았다. 헌종 11년
(1845)에는 조선인 신부까지 배출
되었다. 김대건은 15세 때 마카오
로 가서 신학 과정을 이수한 지 10
년 만에 상해(상하이)의 신학교에서
신품성사를 받고 우리나라 최초
의 신부가 되었다.

조선으로 돌아와 포교에 힘을
쏟던 김대건은 이듬해인 1846년 5
월 서양 성직자의 잠입 해로를 개

한국인 최초로 신부가 된 김대건

척하던 중에 붙잡혀 한양으로 압송되었다. 그리고 9월 16일 지금의
용산구 이촌동 앞 한강변에 있는 새남터에서 처형당했다. 25세의 젊
은 나이로 순교한 그는 1984년 로마교황청에 의해 성인으로 선포되
었다.

삼정의 문란

19세기 조선의 수취 체제는 삼정의 문란으로 특징지어진다. 삼정
은 전정, 군정, 환정을 가리키는데, 당시 세금이나 군역의 부과는 나
라에서 최소한의 수입 보장을 위한 조처로서 군현이나 마을을 단위
로 총액할당제를 적용했다.

삼정을 문란하게 만든 벼슬아치들은 대다수가 안동 김씨 일가에 뇌물을 바쳐 지방관 자리를 얻는 인사들이었다. 본전 내지는 그 이상을 뽑겠다는 욕심으로 백성들의 등골을 휘게 했던 것이다.

삼정 중에서 전정은 토지에 부과하는 세금으로, 토지 1결당 징수할 액수가 법으로 정해져 있는데도 관리들은 갖은 편법을 써서 세금인 전결田結을 초과 징수했다. 예를 들자면, 놀리는 땅을 경작하는 것으로 둔갑시켜 세금을 거두는 진결陳結, 토지대장에서 누락시켜 주는 대가로 뇌물을 받는 은결隱結, 조세를 내지 않는 땅을 토지대장에 올려놓고 강제로 세금을 징수하는 백징白徵, 토지 결수를 조작해 세금을 거둔 후에 착복하는 허결虛結 등이 있었다.

군정에서 군포를 부과할 때도 온갖 부정이 저질러졌다. 군포는 16세 이상 60세 이하의 사내에게서 수령하게 되어 있었는데, 어린아이를 군적에 올려 군포를 물리는 황구첨정, 이미 죽은 자의 이름으로 군포를 징수하는 백골징포, 군포 부과 대상자가 달아난 경우에 이웃과 가족에게 각각 군포 의무를 떠넘기는 인징과 족징, 마을 단위로 전체 군포 액수를 부과하는 동징 등으로 착취를 일삼았다.

삼정 가운데 가장 폐단이 심했던 것은 환정이었다. 환정은 춘궁기에 곡식을 빌려주었다가 가을 추수 후에 갚게 하는 제도였다. 하지만 빌려준 곡식을 갚지 못하는 경우가 종종 생긴 데다, 썩거나 쥐가 파먹는 등의 이유로 소모되는 곡식도 늘어난 탓에 연 1할의 이자를 부과하게 되었다.

문제는 법정 이자인 1할에 관리들의 횡포와 부정이 보태지면서 이자가 5할까지 폭등하는 등 고리대로 변질했다는 사실이다. 또한 곡식을 빌려줄 때는 모래나 겨를 섞어서 양을 속이고, 돌려받을 때는 제대로 된 곡식으로 받기도 했다. 그리고 흉년이 들면 나라에는 곡식을 돌려받지 못했다고 보고해 탕감을 받고, 농민에게서는 강제로 곡식을 받아내 잇속을 채우는 일도 서슴지 않았다.

이와 같은 부정과 횡포가 계속되는 가운데 환정을 안 받겠다는 농민에게도 강제로 곡식을 나눠 주는가 하면, 이자를 돈으로 내게 해서 부당 이득을 취하는 일도 있었다. 게다가 감당할 수 없는 이자 때문에 견디지 못한 백성들이 도망가면 이웃이나 친척에게 부담을 떠넘기곤 했다.

환정의 문란은 조선 후기 민란을 촉발시키는 한 원인으로 작용했다. 철종 13년(1862) 2월 18일 진주에서 백성들이 봉기한 것을 시작으로 충청도, 전라도, 경상도 등 삼남 지방으로 두루 번진 민란의 불길은 관청 창고 안팎에서 썩어가는 환정의 심각성을 조선 조정에 일깨워 주었다.

정부에서는 환정에서 이자를 보태 곡식을 거두어들이는 것을 없애는 대신, 전정에서 전결을 추가로 징수해 환정에서 발생한 결손을 보충하는 개선책을 내놓았다. 하지만 이 정책은 얼마 못 가서 흐지부지되고 원래대로 돌아갔다.

홍경래의 난

조선 후기 사회적 모순 속에서 촉발된 대표적인 민란이 홍경래의 난이었다. 홍경래는 평안도 용강 출신의 몰락한 양반으로, 경서에 대한 일정 수준의 교양을 갖춘 데다 병서와 풍수지리에도 능통했던 것으로 전해진다.

정조 22년(1798) 사마시에 응시했다가 낙방한 후 출사에 대한 뜻을 접고 세상을 떠돌며 빈한한 생활을 했다. 그런 동안 안동 김씨의 세도 정치와 삼정의 문란, 부패한 과거제도, 서북인에 대한 차별 등으로 곪아가는 조선의 현실에 눈뜨게 되었다. 그리고 평안도 가산 지방에서 부호의 집을 드나들며 풍수를 봐주던 우군칙을 만나 세상에 대한 불만을 토로하던 중 반란을 모의했다.

반란에 가담할 동지들을 규합하기 위해 돌아다니기 시작한 홍경래 등에게 당시 평안도 일대의 광산에서 일하는 노동자들은 좋은 포섭 대상자들이었다. 또한 정부의 규제 속에서도 청과의 무역으로 부를 축적한 황해도와 평안도 지역의 상인들에게도 접근했다. 그리고 벼슬길이 막혀 버린 현실에 불만을 품은 양반 지식인들은 동조자로 만들기에 안성맞춤이었다.

홍경래는 우군칙과 그의 지인 이희저, 곽산 사는 진사 김창시 등을 참모로 삼는 한편, 힘세고 용맹한 홍총각, 이제초 등과 지략에 무용까지 겸비한 김사용 등을 장수로 세우고, 광산 노동자들을 끌어모아 병사로 조련했다. 여기에 정주성의 거부 김석하와 이침, 안주 상인 나대곤 등 서북 지방의 자본가들이 후원하고, 송상 박광유와 홍용서 등 인삼 밀매 금지 정책에 불만을 품은 상인들도 힘을 보탰다.

홍경래는 평안도 가산 다복동을 근거지로 삼아 10여 년간 착실하게 거사를 준비했다. 그리고 순조 11년(1811) 12월 기근으로 민심이 흉흉해진 틈을 타 반란을 일으켰다. 반란군은 가산군청을 습격해 군수를 죽이고 군청을 접수했다.

이어서 박천읍을 점령하고 다시 곽천과 용천을 차지했는데, 가는 곳마다 관청의 곳간을 활짝 열어 백성들에게 곡식을 나누어 주었다. 그렇게 민심을 얻은 반란군은 청천강 이북의 가산, 박천, 곽산, 정주, 선천, 태천, 용천 등 8개 읍을 5~6일 만에 수중에 넣었다. 그리고 이듬해 1월에는 정주성까지 함락했다.

하지만 안주, 연변 공격을 앞두고 내부 분란이 발생하고, 반격해 온 관군과 박천, 송림 등지에서 맞서 싸우다 정주성으로 퇴각하게 되었다. 이런 와중에 홍경래까지 부상을 당하자, 그를 죽이고 관군에 투항하려는 배신자가 생기는 등 반란군이 크게 동요했다.

암살의 위기를 모면하고 부하들을 다독인 홍경래는 관군에 포위당한 정주성 안에서 4개월을 버텼다. 계속되는 대치와 접전 속에서 소진되어 가는 병력을 추슬러 싸우던 그는 끝내 성이 함락되면서 사망하였다.

정주성에서 홍경래가 이끄는 봉기군과 순무영군이 맞선 장면을 묘사한 그림인 순무영진도

강화도령 철종의 등극

헌종이 재위 15년(1849) 6월에 후사 없이 죽자, 철종이 19세의 나이로 왕위에 올랐다. 사도세자의 아들 은언군의 손자인 철종은 헌종 때 한 옥사 사건으로 가족과 함께 강화도로 유배되었다. 강화도령이라고 불릴 정도로 조정에는 알려지지 않은 인물이었던 그는 농사일 외에는 아는 것이 없는 까막눈이었다.

철종의 즉위와 관련해 종통으로는 헌종의 뒤를 잇지만 항렬로는 헌종의 7촌 아저씨뻘이라는 사실이 문제로 제기되었다. 이때 촌수는 멀어도 덕흥대원군의 종손 이하전이 총명하므로 그를 통해 왕위를 잇게 하자는 주장도 나왔다.

이처럼 후계 문제로 논란이 벌어진 가운데, 안동 김씨 쪽에서는 철종을 강력하게 밀어 올렸다. 자신들의 세도를 유지하는 것이 유리하다고 판단했던 것이다. 결과는 안동 김씨의 뜻대로 되었다. 그리고 헌종 초기처럼 순원왕후 김씨가 수렴청정에 나서면서, 풍양 조씨에게 밀려났던 안동 김씨가 다시 정권을 차지했다. 김좌근, 김흥근 등이 휘두르는 보복의 칼날에 조병현이 죽임을 당하고, 풍양 조씨를 따르던 인사들이 모조리 축출되었다.

철종은 재위 2년(1851) 윤8월에 김문근의 딸을 왕비로 맞아들였다. 이로써 왕의 장인이 된 김문근을 주축으로 안동 김씨의 세도 정치가 절정에 달했다. 이듬해부터 철종이 친정하게 되었으나 국정을 움직인 것은 조정의 요직들을 독차지한 김씨들이었다.

순조, 헌종, 철종 등 3대에 걸쳐 왕비를 배출한 안동 김씨 일가의 세도 정치는 60년 동안이나 이어졌다. 강고한 독주 체제 속에서 내부

적으로 암투를 벌이기도 했지만, 왕가의 세력이 강해지면 자신들의
세도에 위협이 될 수 있다는 사실을 김씨들은 잊지 않았다. 그들은
한때 왕의 물망에 올랐던 이하전을 역모로 몰아 죽임으로써 화근거
리를 없애 버렸다.

안동 김씨들의 전횡 앞에서 종친들은 납작 엎드린 채 숨어 지내야
했다. 왕권을 압도하는 세도가에 줄을 댄 관리들의 학정으로 삼정이
문란해지고, 견디다 못한 농민들은 전국 곳곳에서 민란을 일으켰다.

무능하고 부패한 세상의 꼭대기에서 호의호식하던 철종이 재위 14
년(1863) 12월에 후사 없이 죽자, 당시 왕실 최고 어른이었던 신정왕
후 조씨의 결정으로 흥선군 이하응의 둘째 아들 고종이 12세의 나이
에 즉위했다. 신정왕후가 대왕대비로서 수렴청정에 나선 가운데, 안
동 김씨의 오랜 세도가 막을 내리고 흥선대원군의 시대가 개막했다.

흥선대원군의 개혁 정치

익종의 비로, 안동 김씨의 푸대접을 받아 온 신정왕후 조씨는 역시
나 안동 김씨들의 표적이 되지 않으려고 파락호 행세까지 하면서 살
았던 종친 흥선군 이하응과 심정적으로 통했다. 그런 연대감은 공석
이 된 왕의 자리에 흥선군의 아들을 앉히는 결정으로 이어졌다. 흥선
군은 고종 즉위 후 대원군에 봉해졌다.

고종 3년(1866) 2월 신정왕후의 수렴청정이 끝나고 국왕의 친정이
시작되자 흥선대원군의 위세는 더욱 높아졌다. 그는 안동 김씨 세력
을 몰아내고 당파와 신분을 초월하여 능력 있는 인사들을 등용했다.

아울러 세도 정치의 온상이 되었던 비변사를 의정부에 합치면서 행정권을 이관하고 삼군부를 부활시켜 군사권을 맡겼다.

또한 정치 기강을 바로잡고 법률 제도를 확립할 목적으로《육전조례》,《대전회통》등을 간행했다. 당쟁의 소굴로 변질된 사원祠院 정리에도 나서, 전국의 600여 개소 중에서 47개소만 남기고 모두 철폐했다. 이런 대대적인 조치를 통해서 서원이 불법 점유해 온 땅과 노비를 국고로 환수했을 뿐만 아니라 국가 재정의 낭비와 당쟁의 요인을 제거했다.

대원군은 민생을 좀먹는 삼정의 문란에도 칼을 빼들었다. 전정의 비리를 해소하기 위해 토지대장에 빠져 있는 땅과 누락된 전결을 찾아냈다. 그리고 토호들의 토지 겸병도 금지했고, 사사로이 차지하고 있는 어장은 국가에 귀속시켰다.

군정 문제에서는 군포 징수 대상자를 양인에서 양반으로까지 확대

흥선대원군의 사가이자 정치적 영향력을 행사한 중심지인 운현궁

하는 균등 과세 조치를 취했다. 즉, 양반들의 면세특권을 폐지하고 신분 고하에 상관없이 한 가구당 두 냥씩을 부과하는, 이른바 호포제를 실시했던 것이다.

가장 문제가 심각했던 환곡은 사창제로 바꾸었다. 마을 단위로 공동 운영하는 사창에서 곡물을 대여해 주는 것으로, 마을 주민들 중에서 성실하고 넉넉한 사람을 우두머리로 삼아 관리하게 했다. 지방관들의 부정을 차단함으로써 백성들이 부담을 덜어 민생이 다소 안정되는 효과를 발휘했다.

이러한 대원군의 개혁 정책으로 혼탁했던 정치적, 경제적 질서가 회복되는 측면이 있었다. 하지만 고종 2년(1865) 착공에 들어간 경복궁 중건 사업은 당시 조선의 경제적 질서를 심각하게 교란시키는 폐단을 낳았다.

임진왜란 때 불타 버린 경복궁은 조선 왕조의 정궁으로, 대원군은 이를 중건해 세도정치로 실추된 왕실의 권위를 회복시키고자 했다. 그는 공사 경비 마련을 위해 종친과 관리는 물론 일반 백성들에게까지 원납전이라는 기부금을 거둬들여 공사를 진행시켰다.

처음에 순조롭게 진행되던 공사는 목재를 보관해 둔 창고가 불에 타면서 난관에 봉착했다. 그러나 대원군은 자재도 재원도 부족해진 상황에서 공사 강행을 결정하고, 상평통보의 100배에 해당하는 값이 매겨진 당백전을 발행했다. 그 결과 물가가 폭등하면서 민생에 큰 타격을 입혔다.

백성들의 원성 속에서도 계속해서 이어진 공사로 고종 5년(1868) 7월 경복궁이 완공되었다. 중건된 경복궁은 크기가 7천여 칸으로, 300여 칸이었던 본래 경복궁보다 20배 이상이나 넓었다. 대원군이 집념으로 이룬 경복궁 중건은 그의 개혁 정책의 목적이 민생 안정이 아닌 왕권 강화에 있음을 여실히 보여 주었다.

쇄국과 병인양요

1860년 영국과 프랑스 연합군이 청의 수도 북경을 점령하는 사태가 벌어졌다. 1856년 애로호 사건을 계기로 촉발된 서양 군대의 북경 점령은 조선도 안전하지 않으리라는 두려움을 불러일으켰다.

이때 러시아의 중재로 북경조약이 체결되고, 그 과정에서 러시아는 중재의 대가로 연해주를 확보했다. 이에 러시아와 두만강을 경계로 마주하게 된 조선은 러시아인이 함경도 경흥부에 와서 통상을 요구하자, 러시아가 남침할지도 모른다는 우려를 하게 되었다.

대원군은 조선에 와 있던 천주교 신자로부터 프랑스와 동맹하면 러시아의 준동을 막을 수 있다는 말을 듣고 프랑스 신부를 찾았다. 당시 조선에는 뵈르뇌 주교를 위시한 프랑스 신부 12명이 입국해 포교 활동을 하고 있었는데, 모두 지방으로 가서 연락이 닿지 않았다.

그 사이 러시아인이 아무 일 없이 돌아갔을 뿐더러, 청국에서 천주교도를 탄압하고 있다는 사신의 보고가 올라왔다. 여기에 조두순 등은 앞서 있었던 황사영 백서 사건을 들먹이며 천주교도들의 행동을 비난했다. 천주교에 반대하는 목소리가 조정의 중론을 이루자 대원군은 천주교도를 박해하는 쪽으로 방침을 정했다.

고종 3년(1866) 정월, 천주교를 금지하는 포고령이 내려지고 프랑스 신부 12명 중 9명이 붙잡혀 처형되었다. 이를 시작으로 몇 달 사이에 8천여 명의 신자들이 죽임을 당하는 병인박해가 일어났다.

살아남은 프랑스 신부들 중 한 명인 리델 신부가 중국으로 탈출해 현지 주둔 중인 프랑스 인도차이나함대 피에르 로즈 제독에게 조선에서 벌어진 참상을 알렸다. 로즈 제독은 공격 루트로 삼을 조선의 지형과 수로를 탐사한 다음, 그해 10월 11일 7척의 군함과 천 명의 병력을 이끌고 보복 침공에 나섰다.

조선에서 선교 활동을 펼친 12명의 신부

10월 16일 침공을 개시한 프랑스 함대는 강화성을 점령했다. 이에 순무영을 설치하고 군대를 출정시킨 조선 정부에 대해 로즈 제독은 프랑스 신부 학살을 비난하고 책임자 처벌과 조약 체결을 요구했다.

프랑스군은 요구가 받아들여지지 않자 10월 26일 문수산성, 11월 9일 정족산성에서 조선군과 전투를 벌였다. 그 과정에서 전력 손실을 입은 프랑스군은 공격을 멈추고 11월 11일 강화성에서 철수를 개시했다. 그때 장녕전 등 모든 관아에 불을 지르고 미리 약탈해 놓은 은괴 19상자와 서적 300여 권, 무기 등을 배에 싣고 중국으로 떠났다.

프랑스군이 약탈해 간 서적들은 훗날 서양인들이 한국 등 동양을 연구하는 자료로 쓰였다. 한편, 프랑스군의 난동에 분노한 대원군은 전국에 척화비를 세우는 등 강력한 쇄국 정책을 천명하고, 천주교에 대한 탄압의 강도를 높였다.

제너럴셔먼호와 신미양요

고종 3년(1866) 8월, 병인양요에 앞서 미국 상선 제너럴셔먼호가 대동강에서 격침당하는 사건이 발생했다. 당시 서해 섬들을 거쳐 대동강 하구로 진입한 셔먼호는 강을 거슬러 내륙 깊숙이 들어와 교역을 요구했다.

교역 불가를 알리는 조선 관리들의 말을 무시한 셔먼호의 승무원들은 평양 만경대까지 올라왔다가 모래톱에 선체가 걸리게 되었다. 그들은 배가 꼼짝도 못하는 상황에서 불안과 초조에 휩싸인 채 조선인들을 향해 총포를 쏘는 등 난동을 부렸다.

이에 십수 명의 사상자가 발생하자 격분한 조선 관군과 주민이 대포와 활과 돌팔매로 응전했다. 그러다 강물에 기름을 풀고 불을 붙여 셔먼호를 불태웠다. 이때 셔먼호에 타고 있던 선교사 1명을 비롯한 승무원 23명은 모두 불에 타거나 물에 빠져 죽었다.

미국은 1867년과 1868년 두 차례에 걸쳐 사건의 진상을 조사했다. 그 결과, 셔먼호 승무원들의 도발적인 선제공격이 화를 초래했다는 사실을 확인했으면서도 조선에 대한 응징을 결정했다. 그리고 아시아 함대 사령관 로저스 제독에게 조선 침공을 명령했다.

1871년 5월 16일 일본 나가사키 항에서 출발한 로저스의 함대는 조선 정부의 허락도 없이 강화해협을 측량하며 이동하던 중에 조선군의 경고용 포격을 받고 물러났다. 그리고 조선군의 공격을 트집잡아 조선 정부에 사과와 배상을 요구했다.

요구 조건이 받아들여지지 않자, 6월 10일 644명의 미군 병력이 강화도의 초지진을 공격해 점령했다. 함포사격으로 초토화시킨 초지진과 달리, 다음 점령지인 덕진진은 무혈 입성했고, 광성진은 어재연이 이끄는 조선군 600여 명과 교전을 벌여 탈취했다. 그 과정에서 미군은 3명이 죽고 10명이 다친 반면, 조선군은 350명이 죽고 20명이 부상당했다.

미군은 전승을 자축한 다음, 6월 12일 강화도에서 철수했다. 그리고 조선 정부에 강화 협상 체결을 요구했는데, 대원군은 협상에 응하지 않았다. 애초 점령이 아닌 유리한 조건으로 조선을 개방시킬 목적으로 원정에 나섰던 로저스 함대로서는 대규모 무력행사가 아니고서는 뜻을 이루기 힘든 상황이었다.

현실적인 조건상 조선에 대한 본격적인 침략 전쟁을 감행하기는 어려웠다. 그만한 병력을 보유하고 있지도 않거니와, 본국에서 받은 훈령에서 벗어나는 행동을 할 수도 없었던 까닭이었다. 결국 로저스 제독은 별다른 소득 없이 일본으로 귀환하게 되었다.

조선군이 많은 피해를 입었던 강화도 광성진 손돌목 전투

미국은 1854년 동인도 함대 사령관 페리 제독이 일본을 개항시킨 방식으로 조선도 개항시키려다가 실패한 셈이었다. 당시 일본은 그 보다 200여 년이나 앞서 네덜란드와 교역을 해 온 터라, 서구 열강에 대한 문호 개방에 부정적인 입장이 아니었다.

하지만 조선은 서구 세력과의 교역 역사가 없는 데다 쇄국에 대한 의지가 강고했다. 특히 신미양요가 일어나기 3년 전인 고종 5년(1868) 독일 상인 오페르트의 대원군 부친 남연군 묘 도굴 사건은 서양인에 대한 조선 조정의 반감을 고조시킨 터였다. 당시 오페르트는 남연군의 유해를 미끼로 교역을 성사시키려 했으나 묘가 뜻밖으로 단단해 계획은 미수에 그치고 말았다. 신미양요를 계기로 한양 종로와 전국 각지에 척화비가 추가 건립되는 등 조선은 더욱 강력한 쇄국 정책을 펼쳐 나갔다.

강화도 조약

1867년 일본에서는 도쿠가와 막부 통치가 끝나고 일본 천황을 중심으로 한 신흥 귀족들의 주도로 메이지 유신이 시작되었다. 그리고 조선을 상대로 외교적으로 힘의 우위를 인정받으려는 시도가 관철되지 않자, 1873년 양국 국교가 공식 단절되었다.

그해 5월 일본에서는 조선을 정벌하자는, 이른바 정한론이 대두되었는데, 실력 배양이 우선이라는 반대 주장이 우세를 차지하면서 10월에 강경파인 정한론자들이 실각했다. 이즈음 조선에서는 쇄국을 추진하던 흥선대원군이 실각했다.

대원군이 물러나고 부각된 인물은 중전 민씨였다. 고종 3년(1866) 9월에 왕비가 된 민씨는 경복궁 중건의 여파로 민생고가 심화되면서 백성들의 원망이 높아지자 유림의 거두 최익현을 끌어들여 대원군의 실정을 공격했다. 그 결과 고종 10년(1873) 대원군이 권좌에서 밀려나고 고종이 친정을 시작한 가운데, 왕비의 일가들이 정국을 주도하게 되었다.

민씨 정권은 쇄국의 빗장을 풀고 일본과의 국교 재개에 나섰다. 하지만 양국의 입장 차이로 협의가 지지부진하자, 일본은 자신들이 서구에 당했던 수법인 포함외교, 즉 함대의 무력을 앞세워 개항시키는 외교술을 동원했다.

고종 12년(1875) 9월 일본 군함 운요호가 조선의 해안을 조사한다는 핑계로 강화도 앞바다에 불법 침투했다. 그리고 조선군의 방어적 공격을 유도한 다음 함포로 보복 포격을 가하면서 지금의 영종도인 영종진에 상륙했다.

이때 성능 좋은 근대 무기로 무장한 일본군은 조선군에게 큰 피해를 입혔을 뿐더러, 민간인들까지 살상하면서 약탈과 방화를 일삼고는 퇴각했다. 그 후에는 충돌의 책임을 조선에 뒤집어씌워 개항을 수교할 것을 강요했다. 그 결과 이듬해인 고종 13년(1876) 2월 26일 일본과 강화도 조약을 맺게 되었다.

강화도 조약은 침략국인 일본에 일방적으로 유리한 내용으로 구성되었다. 부산, 원산, 인천 등 3개 항을 개항할 것, 개항한 항구 안의 일정 지역에서 일본 상인의 자유로운 무역 및 거주의 편의를 제공할 것, 일본이 조선 해안 지역을 자유로이 측량하고 해도를 작성할 수 있도록 보장할 것, 개항장에서 발생한 일본인 범죄의 재판권은 일본

영사에게 일임할 것 등이 주요 체결 내용이었다. 이처럼 불평등한 조약에 따른 개항은 조선을 개화와 부강이 아닌 침탈과 주권 상실로 몰아갔다.

위정척사와 개화

조선 후기에 출현한 사회운동인 위정척사는 외세 침투를 배격하고 성리학적 질서를 지키고자 하는 움직임이었다. 성리학만을 정학正學으로 삼고, 성리학이 아닌 모든 종교와 사상을 사학邪學으로 여겨 배척했다. 대표적인 위정척사론자로 이항로와 기정진 등이 활약했다.

먼저 배척의 대상이 된 것은 서학으로, 이를 주동한 세력은 주자학자들이었다. 그 연장선상에서 외국과의 통상 반대 운동이 유생들을 중심으로 전개되었다. 또한 강화도 조약 당시에는 조정의 정책에 반대하는 양상을 보였다.

정부 정책에 대한 반발은 고종 17년(1880) 수신사로 일본을 다녀온 김홍집이 《조선책략》을 소개했을 때도 일어났다. 《조선책략》은 청나라 외교관인 황준헌이 지은 외교 정책서로, 조선이 러시아의 남하를 막기 위해서는 중국, 미국, 일본 등과 친교해야 한다는 주장을 담고 있었다. 그 외에도 유학생을 파견해 서양의 학문과 기술을 습득하고 서양인 교사를 초빙해 학교를 설립하며, 예수교와 천주교는 원칙적으로 정치에 관여하지 않는 종교이므로 포교를 허용해도 무방하다는 내용이 눈길을 끌었다.

조선 조정은 《조선책략》을 관료들뿐만 아니라 유생들에게도 배포해 읽게 했는데, 그 결과는 고종 18년(1881) 3월 경상도 유생 1만 여명이 작성한 〈영남만인소〉로 나타났다. 이황의 후손인 이만손 등이 주축이 되어 올린 이 집단 상소는 《조선책략》을 격렬히 비판하는 내용으로 채워져 있었다. 영남에 이어 경기, 호서, 호남, 관동의 유생들도 집단 상소를 올리면서 《조선책략》으로 촉발된 유생들의 반발은 전국적인 운동으로 확산되었다.

이와 같은 위정척사 운동은 정부 정책을 넘어 차츰 조선에 대한 영향력을 키워가는 외세, 특히 일본에 대한 저항으로 나아갔다. 을사늑약 체결 이후 항일 의병 투쟁을 이끌었던 최익현, 유인석은 초기 위정척사론자인 이항로의 제자들이었다.

조선 후기에 위정척사와 반대되는 입장에서 서양의 문물을 수용하려는 움직임도 존재했다. 그 대표적인 것이 개화파 세력이었는데, 여기에 속한 인사들로는 박규수를 비롯해 오경석, 유홍기 등이 있었다.

박규수는 연암 박지원의 손자로, 철종 12년(1861) 1월 영국과 프랑스 연합군에 의해 수도인 북경을 점령당한 청에 위문사절단의 일원으로 파견되었다. 이때 목격한 서구의 위력에 충격을 받은 박규수는 신문물을 소개한 책자들을 구해 탐독하기 시작했다.

오경석은 철종 4년(1853)부터 사신단의 통역사로 10여 차례 북경을 방문하면서 구입한 서양 문물 관련 서적들을 통해 개화의 필요성을 절감했다. 이에 박규수, 유홍기 등과 뜻을 모아 조선에 개화사상을 전파하기로 결의했다. 그리고 고종 7년(1870)을 전후해 박규수의 사랑방에 김옥균, 박영효, 김윤식, 홍영식, 유길준, 서광범, 어윤중, 서재필 등 많은 양반 자제들을 불러 모아 개화사상을 가르쳤다.

이렇게 형성된 개화파 안에서 주도적인 역할을 한 인물은 김옥균이었다. 고종 9년(1872) 문과에 장원급제하고 2년 후 홍문관 교리로 임명된 김옥균은 뜻이 맞는 인사들을 모아 개화당을 만들었다. 여기서 핵심적인 역할을 담당한 것은 박규수의 사랑방에서 함께 공부한 청년들이었다.

개화당은 양반이 아닌 중인, 평민, 군인, 승려 등 다양한 신분의 사람들에게도 문호를 개방했다. 이곳 인사들은 외국과의 교류가 본격화된 조선 정부의 필요에 부응하면서 통상 관련 직책들을 맡아 다양한 개화 정책을 추진했다.

그 중 앞서 추진된 조치가 조사시찰단의 활동이었다. 고종 18년(1881) 김홍집의 건의로 일본에 파견된 조사시찰단은 메이지 유신으로 서구 문물을 적극 수용하면서 개혁을 추진해 온 일본의 정세와 변화상을 살폈다.

조사시찰단의 파견을 기점으로 선진 문물의 유입 경로가 청에서 일본으로 바뀌게 되었다. 같은 해 김윤식이 이끄는 영선사가 청에 파견되어 무기 제조법을 배워 오는 등 청과의 교류도 계속해 나갔다. 이와 같은 적극적인 개화 정책은 위정척사의 거센 반대로는 막기 힘든 큰 흐름이 되어 조선의 변화를 촉발했다.

임오군란의 발발

개항 이후 조선이 직면한 커다란 난제 중 하나는 개혁 추진에 쓸 자금이 부족하다는 점이었다. 당시 조선 조정이 겪은 재정난으로 초래된 대표적인 사건이 고종 19년(1882)에 발발한 임오군란이었다.

고종 18년(1881) 조선에서는 일본의 후원 아래 신식 군대인 별기
군이 창설되었다. 그리고 이듬해에는 훈련도감, 어영청, 총융청, 금
위영, 수어청 등 5군영이 무위영, 장어영 등 2군영으로 개편되었다.
이때 2군영에 속한 구식 군인들은 별기군에 비해 상당히 낮은 대우를
받았다.

일본군 교관을 초빙하고 양반 자제를 선발해 근대식 군사 훈련을
시킨 별기군은 향후 조선 군대의 표본이 되는 부대였기에 정부의 집
중적인 투자가 이루어졌다. 그에 따른 구식 군대와의 형평성 문제는
부족한 재원 문제 때문에도 손을 쓰기가 어려웠다.

구식 군대에 대한 홀대는 선혜청 관리들의 부정부패로 봉급이 제
대로 지급되지 않는 사태까지 초래했다. 그 때문에 불만이 팽배해진
와중에, 겨와 모래를 섞은 쌀을 봉급으로 받게 되자 소속 군인들은
폭동을 일으켰다.

폭동군은 고관대작들의 집을 습격하고 궁궐에까지 난입했다. 이때
왕비 민씨는 궁녀로 변장하여 용케 화를 피했으나, 선혜청당상 민겸
호 등 관료를 비롯해 일본인 교관 호리모토 레이조와 순사 등 일본인
10여 명이 살해당했다. 그리고 폭동에 가담한 난민들의 소행으로 일
본 공관이 불타 버렸다.

폭동 주모자들의 요구로 대원군이 재집권하면서 폭동은 진정 국면
을 맞았다. 한편, 충주목사 민응식의 집으로 피신해 있던 왕비 민씨
는 청에 구원을 요청했다. 이에 군사 3천여 명을 이끌고 조선으로 건
너온 원세개(위안스카이)는 구식 군대를 제압하고 대원군을 붙잡아 청
으로 호송했다.

고종과 왕비 민씨가 복귀하는 등 사태가 해소된 뒤에도 청군은 철

수하지 않고 조선을 청국의 속방으로 규정하는 내용의 조약을 체결했다. 그리고 원세개를 위시해 청국에서 파견된 오장경, 묄렌도르프 등은 조선의 군사, 재정, 외교 문제에 간섭하기 시작했다.

일본 역시 임오군란으로 자신들이 입은 피해와 자국민 보호를 내세우며 조선에 조약 체결을 요구했다. 그리고 사태의 악화를 원치 않은 청의 중재로 조선과 제물포 조약을 맺었다. 이를 통해 일본은 공관 보호를 빌미로 1개 대대 병력을 한양에 주둔시켰을 뿐더러, 주모자 처벌과 피해 배상을 약속받았다.

신식 군대와의 차별과 부패한 관리들의 학대로 촉발된 임오군란은 조선에 대한 청나라와 일본의 간섭을 강화시키는 결과를 낳았다. 또한 내부적으로는 민씨 집권 세력과 개화 세력 사이의 갈등을 심화시켜 갑신정변을 불러일으키는 요인으로 작용했다.

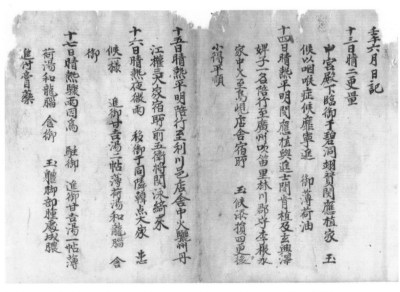

임오군란 당시 충북 충주로 피신했던 명성황후의 행적을 담은 민응식의 일기인 임오유월일기

갑신정변의 발발

임오군란 이후 청의 내정간섭이 심해지자 김옥균을 주축으로 한 급진 개화파의 불만이 고조되었다. 김홍집, 어윤중, 김윤식 등 온건 개화파가 청과의 사대적 관계를 인정하면서 점진적인 개혁을 추진하려 한 반면, 급진 개화파는 사대 관계의 청산을 우선 과제로 삼고 있었다.

청국은 자신들의 조선 지배에 반대하는 급진 개화파를 온갖 방법을 동원해 억누르고 탄압했다. 그 때문에 김옥균 등의 정치적 지위가 점점 위태로워졌다. 청국의 도움으로 재집권에 성공한 민씨 일파는 조선의 주권이 크게 침해당하고 자주적 근대화가 저지되는 상황에서도 사리사욕을 채우기에 급급했다. 이런 민씨 정권에 대해 온건파가 여전히 타협의 자세를 취했다면, 급진파는 비판을 넘어 타도의 단계로 나아갔다.

김옥균 등 급진 개화파는 청군을 몰아내고 정권을 탈취할 목적으로 고종 20년(1883)부터 정변에 필요한 무장 세력 확보에 힘을 쏟았다. 그해 3월 한성판윤에서 광주유수로 좌천당한 박영효는 현지에서 500명의 장정을 모아 신식 군대를 양성했고, 같은 해 1월 함경남병사로 가 있던 윤웅렬도 북청 지역의 장정 500명을 모아 신식 군대를 만들었다.

이듬해인 1884년 7월에는 개화파의 주도로 일본에 유학시킨 서재필 등 사관생도 14명이 귀국했으며, 43명으로 구성된 비밀 무장조직인 충의계 또한 만들어졌다. 이로써 개화파는 천여 명의 무장 세력을 확보한 가운데, 거사의 기회를 엿보게 되었다.

당시 베트남 문제로 프랑스와 갈등하던 청은 8월 청불 전쟁이 발발하자 조선에 주둔하고 있던 3천여 명의 병력 중 절반을 베트남 전선으로 이동시켰다. 그러고도 청나라에 불리해진 전황은 개화파에게 기회로 작용했다.

일본 측으로부터 공사관 병력 150여 명과 차관 300만 엔을 약속받은 김옥균 등은 12월 4일 우정국 개국 축하 만찬회를 이용해 정변을 일으켰다. 그리고 창덕궁으로 이동해 고종과 왕비 민씨를 외부로부터 방비가 용이한 경우궁으로 옮긴 다음, 왕명으로 민태호, 민영목 등 수구파 집권 인사들을 불러들여 처단했다.

12월 5일에는 각국 공사 및 영사에게 신정부의 수립을 통고하고, 개혁파 인사들을 중심으로 한 내각을 출범시켰다. 또한 6일 오전 국왕의 전교 형식으로 국정 혁신을 위한 14개조 정강을 공표했다. 이날 오후에는 고종이 조서를 내려 앞서 공표한 정강의 실시를 선언했다.

이런 와중에 청과 내통한 왕비 민씨는 고종을 부추겨 경우궁에서 창덕궁으로 환궁을 시도했다. 창덕궁은 방비하기 어렵다는 점 때문에 주저하던 김옥균은 일본군 병력으로 충분히 방비할 수 있다는 일본 공사의 장담을 믿고 환궁을 받아들였다.

12월 6일 오후 3시, 청군 1,500명이 개화파 무장 세력과 일본군이 지키는 창덕궁을 습격했다. 중과부적의 상황에서 분전한 개화파 군인들은 수십 명의 전사자를 내고 패퇴했으며, 방비를 장담했던 일본군은 제대로 싸워보지도 않은 채 창덕궁을 내어주었다. 결국 청군은 왕과 왕비의 신병을 확보했고, 정변도 3일 천하로 끝나게 되었다.

정변을 주도한 김옥균, 박영효, 서광범, 서재필 등 개화파 인사는 일본으로 망명길에 올랐다. 그리고 미처 피하지 못한 경우에는 청군에게 피살되거나, 민씨 일파에게 색출되어 죽임을 당했다.

일본으로 망명한 인사들도 일본 공사가 정변에 연루된 사실을 따지는 조선 정부의 공세로 송환당할 위기에 처했다. 이에 일본 지인들의 도움을 받을 수 있는 김옥균을 제외하고 박영효, 서광범, 서재필 등은 미국으로 다시 망명을 떠나야 했다.

갑신정변을 무력으로 진압한 청은 조선에 대한 영향력을 더욱 강화해 나갔다. 청의 내정간섭에 지친 조선 정부는 러시아에 접근해 청을 견제코자 했다. 본국으로 피신했던 일본 공사는 다시 조선에 들어와 정변으로 일본이 입은 손해 배상을 요구했다. 조선 정부는 한성조약을 체결하고 일본의 요구를 대부분 들어주었다.

정변 이듬해인 1885년 4월 청과 일본은 톈진 조약을 맺고 조선에서의 공동 철병을 결정했다. 일본군은 150명이 철수하고 청군은 3천여명이 철수한다는 점에서 일본에게 훨씬 유리한 조약이었다. 더구나

김옥균을 중심으로 한 개화파가 갑신정변을 일으킨 우정국

향후 조선에 파병할 때는 상대국에 통보하기로 약조함으로써, 그간 조선 침탈에서 청에 뒤쳐져 있던 일본의 입지가 대등한 수준으로 올라서는 결과를 낳았다.

갑오농민전쟁과 청일전쟁

조선 후기 사회 변동이 심해지고 외세에 대한 불안감까지 가세하자 서학에 대응하는 새로운 사상으로서 동학이 출현했다. 동학의 교세가 날로 커지는 것을 경계한 조선 조정은 고종 원년(1864)에 동학 창시자인 최제우를 혹세무민한 죄로 붙잡아 처형했다.

이후 시작된 교주 신원 운동은 고종 31년(1894) 2월 10일 전라도 고부군에서 발발한 농민 반란을 계기로 종교적 범주에서 정치적 차원으로 그 성격이 변모했다. 고부군수 조병갑의 가렴주구에 반발해 일어난 이 민란 후, 정부의 강압적인 대처에 분노한 농민들은 동학접주인 전봉준의 지휘 아래 또다시 봉기했다. 그리고 동학교도와 일반 농민들이 결합한 동학농민군은 그해 5월 전주성을 점령할 정도로 세력이 커졌다.

그럴 즈음, 조선 정부가 청에 파병을 요청하면서 청군이 아산만으로 들어오고, 톈진 조약에 따라 통보를 받은 일본도 조선에 군대를 파병했다. 이에 6월 11일 동학농민군은 대치 중인 정부군에게 탐관오리 숙청 등 폐정개혁안을 제시해 합의를 본 다음, 화약을 맺고 성을 나와 해산했다. 사태 해결로 공동 철군을 앞둔 시점에서 일본은 철군하는 대신 조선의 내정을 공동으로 개혁하자고 청에 제안했다. 청에서 제안을 거절하자, 일본은 양국의 절교를 선언하는 동시에 독자적으로 조선의 내정에 간섭하기 시작했다.

6월 23일 일본군은 경복궁을 불법 점령하고 흥선대원군과 김홍집 등을 앞세워 친일정권을 세웠다. 그리고 꼭두각시 정부로 하여금 청과의 국교 단절을 선언하게 만들었다. 이어서 7월 25일에는 서해 대부도 인근의 풍도 앞바다에서 청국 함대를 기습 공격해 격침함으로써 전쟁을 개시했다. 이후 일본군은 조선 외에 단동, 여순, 북경 등지에서도 청군과 전투를 벌여 연승을 거두었다. 관망하던 열강들이 중재에 나서면서 일본은 1895년 4월 17일 청과 시모노세키 조약을 체결했다. 그리고 승전의 대가로 거액의 배상금과 함께 랴오둥 반도와 타이완, 펑후 섬 등을 할양받았다.

이때 만주 진출을 노리고 있던 러시아는 일본이 랴오둥 반도를 장악하지 못하도록 하기 위해 프랑스, 독일 등과 연대해 일본을 압박했

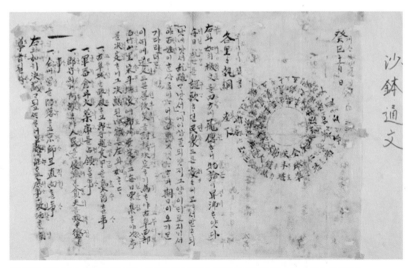

전봉준과 동학 간부 20여 명이 고부성을 격파하고 서울로 진격할 것을 결의한 내용이 담긴 사발통문

다. 결국 삼국의 간섭에 굴복한 일본은 5월 10일 랴오둥 반도에 대한 영유권을 포기했다.

삼국간섭의 대가로 러시아는 랴오둥 반도 남부를, 영국은 산둥 반도 북쪽 끝에 자리한 항구도시 웨이하이와 그 주변 지역을, 독일은 산둥 반도 남쪽 연안의 자오저우 만 지역을 각각 조차하게 되었다. 그리고 일본은 랴오둥 반도를 포기하긴 했지만, 청을 꺾으면서 동아시아의 패권국으로 부상하는 계기를 마련할 수 있었다.

한편, 일본이 경복궁을 불법 점거하고 내정간섭을 일삼자 1894년 9월 14일 동학농민군이 삼례에서 다시 봉기했다. 전봉준이 이끄는 4천여 명의 농민군은 삼례에서 일본군을 몰아내었다.

일본과 싸우다 패주한 청군도 일부 가담했던 동학농민군은 11월 20일에서 23일, 11월 18일에서 19일, 12월 4일에서 7일 사이에 각각 공주 이인역과 효포, 천안의 목천 세성산, 공주 남쪽 우금치에서 크게 패했다. 그리고 진압 과정에서 피신한 전봉준은 12월 2일 순창에서 체포되어 한양으로 압송된 후, 이듬해 4월 23일 교수형에 처해졌다.

고부민란에서 시작되어 청일전쟁을 촉발시키면서 1년여 동안 진행되었던 갑오농민전쟁은 끝내 실패로 돌아갔다. 하지만 동학농민군은 훗날 항일 의병 운동에서 중추 역할을 담당했을 뿐 아니라, 반외세의 자주 정신은 3·1독립만세운동으로 계승되었다.

갑오개혁의 추진

청일전쟁이 진행 중이던 1894년 7월 27일, 조선에서는 근대적 개혁이 시작되었다. 일본의 주도로 이루어진 이 개혁은 3차에 걸쳐 추진되었는데, 을미사변을 계기로 1895년 8월에서 이듬해 2월까지 추진된 제3차 갑오개혁의 경우는 주로 '을미개혁'으로 불리고 있다.

제1차 갑오개혁의 추진 기관은 군국기무처라는 임시 합의기관이었다. 청일전쟁 직전 일본은 강제로 조선 정부를 갈아엎고 설치한 군국기무처에 김홍집을 총재관으로 앉힌 다음 개혁을 추진했다.

주요 개혁 내용은 국왕의 인사권, 재정권, 군사권 박탈이나 축소, 대간제 및 과거제 폐지, 문벌 및 반상 제도 폐지, 노비 매매 금지, 조혼 금지, 과부 재가 허용, 조세 금납화 등이었다. 이와 같은 정치 개혁과 조선의 오랜 폐습에 대한 시정책 외에, 일본 고문관 및 군사 교관 초빙, 일본 화폐 유통 허용, 일본으로의 곡물 유출을 막는 방곡령 반포 금지 등 일본에 유리한 조치들도 포함되었다.

일련의 개혁 사업이 흥선대원군의 반발을 불러온 가운데, 같은 해 12월에 제2차 갑오개혁이 추진되었다. 흥선대원군을 밀어내고 군국기무처마저 폐지한 일본은 갑신정변을 주도했던 박영효와 서광범을 귀국시켜 내부대신과 법부대신에 앉혔다. 그리고 고종에게 청나라와의 국교 단절, 왕비와 종친의 정치 간여 금지, 내정 개혁 실시 등을 주요 내용으로 하는 〈홍범 14조〉를 반포케 했다.

이때 김홍집 일파를 내각에서 몰아낸 박영효 등이 적극적으로 개혁을 추진했으나 별다른 성과를 거두지 못했다. 일본으로부터 차관 제공이 지연된 데다가, 삼국간섭 이후 민씨 세력이 러시아를 끌어들여 일본을 견제했기 때문이었다. 개혁이 지지부진한 상황에서 반역 혐의를 쓴 박영효가 실각하는 것으로 제2차 개혁은 종료되었다.

러시아와 손잡은 민씨 세력은 일본의 강요로 추진된 제도들을 원래대로 바꾸려는 움직임을 보였다. 그 과정에서 일본인 교관이 훈련시킨 훈련대 2개 대대도 해체될 위기에 처하는 등 조선에서 일본의 영향력이 축소될 가능성이 높아졌다.

이즈음 신임 주한 일본 공사로 파견된 미우라 고로는 반일 세력과 친러 세력의 핵심인 왕비 민씨에 대한 시해 계획을 짜고, 1895년 10월 8일 일본군과 훈련대 병력에다 일본인 낭인들까지 동원해 계획을 실행에 옮겼다. 일국의 국모를 잔인하게 살해한 을미년의 만행 이후 출범한 김홍집 내각에 의해 제3차 개혁이 추진되었다.

이때 단행된 개혁의 주요 내용은 종두법 시행, 태양력 사용, 소학교 설치, 단발령 시행 등이었다. 단발령의 강제 시행은 유생들을 중심으로 강력한 반발을 불러일으켰으며, 이미 을미사변으로 격분해 있던 조선인들로 하여금 항일 의병 투쟁에 나서도록 만들었다.

일제에 의해 시해된 명성황후를 추모하는 국장 행렬

아관파천의 단행

을미사변과 뒤이은 개혁에 따른 반발로 이른바 '을미의병'이 일어
나자, 김홍집 내각은 궁궐 수비를 담당하는 병력까지 의병 진압에 동
원했다. 그 때문에 궁궐의 방비가 허술해진 틈을 타 1896년 2월 11일
새벽에 이범진과 이완용 등은 신변의 불안을 느끼고 있던 고종과 왕
세자의 거처를 정동에 있는 러시아 공관으로 몰래 옮겨 갔다.

러시아 공관에 도착한 고종은 김홍집, 유길준, 정병하, 조희연 등
친일파 대신들을 역적으로 규정하고 붙잡아서 처형하도록 명령했다.
이에 김홍집, 정병하는 순검들과 흥분한 군중에게 붙잡혀 바로 죽임
을 당하고, 달아난 대신들도 체포되어 살해되거나 유배되었다. 그리
고 용케 추적을 피한 유길준과 조희연 등은 일본으로 망명했다.

이로써 친일 정권이 무너지고 박정양, 이완용, 조병직 등 친러와
친미 인사로 새로운 내각이 구성되었다. 을미의병을 불문에 부치고
죄수들을 풀어 주는 등 민심 수습에 힘쓰는 한편, 일본식으로 바뀐
내각 제도를 다시 의정부제로 환원시키는 조치가 이루어졌다.

고종이 러시아 공관에 머무는 동안, 조선 정부의 인사와 정책에서
러시아가 차지하는 비중이 점점 커졌다. 정부 각부에 러시아인 고문
과 사관이 초빙되었고, 중앙의 군제도 러시아식으로 바뀌었다.

특히 탁지부 고문으로 임명된 알렉시예프는 조선의 재정을 마음대
로 주물렀다. 그 결과 압록강 연안과 울릉도의 산림 채벌권은 물론이
고 경원과 종성의 광산 채굴권, 경원전신선을 시베리아 전선에 연결
하는 권리, 인천 월미도 석탄 저장고 설치권 등의 경제적 이권을 러
시아가 차지하게 되었다. 이에 다른 열강들도 조선 정부에 경제적 이

권을 차지할 동등한 권리를 요구함으로써, 경인선과 경의선 철도 부설권 등 중요 이권이 값싼 조건에 외국으로 넘어갔다.

이처럼 고종의 러시아 공관 체류로 국가의 이권이 대거 외세에 넘어가자, 고종의 환궁을 요구하는 목소리가 높아졌다. 국가 재정의 약화에다 여론의 악화까지 겹친 상황에서 고종은 파천한 지 1년 만인 1897년 2월 20일 경운궁으로 환궁했다.

독립협회와 대한제국 수립

아관파천 기간 동안 많은 경제적 이권이 외국으로 넘어가는 것을 본 조선인들 사이에서는 자주와 독립에 대한 요구가 높아졌다. 이런 사회 분위기 속에서 고종 33년(1896) 7월 우리나라 역사상 최초로 근대적 사회정치단체인 독립협회가 탄생했다.

갑신정변 실패 후 일본을 거쳐 미국으로 망명했다가 돌아온 서재필을 중심으로 이상재, 이승만, 윤치호, 이완용, 안경수 등 다수의 인사들이 독립협회에 참가했다. 이보다 앞선 4월에 서재필이 만든 〈독립신문〉은 우리나라 최초의 민영 신문으로, 독립협회 창립의 원동력이 되었다.

독립협회의 초기 활동은 토론회와 연설회를 통한 민중 계몽에 초점을 맞추었고, 나중에는 정치 문제에 대한 관심과 해결에 주력했다. 고종 34년(1897) 5월, 과거 중국의 사신을 맞이했던 모화관을 독립관으로 개축하여 집회장으로 쓰는 한편, 모화관 앞에 있던 영은문을 헐고 새로 독립문을 세웠다.

독립협회의 창립 사업에 속하는 독립문 건립 당시 거의 대다수의 고급 관료와 인사들이 자금을 출연하면서 독립협회의 회원이 되었다. 왕실과 관료 조직의 지원을 받아 빠르게 성장한 독립협회는 인적 구성상 어용 단체로 비쳐질 소지도 있었다.

　이런 독립협회의 체질 변화가 시작된 것은 1897년 8월 독립협회에서 정기적인 토론회를 개최하면서부터였다. 서재필, 윤치호 등이 토론회를 통해 러시아인 재정 고문 고용과 관련된 정책을 비판하자, 보수파 관료들이 독립협회를 속속 탈퇴했다. 그 빈자리를 메운 것은 개혁파 관료 및 재야 지식층이었다. 점점 세를 불린 독립협회는 4천여 명의 회원을 가진 강력한 정치적 압력 단체로 자리 잡게 되었다.

　독립협회는 외국인 고문과 교관 초빙에 반대하고, 지하자원 개발 및 철도 부설 등 이권이 큰 사업을 외국에 넘기는 정책을 규탄했다.

독립협회가 우리나라의 독립을 선언하기 위해 세운 독립문

그리고 관련 내용이 담긴 상소를 고종에게 올리기도 했다. 이러한 독립협회의 활동은 러시아 군사 고문관의 본국 소환과 개설 초기인 한로은행의 폐쇄 등 현실적인 변화를 가져왔다.

1898년 10월에는 독립협회의 주도로 만민공동회가 개최되었다. 당시 조선의 정치적, 외교적, 사회적 문제에 관한 개혁안 마련을 위해 개최된 만민공동회는 6개항의 개혁 원칙을 결의하고 황제에게 상신했다. 그 내용은 우리나라의 이권에 관한 외국과의 계약이나 조약은 대신에게 전권을 주지 말 것, 국가 재정의 수입과 지출을 공정하게 하고 예산을 국민에게 알릴 것, 언론 집회의 자유를 보장할 것 등이었다.

고종은 6개항의 개혁 원칙에 대해 전면 수용하겠다는 뜻을 밝혔으나, 약속은 이루어지지 않았다. 이에 정부를 탄핵해야 한다는 주장이 늘어나는 가운데, 독립협회가 황제를 폐위하고 공화제를 실시하려 한다는 보고가 올라왔다. 고종은 이상재 등 17명의 독립협회 간부를 체포하고, 서재필은 다시 미국으로 쫓아버렸다. 그러면서 6개항의 개혁 원칙도 폐기시켰다.

정부는 어용 단체인 황국협회를 조직하고 회원으로 가입시킨 부보상들을 동원해 독립협회 회

대한제국을 선포, 황제 즉위식을 거행한 고종 황제

원들이 활동하지 못하도록 테러를 가했다. 백색테러에 분노한 사람들이 고관들의 집을 습격하는 등 소란을 피우자, 정부는 독립협회에 대한 해산령을 내렸다. 이후 독립협회는 만민공동회의 형태로 명맥을 유지하다가 이듬해 말 끝내 소멸했다.

독립협회의 주도로 사회 전반에 관한 개혁 요구가 들끓던 1897년 10월 12일, 고종은 문무백관을 거느리고 환구단으로 나아가 황제 즉위식을 거행했다. 그와 동시에 조선의 국호를 '대한제국'으로 고쳐 내외에 선포한 다음, 새로운 제국에 필요한 개혁 정책을 추진했다.

이때의 개혁 조치들은 러일전쟁이 발발한 1904년까지 고종의 측근들이 주도해 나갔다. 자주적인 성격을 띤 내정 개혁을 통해 최초의 헌법인 〈대한국국제大韓國國制〉가 반포되고, 훈장 제도가 창설되었으며, 국가國歌 및 각종 깃발 등이 제정되었다. 또 청국을 비롯한 각국과 새로운 통상조약을 체결하고, 북간도관리를 만들어 북간도의 이주민을 보호하는 한편, 도문강 이남 지역을 영토로 편입시키고자 했다.

광무개혁으로 불리는 이러한 조치들은 독립협회와 만민공동회의 개혁안을 제대로 반영하지 못한 데다, 백성들의 공감을 얻는 데도 실패했다. 그리고 재정적인 뒷받침도 없이 추진되었다는 점에서 뚜렷한 한계를 보였다. 개혁 과정에서 비용 부족 때문에 발행한 백동화는 경제의 기반을 뒤흔드는 직접적인 원인으로 작용했다.

러일전쟁의 발발

러시아는 1895년 삼국간섭을 통해 3년 후 랴오둥 반도 남부를 조차

한 데 이어서, 1900년 의화단의 난이 발발하자 철도 보호를 구실 삼아 만주를 점령하고 사태가 진정된 후에도 군대를 철수하지 않았다.

그런 상황에서 조선에 대한 러시아의 영향력이 커지는 것을 우려한 일본은 협상에 나섰다. 일본이 제시한 협상안은 만주에 대한 러시아의 권리를 인정해 주는 대신 한반도에 대한 일본의 권리를 인정해 달라는 것이었다.

1902년 일본은 영국과 동맹을 맺어 러시아에 대한 견제력을 키우고, 미국과도 손을 잡아 러시아가 만주에서 철군하도록 압박했다. 이에 철군을 약속한 러시아가 만주에 계속 머물면서 협상에도 성실하게 임하지 않자, 1904년 일본은 러시아와의 전쟁을 결행했다.

2월 8일 뤼순 항에서 러시아의 극동함대가, 그리고 이튿날 제물포 항에서 러시아의 전함 두 척이 일본군의 공격을 받았다. 선제적인 기습공격으로 전함을 격침시킨 일본은 2월 10일 러시아에 선전포고하고, 인천항에 5만 명의 일본군을 상륙시켰다.

기습을 당한 러시아군은 수륙 양면에서 열세를 면치 못한 채 랴오둥 반도의 뤼순 항까지 밀려났다. 항구에 갇혀 있던 러시아 함대는 일본 지상군의 포격을 받아 궤멸하고, 지상군도 1905년 1월 2일 뤼순을 점령했다.

그에 앞선 1904년 2월 12일 러시아 공사의 철수로 대한제국과 러시아의 국교가 단절되었다. 같은 해 8월 일본은 동해에서 러시아 군함을 감시할 목적으로 울릉도와 독대에 군사용 망루 설치를 꾀했다. 그리고 이듬해 1월 28일에는 독도를 다케시마로 명명하면서 시마네현의 관할로 지정한 뒤, 2월 22일 일본 영토로 편입시켰다.

1905년 5월 27일 일본의 연합함대는 유럽에서 아프리카 남단을 돌아오느라 극도로 피로해진 발틱함대를 동해상에서 맞아 격파했다. 당시 러시아는 국내에서 터진 혁명으로 전쟁을 수행할 여력이 없는 상태였고, 일본도 길어지는 전쟁에 부담을 느끼던 중이었다.

따라서 발틱함대 격파 직후, 일본은 미국에 중재를 의뢰해 그해 9월 5일 러시아와 포츠머스 강화조약을 체결했다. 이 조약을 통해 일본은 러시아로부터 사할린 남부를 얻은 데다, 한국과 남만주에 대한 지배권도 행사하기에 이르렀다. 러시아와 조약 직전인 7월 29일에는 필리핀에 대한 미국의 지배권과 대한제국에 대한 일본의 지배권을 상호 인정하는 미국과 일본 간의 협상이 도쿄에서 진행된 바 있었다.

을사늑약의 체결

1904년 2월 23일 일본의 강요로 한일의정서가 체결되었다. 또한 그해 8월 22일에는 제1차 한일협약을 체결해 대한제국의 재정과 외교 부문에 일본이 추천하는 고문을 두게 되었다. 그 후로도 일본은 1905년 7월 27일 미국과의 태프트-가쓰라 밀약, 8월 12일 제2차 영일동맹, 9월 5일 러시아와의 포츠머스 강화조약 등을 차례로 체결함으로써 한국 정부의 동의하에 주권을 침해할 수 있다는 보장을 국제적으로 확약받았다.

1905년 11월 17일 일본은 대한제국의 외교권을 박탈하는 을사늑약을 강제로 체결했다. 조약의 체결로 대한제국은 주권국가로서의 자격을 훼손당한 채, 명목상 보호국이면서 사실상 식민지인 상태로 전락했다. 조약에 의거해 통감부가 설치되었는데, 이것은 병력 동원권과 시정 감독권 등을 보유한 최고 권력기관으로 군림했다.

　조약 체결의 후폭풍은 거셌다. 민영환과 이한응 등이 항의의 표시로 자결하고 최익현, 신돌석, 유인석 등은 의병을 일으켜 저항했다. 고종도 네덜란드 수도 헤이그에서 열리는 만국평화회의에 이준, 이상설, 이위종 등 밀사를 파견해 을사늑약이 강압으로 체결되었음을 만천하에 폭로하고 조약의 무효를 선언코자 했다. 그러나 뜻을 이루지 못한 채 이준은 자살했다. 그런 한편으로 박제순, 이지용, 이근택, 이완용, 권중현 등 조약 체결에 찬동한 대신들은 을사오적으로 낙인찍혀 전 국민적인 지탄을 받게 되었다.

　1907년 7월 20일, 헤이그 밀사 사건으로 고종이 강제 퇴위당하고 순종이 즉위했다. 7월 24일에는 사법권의 위임, 일본인 차관의 채용, 경찰권의 위임 등을 골자로 하는 한일신협약이 체결되었다. 협약에 따른 후속 조치로서 7월 24일 신문지법, 7월 27일 집회와 결사를 금지하는 보안법 등이 제정되었다. 그리고 7월 31일 대한제국 군부를

이토 히로부미 저격 후 여순 감옥에서 사형당한 안중근

폐지한 데 이어, 8월 1일 대한제국 군대에 대한 강제 해산이 이루어졌다. 이때 해산된 군대는 의병으로 유입되어 일제에 맞서 싸웠다.

1909년 이용구, 송병준 등이 속한 일진회가 일제의 사주를 받아 한일합방론을 주창했다. 그리고 일본군은 9월부터 2개월 동안 이른바 남한대토벌을 전개했다. 의병들을 소탕한 다음 한국 병탄을 마무리 짓고자 하는 속셈이었다.

초대 통감으로 부임했다가 물러난 이토 히로부미는 1909년 10월 26일 만주 하얼빈을 방문하던 중에 안중근이 쏜 총에 맞아 절명했다. 또한 12월 2일에는 한국의 친일파 내각총리대신 이완용이 이재명의 습격을 받아 큰 부상을 입었다. 한국 병탄 작업을 이끌던 두 주역이 쓰러진 셈이었다.

일제는 1910년 3월 26일 안중근을 처형하는 것으로 사건을 종결지은 다음, 5월 30일 제3대 통감직을 현역 육군대장인 데라우치 마사타케에게 겸직케 함으로써 헌병과 경찰 병력을 동원한 강압적 통치 분위기를 조성했다. 그리고 7월 29일 부상에서 회복한 이완용을 주축으로 내각을 출범시켰으며, 8월 22일에는 내각이 결의하는 형식을 갖추어 한일합병 안건을 내각총리대신 이완용과 일본 통감 데라우치의 이름으로 조인했다. 이로써 대한제국의 국권은 일제의 손아귀로 넘어가게 되었다.

◆ 조선 시대

1392년 이성계 조선 건국, 1394년 한양으로 천도

- **태종** 사병 폐지(군사권 장악), 호패법 실시(조세 징수), 육조 직계제 실시(왕권 강화)
- **세종** 집현전 설치, 훈민정음 창제, 측우기와 금속활자 개량, 아악 정리, 4군 6진 개척
  - ○ 훈민정음 반포(1446)

    우리의 고유문자이며 표음문자인 한글을 만들고 반포함
- **세조** 직전법 실시, 육조 직계제 부활, 군사력 강화, 호패법 복원, 사육신 숙청
- **성종** 《경국대전》 완성, 문물제도 정비, 홍문관 설치, 훈구파와 사림파의 대립
  - ○ 4대 사화 발생

    무오사화 : 김종직의 조의제문이 발단이 되어 훈구파에게 화를 입은 사건

    갑자사화 : 연산군의 모후 폐비 윤씨의 복위문제와 관련해 발생한 사화

    기묘사화 : 훈구파에 의해 조광조 등의 신진 사류들이 숙청된 사건

    을사사화 : 소윤이 대윤을 숙청한 훈구파 외척들 간의 투쟁
- **선조** 임진왜란, 정유재란 발발
  - ○ 임진왜란 발발(1592)

    도요토미 히데요시가 대륙 진출 야욕으로 조선 침략

    일본군은 20여 일 만에 한양에 입성하고 평양까지 점령, 선조 의주로 피난

    이순신 활약(옥포, 사천, 당포, 한산도 대첩 승리), 의병과 관군의 반격,

    진주대첩(김시민)과 행주대첩(권율) 대승, 명군과의 협공으로 왜군 몰아냄
  - ○ 정유재란 발발(1597)

    휴전협상 실패로 일본 재침. 명군과 협공, 이순신의 명량 대첩 대승
- **광해군** 왜란 뒷수습, 토지대장과 호적 정비, 후금과 명 사이에서 중립 외교 정책 실시
- **인조** 반정으로 왕위에 오름. 정묘호란, 병자호란 발발
  - ○ 정묘호란 발발(1627)

    인조의 배금 정책으로 후금의 군대 조선 침입
  - ○ 병자호란 발발(1636)

    청나라의 군신관계 요구를 거절하자 조선 침입, 남한산성에서 45일간 항전

    전쟁에 패해 삼전도에서 굴욕적인 강화를 맺음
- **효종** 북벌운동 추진했으나 효종 사망으로 일단락됨, 1차 예송논쟁
- **현종** 남인과 서인의 당쟁, 2차 예송논쟁
- **숙종** 대동법 실시, 경신환국(서인 집권), 기사환국(남인 집권), 갑술환국(서인 집권)
- **영조** 각 붕당을 고루 등용하는 탕평책 실시(탕평비 건립), 균역법 실시, 신문고 부활
- **정조** 규장각 설치(학문 연구, 문예 부흥), 친위 부대인 장용영 설치, 수원 화성 축조
  - ○ 실학 대두

    국학 발달, 개화 사상에 영향
  - ○ 세도 정치 전개

    순조(안동 김씨), 헌종(풍양 조씨), 철종(안동 김씨)에 이르는 60여 년간 이루어짐

세도 정치로 인해 왕권 약화, 삼정(전세, 환곡, 군포)의 문란, 민란 일어남
- **고종** 조선의 26대 왕이자 대한제국 제1대 황제, 열강의 간섭
  - ○ 흥선 대원군 집권

  세도 가문 혁파, 서원 철폐, 양전 · 호포제 · 사창제 실시, 경복궁 중건
  - ○ 병인양요(1866), 신미양요(1871)

  프랑스가 천주교 박해를 구실로, 미국이 제너럴셔먼호 사건을 빌미로 조선 침략
  - ○ 강화도 조약 체결

  운요호 사건을 계기로 체결된 최초의 근대적 불평등 조약
  - ○ 열강의 간섭

  일본을 시작으로 영국, 독일, 프랑스, 러시아 등 서구 열강과 불평등 조약 맺음
  - ○ 임오군란 발발(1882)

  구식 군대에 대한 정부의 차별 대우로 분노한 구식 군인들이 일으킨 항쟁
  청의 내정 간섭이 심해지고 일본과 제물포 조약을 체결
  - ○ 갑신정변(1884)

  김옥균, 박영효, 서재필 등이 개화정권을 수립하려 일으킨 정변. 3일 만에 실패
  조선과 일본 간에 한성 조약 체결, 청나라와 일본 간에 톈진 조약 체결
  - ○ 갑오개혁

  동학농민운동을 계기로 실시된 정부의 자주적 개혁 노력
  교정청 설치, 군국기무처 신설, 〈홍범 14조〉 발표, 지방 관제 개혁, 노비제 폐지
  - ○ 을미사변(1895)

  명성황후를 중심으로 한 친러 세력을 제거하기 위해 미우라 일본 공사가
  일본 군인과 불량배를 동원해 명성황후를 시해한 사건
  이를 계기로 친일 내각이 수립되어 개혁을 추진
  - ○ 을미의병

  을미사변과 단발령으로 반일 감정이 고조된 국민들의 반발
  - ○ 아관파천(1896)

  고종의 처소를 러시아 공사관으로 옮김
  - ○ 독립협회 활동

  서재필과 개화파 지식인들이 자주 독립과 내정 개혁을 표방하고 활동
  1898년 민중 집회인 만민공동회 개최
  - ○ 대한제국 설립(1897)

  자주 독립 의식 고조로 고종이 환궁하고 대한제국을 선포
  - ○ 을사늑약 체결(1905)

  본격적인 침략을 추진한 일본이 제시한 조약으로 외교권 강탈,
  통감부를 설치해 조선 내정을 간섭하려는 의도
  고종은 조약을 거부, 헤이그 특사 파견, 각종 언론 활동과 의병 항쟁으로 대응,
  일본의 위협과 을사 5적(이완용, 박제순, 이지용, 이근택, 권중현)의 협조로 조약 체결

제5장

일제강점기

1910년, 일제는 무단 통치를 단행한다. 일제의 헌병 경찰 통치를 받게 된 우리는 국권 회복을 위한 계몽 운동, 의병, 언론 투쟁 등 각종 민족운동을 일으켰다. 잔인한 일본의 탄압 정책으로 무수한 애국지사들이 체포, 투옥, 사망했으며 민족의 생존권마저 침해당하고 국토는 유린되었다. 이 같은 위기를 벗어나기 위해 3·1운동, 6·10만세운동, 의열단 활동, 물산장려운동 등 국내외에서 다양한 민족 독립 운동이 전개되었다.

이후 이동녕, 김구 등이 주축이 된 대한민국임시정부가 세워지게 되고, 일본에 대한 민족적 대항은 끊임없이 이어졌다. 일본의 민족 말살 정책은 잔인했으나 그에 굴복하지 않고 강인하게 저항했으며, 결국 제2차 세계대전에서 일본이 패함으로써 1945년 마침내 민족의 광복이 이루어졌다.

조선총독부의 설치

1910년 8월 29일 강제 합병 조약의 발효로 대한제국의 주권을 완전히 강탈한 일제는 한국에 대한 식민지 통치 기구로서 조선총독부를 설치했다. 총독부의 수장인 조선총독은 행정, 입법, 사법의 권한 및 조선 주둔 군대의 통수권까지 장악했다. 식민 통치 과정에서 발하는 총독의 명령은 법률을 대치할 수 있을 정도로 막강했다.

일본 육해군 대장 중에서 조선총독을 선임하도록 한 규정에 따라 초대 총독에는 앞서 통감직을 겸임했던 육군대장 데라우치가 임명되었다. 그 아래 총독이 임명하는 정무총감은 총독부의 실무를 관장하는 동시에 한국인으로 구성된 총독의 자문기관인 중추원 의장직을 겸임했다.

중앙 행정조직은 관방 및 총무부, 내무부, 탁지부, 사법부, 농상공

1918년에 짓기 시작해 1926년에 완공한 경복궁의 조선총독부 건물

부 등 5부로 나누고, 그 밑에는 9국을 설치했다. 그리고 지방 행정조직은 경기도, 충청남북도, 전라남북도, 경상남북도, 강원도, 황해도, 함경남북도, 평안남북도 등 13도로 분할하고, 그 밑에 부, 군, 면 등을 두었다.

1910년 9월 10일 일제는 헌병과 경찰을 통합하는 헌병경찰제를 실시했다. 이는 치안을 헌병이 맡도록 한 제도로, 중앙의 경무총장에 헌병사령관, 각도의 경무부장에 헌병대장을 임명했다. 민간경찰이 아닌 군인인 헌병을 동원하여 한국인들을 감시하고 억누른 이 제도는 일제의 강압적인 무단 통치를 뒷받침했다.

한반도에는 2개 사단 규모의 일본 정규군도 배치되어 식민 통치를 위한 공권력을 보강했다. 1911년을 기준으로 공권력의 규모는 헌병경찰 1만 3,971명, 일본 정규군 2만 3,000여 명으로 도합 3만 6,000여 명에 달했다.

토지조사사업과 회사령

일제가 식민 통치를 위해 벌인 대표적인 경제 정책이 토지조사사업이었다. 1910년부터 1918년까지 실시한 토지조사사업은 식민 통치에 필요한 토지를 확보하여 조세 수입을 늘리는 한편, 토지와 관련해 효과적인 식민 통치 기반을 구축하는 목적을 가지고 있었다.

이러한 토지조사사업에서 특히 문제가 된 부분은 대한제국의 국유지를 차지했다는 점이었다. 사유지의 경우에는 차지하는 과정에서 비용을 지불해야 하지만, 국유지는 식민 통치권을 발동해 아무런 비용을 들이지 않은 채, 그것도 방대하게 차지할 수 있었다. 이 때문에 일제의 토지조사사업은 국유지 점유부터 시작했다.

그런데 이러한 국유지들은 소유권이 백성에게 있고 징세권만 정부에 있는 경우가 적지 않았다. 조선 말기까지는 공유지를 개간하는 경우, 그 토지는 개간한 농민의 사유지로 인정받아 온 까닭이었다. 일제는 소유권과 징세권의 분리를 무시한 채 국유지를 강제로 차지했다. 그 결과 수백만 명의 농민들이 자기 소유의 땅을 빼앗기고 하루아침에 소작농이나 화전민, 또는 노동자로 전락했다.

토지조사사업을 통해 조선총독부가 차지한 전답과 임야는 한반도 전체 국토의 40퍼센트에 해당하는 규모였다. 총독부는 이처럼 막대한 토지를 동양척식주식회사를 비롯해 후지흥업, 가다쿠라, 후지이 등 일본 토지회사와 이민 온 일본인들에게 저가나 혹은 무상으로 불하했다.

일제는 토지뿐만 아니라, 산업 활동 측면에서도 통제를 실시했다.

일제가 조선의 토지와 자원을 독점적으로 관리하기 위해 지은 동양척식주식회사

1910년 12월 29일 조선총독부가 공포한 회사령은 한국 안에서 회사를 설립할 경우에 반드시 조선총독부의 허가를 받도록 정한 조령이었다. 이 조령에 따르면, 허가 없이 회사를 설립한 경우에 처벌을 받을 뿐더러, 허가를 얻어 설립한 회사라도 조선총독부의 재량에 따라 언제든지 폐쇄하거나 해산시킬 수 있었다.

조선 내 회사의 생사여탈권을 조선총독부에 부여한 회사령은 조선인 자본가의 출현을 막는 역할을 했다. 실제로도 1918년까지 일제는 일본인에게는 289개의 회사 설립을 허가한 반면, 한국인에게는 63개밖에 허가해 주지 않았다. 이처럼 악랄한 차별적 수단이 되었던 회사령은 1920년 3월 31일까지 존속했다.

일제는 회사령과 유사한 법령을 광업이나 어업 부문에서도 제정하여 한국인들을 착취했다. 1915년 12월 24일 공포된 광업령은 회사령과 마찬가지로 조선총독부의 허가를 받아야만 광산을 운영할 수 있게끔 제약했다. 이 법령의 시행으로 1918년 일본인 소유의 광산 총액은 한국인 소유의 300배에 달할 정도로 커지게 되었다.

1911년 6월 공포된 어업령 또한 조선총독부의 관할 아래 일본 어민의 어로를 지원하고, 한국인 어민의 활동을 억압했다. 저인망이나 잠수망 등 근대적 어업은 일본인에게만 허가했을 뿐더러, 어업 조합의 설립과 운영도 일본인 중심으로 이루어졌다. 국권 침탈 후 10년 사이에 일본인의 어획고가 6배 증가한 것이나, 한때 일본의 어획고가 세계 2위를 기록한 것도 한국의 어장을 독점한 결과라고 할 수 있었다.

반식민지 저항운동

1905년 을사늑약을 전후해 전직 관료와 유생을 중심으로 전개된
의병 활동은 1907년 군대 해산을 계기로 군인들이 가세하면서 보다
활성화되었다. 1907년 12월에는 경기도 양주에서 13도 창의군이 결
성되어 이듬해 1월 서울 진공작전을 시도했다. 하지만 작전이 실패하
면서 의병들은 전국으로 흩어졌고, 1909년 일제의 남한대토벌로 그
세력이 크게 약화되었다.

일제는 무장 투쟁이 아닌 평화적인 저항까지 억압했다. 1910년 8월
이후 대한협회, 서북학회, 관동학회, 호남학회, 흥사단 등 여러 애국
계몽 운동 단체들을 강제로 해산시켰다. 또한 〈황성신문〉, 〈대한매일
신보〉, 〈제국신문〉, 〈대한민보〉 등 신문을 비롯해 각종 잡지와 학회
지도 모두 폐간시켰다. 일제가 남겨 놓은 것은 조선총독부 기관지인

800여 명이 체포되고, 그중 105명에게 실형이 선고된 비밀결사 신민회의 105인 사건

〈매일신보〉와 일본인 거류민들의 〈경성일보〉뿐이었다.

한국인에게는 정치 집회는 물론이고 교양 강연회나 연설회 등도 금지시켰다. 종교 집회마저도 조선총독부의 사전 허가 없이는 열 수 없었다. 그리고 학교에서 배우는 모든 교과서는 일본인이 지은 교과서로 대체되었다.

이처럼 극심한 통제 속에서 합법적인 운동에 한계를 느낀 일부 계몽운동가들은 1907년 비밀결사인 신민회를 조직했다. 신민회는 신문, 잡지, 서적을 간행하는 한편, 학교를 설립해 인재를 양성했다. 또한 민족 자본 형성을 위해 실업을 장려하는 운동을 벌였으며, 국외에 무관학교를 설립해 독립군을 양성했다. 이처럼 폭넓은 활동을 벌이던 신민회는 1911년 8월 약 800명의 회원들이 체포되면서 조직이 붕괴되었다. 이때 체포된 회원들 가운데 122명이 기소되고, 그중 105명에게 5년에서 10년의 실형이 선고되었다.

신민회는 비밀결사이면서도 한말 계몽운동이 흔히 지향했던 합법주의와 문화주의에서 벗어나지 못하는 맹점을 지니고 있었다. 그러나 1910년을 전후해서는 해외 독립군 기지 건설과 무장 독립 투쟁으로 노선을 전환함으로써, 이후 독립군 전쟁의 실질적인 밑거름을 제공했다.

3·1독립만세운동의 발발

1919년 1월, 파리에서 열린 강화회의에서 미국 대통령 우드로 윌슨은 민족자결주의가 포함된 14개조의 평화 원칙을 발표했다. 상하이에서 독립운동을 전개 중이던 신한청년당은 파리 강화회의에 한국 대표로 김규식을 파견하는 한편, 국내와 만주의 독립운동 세력 및 일본의 한국 유학생들에게 대규모 독립운동을 일으킬 기회가 왔음을 알렸다.

이에 자극받은 일본 내 한국 유학생 400여 명이 1919년 2월 8일 도쿄에서 한국의 독립을 요구하는 선언서와 결의문을 발표했다. 일본의 심장부에서 선포된 이른바 2·8독립선언은 국내에서 대규모 독립운동을 모색하던 인사들에게 큰 반향을 불러일으켰다.

1919년 3월 1일 오후 2시, 천도교의 손병희, 불교의 한용운, 기독교의 이승훈 등 민족대표 33인이 〈독립선언서〉를 작성해 음식점 태화관에서 낭독한 다음, 곧바로 일본 경찰에 자수해 체포되었다. 그리고 같은 시각, 종로 파고다 공원에서는 학생과 시민들이 학생 대표의 〈독립선언서〉 낭독을 시작으로 독립 만세 시위를 전개했다.

보신각에서 대한독립 만세를 외치는 민중들

바로 그날, 또는 그다음 날 전국 주요 도시에서도 독립 만세 시위가 일어났으며, 3월 6일에는 서간도 환인현에서, 3월 13일에는 북간도 용정에서 한국인들이 대규모 만세 시위운동을 벌였다. 그 후로도 만주 각 지방, 상하이, 연해주, 미주 등 해외에서 들불이 번져나가듯 독립 선언과 시위운동이 잇따랐다.

1919년 3월 1일부터 5월 말까지 3개월 동안 전개된 독립 만세 시위 중 50명 이상이 참가한 집회 수는 1,542회나 되었고, 참가 인원수도 202만 3천여 명에 달했다. 이 모든 시위운동은 평화적으로 전개되었는데, 일제는 태극기를 흔드는 군중을 향해 마구 실탄을 쏘아댔다. 그리고 민가, 교회, 학교 등에도 불을 지르는 만행을 저질렀다.

3·1운동으로 한국인들의 거센 저항을 경험한 일제는 식민 정책을 무단 정치에서 문화 정치로 전환했다. 육해군 대장 중에서 뽑던 조선 총독 자리에 문관도 앉을 수 있게 하는 한편, 헌병경찰제를 보통경찰제로 바꾸었다. 또한 언론 통제를 완화해 한국인이 경영하는 한글 신문의 간행을 허가했으며, 제한된 범위 안에서 참정권도 주었다. 아울러 관리 임용에서도 한국인의 채용 범위를 넓히는 등 여러 가지 회유책을 구사했다.

하지만 이러한 정책들은 눈속임의 성격이 강했다. 1945년 한국에서 철수할 때까지 일제는 단 한 번도 문관을 총독에 임명한 적이 없었다. 그리고 1920년에 〈조선일보〉, 〈동아일보〉, 〈시사신보〉의 창간을 허가했으나, 삭제나 압수, 과료 처분, 정간, 폐간 등의 조치를 매달 평균 5, 6건씩 취한 탓에 정상적인 언론 기능을 수행하기가 어려웠다.

한국인에게 허용한 참정권은 선전만 요란했을 뿐, 실질적인 정치 참여는 미미한 수준이었다. 헌병경찰제의 보통경찰제 전환도 엄밀히 말해 제복을 바꾼 정도에 지나지 않았다. 즉, 헌병을 예비역으로 편입시켜 보통경찰관이 되도록 했던 것이다. 그리고 경찰 조직은 여전히 식민 통치의 중추적 역할을 담당하며 몸집을 불려나갔다.

실례로 경찰관서의 수는 1911년 1,602개소에서 1920년 2,761개소로, 경찰관의 수도 1911년 1만 3,971명에서 1920년 1만 8,400명으로 크게 증가했다. 그렇게 보강된 경찰 조직을 동원해 일제는 독립운동가와 지식인, 학생들에 대한 사찰을 더욱 강화했다.

임시정부와 독립군의 활동

3·1운동 이후 활발해진 임시정부 수립 움직임은 1919년 4월 상하이의 대한민국임시정부, 서울의 한성정부, 블라디보스토크의 대한국민의회 수립으로 결실을 보았다. 그리고 그해 9월 상하이에서 하나의 대한민국임시정부로 통합되었다.

임시정부는 민주공화정 제도를 채택해 의정원과 국무원을 설치하고, 대한민국 임시헌법을 제정해 공포했다. 또한 기관지로 〈독립신문〉을 발행했으며, 국내와 비밀리에 연락을 주고받을 수 있는 연통제를 조직했다. 연통제 실시 2년 만에 전국적으로 비밀 행정 조직이 구축되었는데, 이를 통해 국내에서 군자금을 모을 수 있었다.

이처럼 조직을 정비한 임시정부는 대외적인 활동을 개시했다. 신한청년당 대표로 파리에 나가 있던 김규식은 외교총장 겸 전권대사로 유럽에서, 1904년 미국으로 건너간 이승만은 구미위원부를 조직해 외교 활동을 전개하고 국제여론 조성에 힘썼다.

임시정부는 군사적인 활동도 전개했다. 1932년 도쿄에서 일왕 히로히토에게 수류탄을 던졌으나 실패한 이봉창의 의거와 같은 해 상하이 홍커우 공원에서 폭탄을 터뜨려 일본군 장성들을 죽고 다치게 만든 윤봉길 의거 등 의열 투쟁을 계획하고 추진했다. 이를 통해 한국 독립에 대한 국제적인 여론을 불러일으킬 수 있었다. 또한 1920년 상하이에 육군무관학교, 비행사 양성소, 간호학교 등을 설립해 독립군을 양성하는 한편, 만주에 있는 독립군을 후원했다. 그리고 충칭에 주재하던 시기인 1940년에는 광복군을 창설했다.

임시정부와는 별도로 조직된 무장 독립군 단체들도 1920년 말 30여 개나 되었다. 3·1운동 후에 성장한 독립군 부대들은 무장 강화와 조직 통합 등을 추진하며 국내 진입 작전에 뛰어들었다. 그중에서 가장 두드러진 활약을 펼친 부대는 1919년 여러 차례 일본군을 습격한

상하이 대한민국임시정부 임시의정원 의원들

홍범도의 대한독립군이었다.

당시 일본군 수비대는 두만강을 넘어 독립군을 추격하던 중, 1920년 6월 6일 삼둔자에서 홍범도의 대한독립군을 비롯한 안무의 국민회군, 최진동의 군무도독부 등 연합 부대의 공격을 받아 300여 명의 사상자를 내고 물러났다. 이에 일본군 39사단이 1개 대대 병력으로 보복전에 나섰다가 격퇴당했다.

뒤이어 일본군 19사단 소속의 추격 대대가 6월 7일 봉오동에서 홍범도 등 연합 부대의 매복 공격을 받고 퇴각했다. 봉오동 전투는 만주 지역에서 독립군과 일본군이 벌인 최초의 대규모 전투로, 이때 일본군은 157명이 전사하고 200여 명이 부상하는 등 큰 타격을 입었다.

독립군 토벌에 실패한 일제는 중국에 압력을 넣어 독립군을 공격하라고 부추겼다. 이를 간파한 독립군은 활동 근거지를 옮겨 가면서 장기전을 준비했다. 그러자 일본군은 마적단을 매수해 훈춘의 일본 영사관을 공격하도록 한 다음, 10월 12일 마적 토벌을 구실 삼아 대규모 병력을 간도로 투입했다. 그리고 독립군의 활동 기반을 없앨 목적으로 조선인들을 무차별 학살하는 간도참변을 일으켰다.

10월 20일부터는 대대적인 독립군 토벌 작전이 개시되었다. 이때 김좌진의 북로군정서군과 홍범도 등의 독립군 연합 부대는 지형지물을 이용한 기습 공격, 기동력 있는 전술, 앞선 정보력, 적절한 협공 등으로 일본군에 맞서 싸웠다.

10월 21일부터 26일 새벽까지 청산리 계곡에서 독립군은 일본군과 10여 차례에 걸쳐 전투를 치렀다. 그리고 1,200여 명의 적군을 사살하는 대승을 거두었다. 이른바 청산리 대첩으로 일본군의 독립군 토벌 계획은 일단 수포로 돌아갔다.

1920년대 들어 무장 독립 투쟁은 일제의 계속되는 압박으로 소강 국면을 맞았다. 그런 상황에서 일부 독립군은 다시 만주로 돌아와 1923년 참의부, 1924년 신민부, 1925년 정의부를 각각 조직했다. 그리고 1929년 국민부로 통합한 후 전열을 가다듬어 새로운 무장 투쟁인 테러를 전개했다. 1919년 11월 김원봉을 단장으로 한 사회주의 비밀결사 조직인 의열단도 일본 고관 암살, 관공서 폭파 등 테러 활동에 나섰다.

청산리 전투에 패해 후퇴하는 일본군들

국내의 저항운동

일제 치하 국내의 저항운동은 주로 경제적, 문화적 차원의 저항이었다. 생활고에 시달리던 농민들이 농민조합이나 농우회 또는 소작인조합 등을 조직해 단체행동에 나섰는데, 대체로 이들이 주력한 것은 소작쟁의였다. 특히 일본인 소유의 대농장에서 소작쟁의가 많이 일어났다.

농민운동과 더불어 저항운동의 한 축을 차지한 것은 노동운동이었다. 1920년 조선노동공제회가 생기고, 다시 2년 후에 조선노동연맹회가 만들어지면서 노동운동이 본격화되었다. 농민운동의 상대가 주로 일본인 지주였던 것처럼 노동운동의 주요 상대도 일본인 공장주였던 까닭에 저항운동에는 자연스럽게 민족운동의 성격이 가미될 수밖에 없었다.

3 · 1운동 이후 일제가 시행한 문화정책은 현실적으로 실현 가능성이 낮은 '독립'보다 체제 안에서의 '자치'를 주장하는 목소리를 키웠다. 그런 상황에서 대두된 사회주의 운동이 절대 독립을 추구하는 민족주의 노선과 연합한 것이 1927년 2월 조직된 신간회였다.

신간회에 이어 1927년 5월 여성 자매단체인 근우회가 만들어지면서, 여성 독립운동의 단일 전선이 형성되었다. 국외에서도 같은 해 11월 민족주의 계열 독립운동과 사회주의 계열 독립운동의 민족 협동 전선인 한국유일독립당촉성회가 출범했다.

이와 같은 민족운동 전선들의 협력은 독립 쟁취라는 큰 목표를 위해 노선의 차이를 극복했다는 점에서 매우 고무적인 사건이었다. 하지만 모스크바의 코민테른으로부터 신간회를 탈퇴하라는 지령이 내려오자, 일부 사회주의자들이 탈퇴를 선언했다. 그리고 만주사변이 일어난 1931년 5월 신간회는 해체되었다.

일제에 대한 저항운동은 역사 부문에서도 활발히 전개되었다. 1925년 일제는 한국인들에게 신민사관을 주입할 목적으로 조선사편수회를 설치했다. 이에 중국에서 박은식은 《한국통사》, 《한국독립운동지혈사》 등을 저술해 일제의 정신적 식민지화 작업에 맞섰다. 또한 신채호도 《조선사연구초》, 《조선상고사》, 《조선상고문화사》를 펴내 민족주의 사학을 확립했다. 그리고 국내에서는 정인보가 《조선사연구》를 써서 우리 역사 속에 면면히 흐르는 '얼'을 강조했다.

문학 부문에서는 〈창조〉, 〈폐허〉, 〈백조〉, 〈조선문단〉 등 다수의 문학지가 창간되어 한글로 쓰인 많은 문학작품을 한국 대중이 읽도록 만들었다. 이를 통해 한국어와 한민족의 문화를 발전시키는 데 이바지했다. 1920년대에는 사회주의 계열의 문학인 이른바 프로문학도 출현해 주목을 받았다.

일제에 국권은 빼앗겼지만 국어에 대한 사랑과 연구는 계속되었다. 1921년 조선어학회의 전신인 조선어연구회가 출범해 기관지인 〈한글〉을 발행하고, 《조선어사전》을 편찬하는 사업을 시작했다.

교육 부문에서는 대학의 필요성이 대두되면서 1922년 조선민립대학기성회가 출범해 민립대학 설립 운동을 펼쳤다. 이러한 움직임을 무력화시킬 필요를 느낀 일제는 1924년 경성제국대학을 세웠다.

1926년 4월 26일 순종이 죽고, 일제는 장례식이 열리는 6월 10일 대규모 독립 시위운동이 준비되고 있다는 첩보를 입수했다. 이에 유언비어와 불온한 행동을 막기 위해 경찰력을 총동원하고, 그것으로도 모자라 육해군 병력 7천여 명을 경성에 집결시키는가 하면, 부산과 인천 항구에는 함대를 정박시켜 놓기까지 했다.

이처럼 삼엄한 통제와 감시 속에서 학생들은 6월 10일 대대적인 만세 시위운동을 벌였다. 그리고 시민들도 이에 동참하면서 제2의 3·1운동과 같은 상황이 전개되었다. 하지만 군대까지 동원한 일제의 무력 앞에 시위는 저지당했다. 그 과정에서 체포된 학생들의 숫자는 경성에서 210여 명, 전국적으로는 천여 명을 헤아렸다.

1929년 10월 31일에는 광주에서 나주로 가는 통학열차 안에서 한국인 여학생을 희롱하는 일본인 학생들과 이를 저지하는 한국인 학생들이 충돌하는 사건이 벌어졌다. 그 사건을 처리하는 과정에서 일경이 한국인 학생들만 검거해 처벌하자, 분노한 광주 학생들이 11월 3일 가두시위에 나섰다.

이때 학생들은 검거된 학생의 석방을 촉구하고, 민족 차별 철폐, 약소민족 해방, 제국주의 타도 등을 외치면서 격렬한 시위를 벌였다.

순종의 인산일에 일어난 6·10만세운동

광주에서 시작된 시위는 이후 전국적으로 번져 나가 3 · 1운동 이후 최대의 시위운동으로 발전했다.

민족 말살 정책과 수탈

1911년 8월 일제는 조선교육령을 반포했다. 교육령의 기본 내용은 조선인에 대한 교육은 충성스런 제국 신민 양성에 목적을 두고, 조선에는 대학을 설립하지 않으며, 필요하면 실업 기능 교육만 시킨다는 것 등이었다.

이에 한국어 수업 시간을 줄이고 일본어 수업 시간을 크게 늘렸다. 그리고 일본 역사를 강제로 학습시켜 일본에 대한 숭배 의식을 심으려 했다. 반면, 한국 민족은 고대부터 일본의 식민 지배를 받아 온 타율적이고 정체적인 민족이라고 가르쳤다. 따라서 한국이 일본의 지배를 받는 것은 역사적, 필연적 귀결이라고 설득했다. 또한 한국인의 민족성은 본래 사대적이고 당파적이라고 교육해 패배 의식을 느끼도록 유도했다.

1930년대 말까지는 한국인에 대한 민족 말살 정책이 상대적으로 심하지 않았다. 하지만 만주 침략 이후 영국이나 미국과도 싸우게 되면서 효율적인 인적, 물적 자원의 동원을 위해 민족 말살 정책이 강화되었다. 한국어 금지와 창씨개명이 대표적이었는데, 이를 통해 전개된 내선일체화 및 황국신민화가 한국인의 숨통을 조이기 시작했다.

일제는 한국어를 말살하기 위해 공교육과 관공서에서 한국어 사용을 금지하는 한편, 한국어로 간행되는 모든 신문과 잡지에 대해 정간 조치를 취했다. 이로써 1936년 〈신동아〉, 1940년 〈동아일보〉, 〈조선일보〉 등 한국어 신문이 폐간되었으며, 1941년 〈문장〉, 〈인문평론〉 등 한국어 잡지들이 사라졌다.

창씨개명은 일본식으로 이름을 바꾸게 하는 정책으로, 1937년부터 본격적으로 시행되었다. 창씨개명에 응하지 않은 한국인에게는 자녀의 취학을 제한하고 학생을 체벌하는가 하면, 채용을 규제한 데다 우편물 수송까지 금지하는 등 불이익을 주었다. 그뿐만 아니라 주재소에 무기한 구류하는 등의 탄압도 가했다.

신사참배의 경우에는 강요하다가도 반발이 생기면 보류하곤 했는데, 점점 강압적인 분위기가 조성되었다. 그러면서 1930년대 들어와서는 기독교계 사립학교에까지 다시 신사참배를 강요했다. 반대를 허용하지 않는 일제의 강경책으로 기독교계는 분열되었으며, 1937년부터 기독교계 학교의 일부는 폐교, 일부는 순응하게 되었다.

신사참배 거부 운동은 참배 강요 금지를 청원하는 운동과 참배 거부를 권유하는 운동 등 두 갈래로 나뉘어 진행되었다. 이러한 운동에 대해 일제는 탄압을 가했다. 그 결과 신사참배 거부로 투옥된 사람의 수가 2천여 명, 폐쇄된 교회의 수가 200여 개나 되었고, 순교자 수만도 50여 명에 달했다.

일제 말기의 상황

1931년 만주사변 이후, 일제는 한반도를 대륙 진출의 전진기지로 삼았다. 1937년 중일전쟁으로 인력 부족이 심각해졌을 때는 징용, 징병, 근로보국대, 근로 동원, 정신대 등 다양한 인력 충원 제도를 통해 한국인들을 착취했다.

또한 전쟁의 여파로 부족해진 식량 문제는 1920년 수립한 '조선 산미 증식 계획'에 따라 식량 공급 기지화가 진행된 한국으로부터 쌀을 조달하는 것으로 해결했다. 1920년부터 1928년 사이에 국내의 쌀 생산량은 36.2퍼센트, 일본으로 반출된 쌀의 양은 301.1퍼센트 증가했다. 이는 국내의 쌀 소비량이 10퍼센트나 감소하는 결과를 초래했다. 더구나 1933년부터는 국내에서 생산된 쌀의 절반 이상이 일본으로 보내졌다. 그 때문에 한국인들은 만주에서 수입한 잡곡으로 부족한 식량을 보충해야만 했다.

전쟁 비용 조달을 위해 한국인에게 부과하는 세금도 점점 무거워졌다. 1934년부터 개정 실시한 일반소득세는 1년 전과 비교해 무려 3.5배나 증가했다. 그러고도 비용 조달이 충분하지 않았던 까닭에 일제는 1939년 '총동원물자사용수용령'을 공포하고 공출제를 시행했다. 양곡에서 시작된 공출제는 곧 일반 물자로까지 확대되었다. 즉, 송진기름이나 아주까리는 물론이고 놋그릇과 숟가락까지 공출당하면서 한국인은 심각한 생활고에 시달리게 되었다.

1940년대에 들어서면서 일제의 탄압과 착취는 더욱 심해졌다. 당시 모든 민족운동이 사라진 듯 보였지만, 경성제국대학 학생들의 반제동맹 등 청년들을 중심으로 여러 지하단체들이 조직되어 항일 독립운동을 벌여 나갔다.

1931년 만주사변으로 위축되었던 국외의 독립운동도 1932년 윤봉길의 홍커우 공원 의거를 반전의 계기로 삼았다. 1940년 9월, 임시정부 산하에 지청천을 사령관으로 하는 광복군이 창설되자 많은 무장 독립 단체들이 광복군으로 들어왔다. 이러한 임시정부와 광복군의 성장에는 중국 국민당의 지원이 큰 역할을 했다.

한편 사회주의 계열의 무장 독립 단체들은 중국 팔로군의 지원을 받았다. 1938년 10월 10일 중국 한커우에서 조선민족전선연맹 산하 군사 조직으로 조선의용대가 결성되었다. 조선민족전선연맹은 1937년 12월에 김원봉의 조선민족혁명당을 비롯해 조선민족해방동맹, 조선혁명청년연맹, 조선혁명자연맹 등이 연합해 결성한 단체였다.

200명 정도의 병력으로 출발한 조선의용대는 일본군과의 직접 교전보다는 후방에서 적진을 교란하거나 첩보 및 선전 활동을 수행하는 데 주력했다. 1940년 초에는 병력이 300명을 넘어서기도 했으나, 임시정부 휘하에 광복군이 창설되자 병력들이 빠져나갔다. 그러던 중, 1942년 5월 조선의용대 본부가 임시정부와 손을 잡으면서 광복군

1938년 조선민족전선연맹 산하의 군사 조직으로 결성된 조선의용대

대한민국임시정부의 정규군인 한국광복군

제1지대로 편입되었다.

　총대장 김원봉이 광복군으로 넘어가면서 본부가 사라지자, 조선의
용대 화북지대는 그해 7월 조선의용군으로 개편되었다. 이때 중국 팔
로군에서 활동하던 무정이 사령관으로 취임했다. 그리고 8월 15일에
는 충칭에 있던 김두봉을 맞아 조선독립동맹을 결성하고, 그 휘하의
당군이 되었다.

　1942년 미주 지역에서도 한인국방경비대가 조직되었으며, 국내에
서는 1944년 8월 여운형을 중심으로 비밀결사인 건국동맹이 만들어
졌다. 건국동맹은 임시정부 및 조선독립동맹과 비밀리에 연락을 주
고받으면서 조직을 확대해 나갔다. 그러던 중에 1945년 8월 15일 광
복을 맞이했다.

◆ 일제강점기

1910년 강제 합병 조약 발효, 일제강점기 시작

● 순종 헤이그 특사 파견을 구실로 고종 강제 퇴위

○ 애국 계몽운동

보안회, 헌정 연구회, 대한 자강회, 신민회 등

○ 국채 보상 운동(1907)

일본에 대한 국채를 국민의 힘으로 갚기 위해 전개한 모금 운동

○ 강제 합병 조약 체결(1910)

조선 총독부 설치, 헌병 경찰 통치, 애국 운동 단체 해산, 민족 신문 발행 금지

○ 토지조사사업

일본이 한국의 토지를 수탈하고 식민지적 토지 소유 관계를 독점하기 위해 실시

○ 민족말살통치

우리말 사용 금지, 우리 역사교육 금지, 한글 신문 폐간, 창씨개명, 신사참배 강요

○ 3 · 1운동 전개

1919년 3월 1일을 기해 독립을 달성하기 위해 전 민족이 일으킨 만세운동

● 대한민국임시정부(1919)

○ 독립 전쟁 전개

봉오동 전투(홍범도)와 청산리 대첩(김좌진)의 승리

의열단, 한인 애국단 등 조직

한국 광복군 창설(1940)

○ 6 · 10만세운동

1926년 6월 10일 순종의 장례일을 기해 학생과 시민들이 시위

○ 광주 학생 항일 운동

광주에서 한 · 일 학생 사이의 충돌을 계기로 일어난 반일 학생 시위

○ 8 · 15 광복(1945)

제2차 세계대전에서 일본이 패함.

카이로 회담과 포츠담 선언에서 우리 민족의 독립을 약속

제6장

대한민국

광복의 기쁨도 잠시, 한반도는 동서 냉전의 소용돌이에 휘말린다. 북위 38도선을 기준으로 남한에는 미국이, 북한에는 소련이 주도하는 군정을 거쳐 각기 정부가 세워지면서 우리나라는 남북으로 분단되었다. 소련의 적극적인 지원으로 남한보다 월등한 군사력을 갖추게 된 북한의 남침으로 한국전쟁이 발발했다. 한때 부산까지 밀려난 남한은 미국이 주도하는 유엔의 개입으로 전세를 역전했다. 이후 역전에 역전을 거듭하다 결국 휴전협정으로 전쟁을 종식하게 된다.

초대 대통령 이승만 정부는 사사오입 개헌, 3·15부정선거 등 독재 권력을 행해 4·19혁명이 발발했고 결국 물러났다. 이후 곧 5·16쿠데타가 일어나 박정희가 정권을 잡게 된다. 박정희 정부는 경제 개발 계획으로 경제 성장은 이루었으나 민주 정치에서는 역행하고 있었다. 장기 집권을 꾀한 박정희의 유신 선포는 10·26사태로 무너지고 이후 민주화의 봄이 오나 싶었으나 다시 전두환 신군부가 민주화 운동을 탄압하며 제5공화국을 탄생시킨다. 7년 단임제와 대통령 간선제를 추진한 그의 조치는 국민의 저항을 불러왔고 피비린내 나는 민주화 운동의 결과로 문민정부가 들어서게 된다. 그 후 한 사람의 장기 집권을 막는 제도가 정착되어 여러 차례 정권이 바뀌며 오늘에 이르고 있다.

반면 북한은 김일성, 김정일, 김정은에 이어지며 권력을 세습하고 있는 상태로, 정권은 안정적이 되었으나 경제 성장에는 실패해 많은 어려움을 겪고 있다.

해방과 분열

주축국의 일원으로 제2차 세계대전을 수행한 일본에 패전의 그림자가 짙어지는 동안, 연합국들은 전쟁 이후의 처리 문제를 협의하기 시작했다. 그들이 둘러앉은 테이블 위에는 한반도의 독립 문제도 올라와 있었다.

1943년 12월 이집트 카이로에서 연합국 수뇌들이 선언한 협의 내용에는 적절한 절차를 거쳐서 조선의 독립을 보장한다는 문구가 들어 있었다. 1945년 2월 소련 얄타에서 진행된 회담과 그해 7월 독일 포츠담에서 발표된 공동 선언에서도 한국 문제는 언급되었다.

1945년 8월 10일, 나가사키와 히로시마에 투하된 원자폭탄의 가공할 위력에다 소련의 참전 선언으로 더는 버틸 수 없게 된 일본이 무조건 항복을 선언했다. 다음 날 미국은 소련에 한반도 분할 점령안을 제시했다. 38도선을 기준으로 남쪽은 미군이, 북쪽은 소련군이 진주해 한반도를 관리하자는 이 복안은 어렵사리 해방된 한국을 남북으로 분단시키는 비극을 초래했다.

패전을 목전에 둔 시점에 조선총독부는 여운형 등 한국인의 지도급 인사들에게 패전 이후 조선에서의 치안 협조를 요청했다. 이때 여운형은 정치범과 경제범을 즉각 석방하고 치안 유지에 간섭하지 않겠다는 약속을 조선총독부로부터 받아냈다.

8월 15일 광복을 맞이하자, 여운형은 조선건국준비위원회를 발족하고 위원장으로 취임했다. 하지만 그달 하순 미군의 서울 진주가 곧 이루어질 거라는 소문이 들려오자, 우익이 건준에서 탈퇴했다. 이에 9월 6일 좌익은 조선인민공화국 수립을 선포하고, 인민위원회를 면,

동, 리 단위까지 조직하기 시작했다.

이후 남한에 진주한 미군은 좌익의 조치를 모두 무효화시켰다. 그리고 중국에서 독립운동을 이끌어 온 대한민국임시정부까지 인정하지 않았다. 그 결과 남한은 전적으로 미군정 사령관 존 하지의 통치 아래 놓이게 되었다. 같은 시간, 북한 역시도 소련군정의 통제 아래 들어갔다.

미군정은 남한 통치를 위해 일제 시절에 가용되었던 통치 기구와 인적 자원을 활용했다. 또한 향후 미국에 우호적인 정부가 들어설 수 있도록 좌익 세력을 억누르고 한국민주당 같은 우익 정당들을 지원했다. 하지만 수백 개의 정당이 난립한 탓에 별다른 효과를 거두지 못했을 뿐더러, 탄압에 저항하는 좌익과의 충돌로 혼란한 상황이 조성되었다.

남한에 진주한 미군

한편, 북한에 진주한 소련군은 건국준비위원회를 인민위원회로 바꾸고, 인민위원회에 각 도의 치안 유지와 행정을 맡겼다. 처음에는 민족주의 진영에서 이를 거부했으나, 소련군정의 강요로 인민위원회 활동에 참여하게 되었다. 인민위원회의 위원장 자리는 좌익 계열이 아닌 조만식에게 맡겨졌다.

10월 10일에는 김일성, 김

용범, 오기섭 등을 중심으로 한 조선공산당 북조선분국이 창설되었다. 이 분국은 1945년 9월 11일 박헌영이 서울에서 창당한 조선공산당을 형식상 중앙당으로 삼고 있었다.

이후 북조선분국은 북조선공산당으로 바뀌었고, 1946년 8월 30일에는 중국 연안에서 돌아온 조선독립동맹 계열의 조선신민당과 결합해 북조선노동당으로 재탄생했다. 그리고 그해 말에는 북조선인민위원회가 발족되었다.

이와 같은 미군과 소련군의 군정 활동은 남북한에 각각 단독 정부가 들어설 때까지 계속되었다. 양측은 한반도에서 영향력을 키울 목적으로 자신들에게 협조적인 인물을 지원했다. 그 결과, 남한에서는 이승만이, 북한에서는 김일성이 권력자로 부상하게 되었다.

신탁통치와 단독 정부 수립

1945년 12월, 소련의 수도 모스크바에서 열린 미국, 영국, 소련 등 3국 외무장관 회의에서 한국에 대한 5년간의 신탁통치안이 결정되었다. 이에 한반도에서는 좌우익 모두가 나서서 신탁통치에 반대하는 운동을 벌였다. 그런 와중에 갑자기 좌익 계열에서 찬성으로 입장을 선회했다. 이 문제로 좌우익의 갈등이 증폭된 가운데, 북한의 우파 지도자 조만식도 신탁통치에 반대하다가 반동으로 몰려 제거되었다.

1946년 3월 20일, 서울에서 개최된 미소공동위원회에서는 미국과 소련이 한국에 임시정부를 수립하는 문제로 이견 다툼을 벌이다가 협상이 결렬되었다. 이로써 한반도의 통일국가 수립이 어려워진 상

황에서 그해 말 남북한에서 각각 실시된 선거로, 남한에는 남조선과
도입법의원이, 북한에는 북조선인민위원회가 들어섰다. 1947년 7월
19일에는 좌우합작을 추진해 온 여운형이 암살되면서 남북 간 분열
이 수습 불가한 상황으로 치닫게 되었다.

　1947년 5월에 개최된 2차 미소공동위원회도 남한에서 벌어진 대대
적인 좌익 검거 문제로 논란이 벌어지면서 역시나 성과 없이 끝나 버
렸다. 이에 미국은 유엔에서 한국 문제를 다뤄줄 것을 요청했다.

　그해 11월 14일에 열린 국제연합 총회에서는 소련를 비롯해 동구
권 국가들이 퇴장한 가운데, 유엔의 감시 아래 남북한이 총선거를 치
르는 안건이 통과되었다. 그에 따라 이듬해인 1948년 1월 유엔한국임
시위원단이 한반도에 파견되었으나, 소련 측에서 북한 입국을 거절
하는 바람에 남북한의 통합된 총선거는 실시되지 못했다.

신탁통치를 반대하는 운동

　이때 김구, 김규식 등이 북
한으로 들어가 남북협상을
추진했으나, 빈손으로 돌아
왔다. 2월 26일 유엔 소총회
에서 남한만의 총선거를 결
의하고, 5월 10일 남한에서
최초의 보통선거가 실시되었
다. 뒤이어 5월 31일 제헌국
회가 열렸으며, 7월 17일 최
초의 대한민국 헌법이 공포
되었다. 그리고 8월 15일 대
한민국 정부가 들어서고, 초

대 대통령에는 이승만이 선출되었다.

북한 역시 단독 선거로 최고인민회의가 구성되었으며 9월 9일에는 김일성을 수상으로 하는 조선민주주의인민공화국이 출범했다. 이와 같이 한반도에서는 남북한이 각각 별개의 정권을 수립함으로써 분단이 고착화되었다.

정부 수립 후의 혼란상

남한만의 단독 정부 수립 이후 한반도 남쪽 제주도에서는 공권력과 민간 사이에 격렬한 갈등과 충돌이 벌어졌다. 1947년 3월 1일 3·1절 기념집회에서 경찰이 탄 말에 아이가 부딪혀 다친 것을 항의하는 군중을 향해 경찰이 총을 쏘아 6명이 죽고 6명이 다치는 사고가 발생했다.

제주도 내 남로당 조직은 이를 문제 삼아 경찰에 반대하는 활동을 전개하며 민간의 총파업을 유도했다. 미군정은 3월 7일 계엄령을 선포하고, 3월 14일에는 총파업을 폭동으로 규정하는 포고령을 발포한 뒤, 확충된 경찰 병력과 극우반공단체인 서북청년회 등을 동원해 이듬해까지 대대적인 검거 작업을 펼쳐 2,500명을 구금했다.

경찰과 민간 사이에 조성된 이러한 갈등에다 한반도 총선거의 실패, 남한만의 단독 선거 결정 등 정치적 이슈가 가미되면서 1948년 2월 제주 여러 지역에서 남로당 세력 및 도민들의 시위가 촉발되었다. 그리고 3월에는 경찰에 붙들린 청년 3명이 잇따라 고문으로 숨지면서 민심이 격앙되었다.

이처럼 증폭되는 갈등 속에서 1948년 4월 3일 새벽, 남로당 제주도당 무장대가 봉기했다. 경찰과 우익청년단의 탄압에 대한 저항, 남한의 단독 선거 및 단독 정부 반대를 기치로 내세운 무장대는 제주도 내 경찰지서의 절반과 우익단체 인사들의 집을 습격하여 10여 명의 사상자를 낳았다.

미군정은 군대와 경찰을 동원해 강경 진압에 나섰다. 진압 과정에서 상부의 명령을 거부한 군 지휘관이 교체되는가 하면, 진압 명령을 받은 부대의 병사들이 탈영하여 무장대에 가담하는 일도 벌어졌다.

8월 15일 출범한 이승만 정부는 제주도 사태를 정권의 정통성에 대한 도전으로 인식하고, 10월 18일 제주 해안을 봉쇄한 데 이어, 11월 17일 제주도 전역에 계엄령을 선포했다. 그리고 중산간 지역 마을을 초토화시키는 작전을 벌여 많은 인명과 재산상의 피해를 입혔다. 그 과정에서 산으로 달아나 무장대에 가담한 이들의 가족을 찾아내 학살하는 일도 군경과 서북청년단 등에 의해 공공연히 자행되었다.

4 · 3사건 당시 당국 관계자들이 주민들을 모아 놓고 진상 조사를 벌이고 있는 모습

남한 내부의 갈등과 충돌을 보여주는 다른 사례로는 '반민족행위특별조사위원회 사건'이 있었다. 대한민국 정부 수립 전인 1947년 남조선과도입법위원은 친일 잔재 청산을 위해 '민족 반역자, 부일 협력자, 전범, 간상배에 대한 특별법'을 제정한 바 있었다.

당시 미군정은 자신들에게 부역 중인 친일파 세력을 보호하기 위해 해당 법안의 인준을 거부했다. 따라서 정부 수립 후로 넘어간 친일파 청산 과제는 1948년 8월 국회의 반민족행위처벌법기초특별위원회 구성에 이어, 9월 특별위원회의 반민족행위처벌법 통과로 해결의 실마리를 찾게 되었다.

일제에 협력한 자들을 그 협력 정도에 따라 처벌하도록 규정한 반민법은 9월 22일 공포되었다. 이에 따라 국회는 반민특위 구성에 나섰고, 이듬해인 1949년 1월 8일 일제에 협력한 자들을 체포하기 시작했다.

당시 초대 대통령 이승만은 삼권분립의 원칙에 위배된다는 이유를 들면서 반민특위 활동에 반대했다. 이에 대법원장 김병로는 반민특위 활동이 불법이 아니라는 담화를 발표했다. 그런데도 이승만은 반민법을 무력화시키는 반민법 법률개정안을 2월 24일 국회 본회의에 상정했다. 개정안은 부결되었고, 특위의 활동은 계속되었다.

하지만 그해 4월 이른바 '국회 프락치 사건'이 터지면서 분위기가 반전되었다. 국회 부의장 김약수 등 제헌국회 의원 13명이 남로당과 연락을 취하면서 간첩 활동을 한 혐의로 검거되었던 것이다. 이들 대부분은 반민특위 활동에 앞장선 국회의원이었다. 6월 4일에는 무장한 경찰들이 반민특위를 습격해 활동을 봉쇄했다. 이후 반민특위 폐기 법안까지 국회를 통과하면서 반민특위 활동은 끝내 좌초되었다.

그해 6월 26일에는 김구가 육군 소위 안두희가 쏜 총에 맞아 숨을 거두었다.

한국전쟁 발발

1948년 2월 북한에서는 인민군이 창설되었다. 이듬해 6월에는 북로당과 남로당이 조선노동당으로 통합되면서 남쪽의 좌익 인사들이 대거 월북했다. 그리고 북한에 진주해 있던 소련군이 1948년 12월 철수하자, 한반도에서의 외국 군대 철수라는 명분에 밀려 주한 미군도 1949년 7월 1일자로 철수를 마쳤다. 그해 10월에는 중국이 공산화되었다.

북한의 군사력은 소련의 체계적인 지원 아래 성장했다. 잘 무장된 보병사단에 일정 정도의 공군력은 물론, 소련제 전차와 자주포를 갖춘 기갑부대까지 운영하는 등 현대전 수행에 필요한 전력을 착실하게 갖추어 나갔다. 그런 가운데, 1949년 3월 17일 소련과 군사비밀협정을 체결하고, 3월 18일 중국과도 상호방위조약을 맺었다.

당시 남한의 군사력은 북한에 비교할 만한 수준이 못 되었다. 1948년 정부가 수립되면서 미군정 산하의 국방경비대와 해안경비대가 대한민국 육군과 해군으로 각각 편성되었다. 그리고 이듬해 4월에 해병대, 10월에는 공군이 출범했는데, 공군의 경우는 편성만 되어 있을 뿐 전력은 제로 상태에 가까운 실정이었다.

이와 같은 군사력의 열세 때문에 철수를 미뤄 왔던 미군도 결국 500명 정도의 군사고문단만 남겨 놓은 채 본국으로 떠나 버렸다. 심지어 1950년 1월에는 애치슨 미 국무장관이 미국의 극동방어선에서 한국과 대만을 제외시키는, 이른바 애치슨라인을 발표했다. 이는 북한이 남한을 공격해도 미국은 개입하지 않는다는 사인으로 받아들여졌다.

1950년 6월 25일 새벽, 북한군은 38선 전역에서 일제히 남침을 개시했다. 바로 전날 남한에서는 비상경계령 해제로 많은 군인들이 휴가를 나간 탓에 안 그래도 열세인 전력에 큰 구멍까지 나 있었다. 게다가 8개 사단 중 4개 사단은 공산 게릴라 소탕 작전 참여로 38선에서 먼 후방 지역으로 내려와 있는 상황이었다.

전쟁할 준비가 전혀 되어 있지 않았던 국군은 장비와 병력에서 크게 우세한 북한군의 공세에 맥없이 밀려났다. 이에 수도 방어선이 무너지자, 이승만 정권은 끝까지 서울을 사수하겠다는 대국민 발표와

한국전쟁 당시 끝없이 이어졌던 피난 행렬

는 달리 부산을 임시 수도로 정하고 피란길에 올랐다.

그런 와중에서도 병사들에게 휴가 조치를 내리지 않았던 춘천, 홍천 지역에서는 국군이 북한군을 맞아 기대 이상으로 선전했다. 그 덕분에 속전속결로 남하하여 국군을 포위하고 괴멸시키려 했던 북한의 전략에 차질이 빚어졌다.

전쟁 발발 소식을 접한 미국은 즉각 개입을 결정하고, 개전 이틀 만에 해군과 공군을 작전에 투입했다. 먼저 미 전투기들이 북한 비행기들을 격추시키는 등 지원에 나섰으며, 6월 30일에는 지상군 투입도 결정되었다. 그리고 미국은 유엔안전보장이사회를 긴급 소집해 이후 유엔군 파병 결정을 이끌어 냈다.

미군의 참전에도 불구하고 북한군은 기세등등하게 낙동강 전선까지 밀고 내려왔다. 하지만 이후 계속해서 전력을 보강한 미군이 우위를 보이기 시작했다. 이에 유엔군은 부산을 거점으로 낙동강 방어선을 견고히 하면서 반격의 기회를 노릴 수 있게 되었다.

그때 유엔군 총사령관인 맥아더가 인천 상륙 작전을 개시했다. 북한군의 허를 찌르고 들어간 작전이 대성공을 거두면서 전세는 단숨에 역전되었다. 9월 21일 연합군은 서울을 수복하고, 많은 수의 북한군을 포로로 잡았다. 위아래로 협공당하는 상황에서 지리산 등으로 숨어든 북한군들은 빨치산 활동을 전개했다.

서울 수복 이후, 38선에서 진격을 멈추고 전쟁 이전 상태를 회복하는 선에서 전쟁을 마무리하려는 미 행정부와 북진해서 통일을 이루려는 이승만 정부의 입장이 대립했다. 국군은 유엔과 미국의 승인 없이 10월 1일 이미 38선을 넘어 북진을 시작했다.

맥아더는 이승만의 북진 노선을 지원했다. 소련이나 중국의 개입을 우려하는 미 대통령 트루먼과 달리 맥아더는 두 공산국가의 참전 가능성을 일축했다. 이에 미 행정부는 서해안 선천에서 동해안 성진에 이르는 선 북쪽으로는 국군만 작전을 펼친다는 조건하에 38선 돌파를 승인했다.

하지만 맥아더는 본국의 명령을 어기고 제한선 너머까지 진격했다. 그러자 맥아더의 장담과 달리 중국이 참전했다. 압록강을 건너 인해전술로 밀고 내려오는 중국군의 공세로 고립될 위기에 처한 국군과 유엔군은 우세한 제공권과 제해권을 가동한 덕분에 주요 전력을 보존한 채 후퇴할 수 있었다.

1951년 1월 4일 서울을 다시 적에게 내어준 채 남하하는 유엔군을 따라 피난민의 행렬이 길게 줄을 이었다. 하지만 곧 전열을 정비한 유엔군은 1월 25일부터 반격에 나서, 2월 10일에는 인천과 김포, 3월 14일에는 서울을 재탈환했다. 그리고 3월 24일에는 38선을 다시 돌파했다.

판문점에서 휴전협정에 서명하는 유엔군 측 대표와 북한군 측 대표

전세가 다시 유리해진 가운데 미 행정부는 관망 자세를 유지하면서 휴전을 모색했다. 미 국무성은 휴전 의사를 참전국들과 맥아더에게 전달하고, 관련 성명을 발표하려 했다. 하지만 맥아더가 3월 24일 공산군에 대한 강경한 성명을 앞질러 발표하는 바람에 휴전을 제안할 기회를 놓쳐 버렸다. 독단적 행동을 일삼은 맥아더에 대해 미 행정부는 4월 11일 해임 조치를 취했다. 그리고 7월 10일부터는 개성에서 휴전회담이 열렸다.

포로 교환 등 여러 문제로 의견이 엇갈리면서 중단과 재개를 거듭하던 휴전회담은 1953년 3월 5일 스탈린이 사망한 이후 급물살을 탔다. 그리고 7월 27일 마침내 휴전협정이 체결되면서 3년 1개월에 걸쳐 한반도를 뒤흔들었던 전쟁의 포성이 멎었다.

이승만 독재 체제의 강화

전쟁이 한창이던 1951년 임시 수도인 부산에서 이승만 정권은 장기 집권을 위한 작업에 착수했다. 당시는 의원내각제로, 대통령과 부통령을 선출하는 권한을 국회에서 행사하도록 되어 있었다. 이런 제도하에서는 재선이 어렵다고 판단한 이승만은 대통령 직선제 개헌을 추진했다.

1951년 광복절을 기해 이승만은 신당을 조직하라는 담화를 발표했다. 이후 2개의 자유당이 만들어졌는데, 하나는 국회의원을 중심으로 조직된 원내 자유당이었고, 다른 하나는 이승만 지지 세력이 만든 원외 자유당이었다. 그리고 11월 28일 이승만 정권은 대통령 직선제와 양원제를 골자로 한 개헌안을 국회에 제출했다. 하지만 다음 해 1월 18일 실시된 국회 표결에서 개헌안은 큰 표차로 부결되었다.

이에 이승만은 원외 자유당 등 친위 세력을 동원해 친정부 시위를 일으켰다. 또한 통근버스를 탄 국회의원 50여 명을 헌병대에서 강제 연행하는가 하면, 국제공산당에 관련되었다는 혐의를 씌워 10명의 국회의원을 체포하는 등 다양한 수법을 써서 국회를 압박했다.

이런 분위기에서 정부통령 직선제, 양원제, 국회의 국무위원 불신임제 등을 골자로 한 발췌 개헌안이 다시 국회에 제출되었다. 그리고 체포되었던 10명의 국회의원도 때맞춰 풀려나고, 다른 국회의원들도 경찰에 끌려가 며칠씩 연금된 상태에서 찬성을 강요받고 풀려나와 발췌 개헌안을 통과시켰다. 이로써 새 헌법에 의거해 그해 8월 5일 실시된 선거에서 이승만이 대통령으로 재선되었다.

대통령 임기 4년, 1차에 한해 중임 허용 등을 담은 1952년 발췌 개

왼쪽부터 임시 수도 부산에서 전황을 듣는 대통령 이승만, 국회의장 신익희, 국무총리 장면, 주한 미 대사 무초

헌안에 이어, 1954년 초대 대통령에 대한 중임 제한 철폐를 골자로 한 개헌안이 또다시 국회에 제출되었다. 11월 27일 국회 표결 결과는 개헌 가능 의결 정족수인 재적의원 3분의 2 이상 찬성에서 1표가 모자란 찬성 135표, 반대 60표, 기권 7표로, 개혁안은 부결 선포되었다.

이때 자유당은 수학의 사사오입 이론을 적용해 개헌 정족 수 비율상 135.33명에서 소수점 이하는 삭제하는 것이 옳다고 주장했다. 이에 반발한 야당 의원들이 모두 의사당에서 퇴장한 틈을 타 자유당은 개헌안을 통과시켰다. 이른바 사사오입 개헌안을 토대로 이승만은 1956년 대통령 선거에 출마해 당선되었다.

당시 많은 선거 부정이 있었는데도 이승만이 받은 표는 2위와 큰 차이가 나지 않았다. 더구나 부통령에는 자유당 후보가 아닌 민주당 후보 장면이 당선되었다. 이에 위기감을 느낀 이승만과 자유당 정권은 유력한 야당 인사들을 제거할 목적으로 좌익 또는 간첩 혐의를 씌웠다.

1958년 1월 조봉암을 비롯한 진보당 간부들이 간첩 혐의로 구속되었다. 조봉암은 1심에서 간첩 혐의 무죄, 국가보안법 위반 혐의 유죄 인정으로 징역 5년을 선고받았다. 그리고 2심과 3심에서는 간첩 혐의가 인정되어 1959년 2월 사형 선고가 내려졌다. 재심 청구를 기각한 대법원은 7월 31일 사형을 집행했다. 이후로도 정권에 위협이 되거나 반대하는 세력에 대한 이승만과 자유당 정권의 정치적, 사법적 탄압은 계속되었다.

4·19혁명과 이승만 하야

국민의 경제적 고충에는 아랑곳없이 장기 집권에만 골몰한 이승만은 4선 도전에 나섰다. 당시 야당인 민주당이 당내 갈등과 분열로 대통령 후보를 지각 선출한 점을 이승만 정권은 자신들에게 유리한 쪽으로 활용했다. 5월에 치러야 할 정부통령 선거를 1960년 3월 15일로 앞당겨 치르도록 결정했던 것이다.

이런 상황에서 2월 15일 병 치료차 미국에 가 있던 민주당 대통령 후보 조병옥이 사망하면서 이승만의 당선은 확정적이 되었다. 이에 자유당은 이승만이 86세 고령인 점을 감안해 유사시 대통령 직위를 승계하는 부통령 자리마저 자신들이 차지하고자 대규모 부정선거를 획책했다. 즉, 40퍼센트에 달하는 자유당 표를 미리 투표함에 넣어두기, 3~5인조 단위로 함께 투표시켜 표 이탈 막기, 야당 참관인을

4·19혁명에 나선 시민들

쫓아내 부정선거 감시 못하게 하기 등이었다.

정부 여당의 대대적인 부정선거 자행에 대해 민주당은 투표 당일 오후 선거 무효를 선언하는 등 강경하게 맞섰다. 개표가 시작되고, 이승만과 이기붕의 득표율이 95~99퍼센트를 기록한 지역들이 속출하자, 득표수를 낮추도록 지시하는 해프닝까지 벌어졌다.

이른바 3·15부정선거에 항의하는 시위가 선거 당일 저녁 마산에서 시작되어 전국으로 번져 나갔다. 게다가 학생들까지 반정부 시위에 동참한 가운데, 시위 도중 실종되었던 학생 김주열이 눈에 최루탄이 박힌 몰골로 마산 앞바다에서 시신으로 떠오르자, 시위는 더욱 거세어졌다.

4월 19일 경찰의 발포로 많은 사람들이 죽거나 다치는 불상사가 초래되었으며, 걷잡을 수 없이 악화된 사태에 대해 이승만 정권은 계엄령 선포로 맞섰다. 하지만 동원된 계엄군이 적극적인 진압에 나서지 않으면서 수습 불가의 상황에 봉착한 이승만은 4월 26일 하야 성명을 발표하고 미국으로 출국했다. 그리고 부정선거를 진두지휘했던 이기붕은 자살로 생을 마감했다.

4·19혁명으로 이승만과 자유당 정권이 붕괴된 후, 그해 7월 29일 실시된 선거에서 야당인 민주당이 압승을 거두었다. 이로써 새 정부를 수립하게 된 집권 민주당은 곧 구파와 신파로 양분되어 갈등하다가, 신파인 장면이 국무총리로, 구파인 윤보선이 대통령으로 선출되었다. 실권을 가진 국무총리 자리를 놓친 구파는 새 내각에 참여하는 대신, 민주당을 나와 신민당을 창당했다.

집권당이 내분을 겪는 동안, 오랜 독재 속에서 눌려 있던 각계각층의 요구들이 한꺼번에 쏟아지면서 혼란을 가중시켰다. 각종 단체와 학생 시위가 줄을 잇고, 해소되지 않는 경제난과 매년 되풀이되는 식량난으로 국민들의 불만이 고조되었다.

이런 가운데, 장면 정부는 1961년 댐 건설 등 국토개발 사업에 착수하고, 장기적인 경제개발 계획도 수립했다. 하지만 이 계획들은 얼마 후 군사쿠데타가 발발하면서 차기 정권의 과제로 이월되었다.

박정희의 집권과 개발 독재

1961년 5월 16일 새벽을 틈타 제2군 부사령관인 육군 소장 박정희와 그를 따르는 군인들이 군사정변을 일으켰다. 쿠데타 세력은 신속하게 내각 각료들을 체포하고, 주요 시설들을 장악했다. 수도원으로 피신했던 총리 장면이 뒤늦게 나타나 비상계엄령을 추인하고, 국무

5·16쿠데타 후 중앙청 광장의 박정희와 장도영

위원들이 총사퇴하면서 박정희는 정변에 성공했다.

국회와 지방의회를 해산시킨 쿠데타 세력은 5월 19일 국가재건최고회의를 만들어 입법, 사법, 행정 등 3권을 관장했다. 그리고 6월 10일 국가재건최고회의 직속으로 정보수사기관인 중앙정보부를 설치했다.

국가재건최고회의는 〈국가재건비상조치법〉을 비롯해 〈반공법〉, 〈정치활동정화법〉, 〈집회에 관한 임시조치법〉 등을 제정해 대한민국 사회를 통제해 나갔다. 이를 바탕으로 정치 깡패, 용공분자, 부정부패 관련자 등을 색출하여 처벌했다.

박정희 등은 혁명 공약을 통해 2년 후에 민정으로 이양하겠다는 뜻을 밝혔다. 그리고 민정 이양 이후의 집권을 목표로 중앙정보부의 주도 아래 비밀리에 민주공화당을 조직했다. 1963년 1월 정치인들에 대한 정치 활동 규제가 풀렸으며, 그해 10월에는 새 헌법에 따라 대통령 선거가 실시되었다. 이때 민주공화당 후보로 출마한 박정희는 민정당 후보로 출마한 윤보선을 근소한 차로 누르고 대통령에 당선되었다.

1961년 12월 17일 출범한 박정희 정권은 개발 정책 추진에 필요한 외자 유치를 위해 일본과의 교섭에 나섰다. 이듬해인 1962년 11월 12일 도쿄에서 초대 중앙정보부장인 김종필과 일본 외무장관인 오히라 마사요시 간의 비밀 회담이 열렸다.

이날의 회담을 통해 합의된 이른바 '김-오히라 메모'에 기초하여 1965년 6월 22일 한일기본조약의 체결과 동시에 '재산과 청구권에 관한 문제 해결과 경제협력에 관한 협정'의 정식 조인이 이루어졌다. 주요 내용은 재산청구권과 관련해 일본이 한국에 무상으로 3억 달러를 10년 동안 지불할 것, 경제협력으로 한일 정부 간에 차관 2억 달러를 연리 3.5퍼센트, 7년 거치 20년 상환 조건으로 10년 동안 제공할 것, 민간 상업차관으로 1억 달러 이상을 제공할 것 등이었다.

하지만 조약 체결에 앞서 박정희 정부는 일제 강점에 대한 사죄와 보상을 제대로 받지 못한 협상이라는 이유로 국민들의 거센 반대에 부딪혔다. 1964년 6월 3일, 1만여 명의 학생과 시민이 한일협정 반대 시위에 참가했다. 이에 박정희는 비상계엄령을 선포하고 군 병력을 서울 시내에 투입하는 등 강경한 조치로 시위를 억눌렀다.

그즈음 한국 정부는 베트남 내전에 본격적으로 뛰어든 미국으로부터 지원 요청을 받고 있었다. 이에 1964년 9월 11일 의무 요원 130명과 태권도 교관 요원 10명 등 140명이 베트남으로 파견되었다. 그리고 이듬해부터는 전투 부대의 파병이 이루어졌다.

1973년 3월 철군이 완료될 때까지 8년 5개월 동안 베트남전에 참가

한일협정 반대 시위에 나선 시민들

한 인원은 32만여 명에 이르렀다. 다수의 사상자가 발생했을 뿐더러, 참전용사들과 그 가족들 가운데 많은 이들이 고엽제로 인한 후유증에 시달리고 있다. 국민의 희생을 담보로 한국 정부가 약속받은 것은 한국군 장비의 현대화, 베트남에서의 경제적 이권, 미국의 신규 차관 등이었다.

많은 비난을 불러일으킨 한일협정이나 베트남 파병을 통해 조달한 자금으로 박정희 정권은 경제 개발을 추진했다. 특히 베트남전 파병을 계기로 이른바 베트남 특수를 누리면서 경제 발전을 이룰 수 있었다. 또한 그 과정에서 얻은 노하우는 이후 한국 기업들이 중동 등 여러 지역으로 진출하는 데 요긴하게 쓰였다.

1960년대 중반 이후로 경제 발전의 결과가 가시화되기 시작했다. 경제 개발의 눈부신 성공 덕분에 박정희는 1967년 대통령 선거에서 통합야당인 신민당 후보 윤보선을 큰 표차로 물리치고 당선되었다.

하지만 급속한 경제 성장에 따른 부작용으로 빈부 격차가 점점 심해지자, 노동자들의 반발이 커졌다. 1970년 11월 13일 서울 동대문 평화시장에서 피복 공장 재단사로 일하던 전태일이 노동 환경 개선을 외치며 온몸에 휘발유를 붓고 분신자살한 사건은 성장의 단꿈에 취해 있던 남한 사회에 큰 충격을 안겼다.

박정희 정부는 점증하는 사회적 갈등을 억누르는 과정에서 동베를린간첩단 사건(동백림 사건) 등 여러 공안 사건을 터트려 국민적인 경각심을 자극하는 방식으로 위기를 넘겼다. 이러한 사건들이 이어지면서 무고한 사람들이 간첩으로 몰려 희생당하는 경우가 적지 않았다.

그 사이, 남한 사회를 교란시키기 위한 북한 측의 도발도 이루어졌다. 1968년 1월 21일 김신조 등 북한 무장공비단의 청와대 습격 시도

사건, 1월 23일 미 해군 정보수집함 푸에블로호 납치 사건, 11월 2일 울진 및 삼척 지구 무장공비 침투 사건 등이 줄을 이었다.

이러한 도발들을 빌미 삼아 박정희 정권은 헌법으로 금지된 대통령의 3선 연임을 허용하는 개헌을 추진했다. 이른바 3선 개헌의 시도는 여론의 강력한 저항을 받았으나, 박정희는 끝내 개헌안을 관철시켰다. 그리고 세 번째 출마한 1971년 대통령 선거에서 신민당 후보로 나선 김대중을 어렵게 누르고 당선되었다.

유신 체제의 등장

1971년부터 박정희 정권은 북한과의 교류에 나섰다. 지난 10여 년 동안의 경제 성장을 통해 얻은 자신감의 발로였다. 남북 양측의 이견 조정을 거친 후 1972년 7월 4일 〈남북공동성명〉이 발표되었다. 이른바 7·4남북공동성명으로 한반도에는 전례 없이 평화로운 분위기가 조성되었다.

이런 와중에서도 박정희 정권은 내부적인 반발에 대해서는 강경한 조치를 취했다. 1971년 10월 학생 대상의 군사교육인 교련에 반대하는 시위가 일어나자, 남북 대화가 한창 진행 중인데도 북한의 위협을 이유로 12월 6일 국가 비상사태를 선포했다.

1972년 10월 17일에는 통일에 대비한다는 명분 아래 계엄령을 선포하고 국회를 해산했다. 그리고 정치 체제 개혁을 선언하면서, 대통령 선출 기관인 통일주체국민회의의 설치를 주요 내용으로 하는 유신헌법안을 10월 27일 비상국무회의에서 의결, 공고했다. 이후 11월

21일 치러진 국민투표에서 유신헌법은 90퍼센트가 넘는 압도적 찬성을 얻어, 대통령 취임일인 12월 27일에 공포, 시행되었다.

이로써 대한민국 정치 체제는 유신 체제로 전환되었다. 이 체제에서는 국회의원의 3분의 1을 대통령이 임명하는데, 통일주체국민회의에서 추인하는 유신정우회 의원으로 채워졌다. 나머지 3분의 2는 1개 선거구에서 2명씩 뽑는 지역구 의원들로 구성하는 방식이었다. 지역구에서 여야 공천을 받은 후보가 1명씩 당선되는 게 일반적이었던 까닭에 국회의원의 3분의 2는 사실상 여당이 차지하도록 만든 법이라 할 수 있었다.

대통령이 입법부를 장악할 수 있게 한 데다, 대법원장의 임명권까지 대통령에게 부여함으로써 사법부에 대한 통제도 가능하도록 만들었다. 아울러 대통령 선출 방식도 직접선거가 아니라, 국민이 통일주체국민회의 의원을 뽑고 이들이 다시 대통령을 선출하는 간접선거 방식으로 바뀌었다.

1972년 12월 23일 유신헌법에 따라 구성된 통일주체국민회의에서 박정희는 임기 6년의 제8대 대통령으로 선출되었다. 대학을 중심으로 유신에 반대하는 학생 운동이 확산되었다. 1973년 8월에는 유신에 반대하던 야당 지도자 김대중이 일본에서 납치되는 사건이 발생했다. 겨우 한국으로 살아서 돌아온 김대중에게는 곧바로 가택 연금 조치가 취해졌다.

이 사건을 계기로 유신 체제에 대한 대학생들의 저항이 더욱 거세어지자, 박정희는 긴급조치를 발동하여 일체의 개헌 논의를 금지시키는 한편, 위반자들을 체포해 비상군법회의에 회부했다. 그리고 민청학련사건 및 인혁당재건위사건 등 공안 사건을 일으켰다.

민청학련사건은 1974년 4월 '전국민주청년학생총연맹'이라는 조직이 폭력으로 정부를 전복하기 위해 전국적 민중 봉기를 획책한 혐의로 대거 구속, 기소된 사건이었다. 사건을 수사한 중앙정보부는 배후 조종 세력으로 인혁당재건위를 지목했다. 1964년 8월 북한의 지령을 받은 남한 내부의 대규모 지하조직으로 지목되어 검거된 바 있는 인민혁명당을 재건하려는 세력이 민중 봉기를 일으키도록 조종했다는 것이었다.

　이 사건들로 253명이 구속, 송치되었는데, 그중에서 민청학련 관계자들은 대부분 감형이나 형 집행정지로 풀려났다. 하지만 도예종 등 인혁당재건위 관련자 8명은 1974년 9월 7일 비상고등군법회의에서 사형을 선고받고, 이듬해 4월 8일 대법원에서 상고를 기각함으로써 사형이 확정되었다. 그리고 하루도 지나지 않아 기습적으로 사형 집행이 이루어졌다. 증거 불충분에다 조사 과정에서 고문한 사실까

유신 정권에서 대한민국 헌법을 지키려는 시민들을 내란죄로 몰아 살해한 인혁당 사건

지 드러나 조작 의혹이 제기된 상황에서 이루어진 사형은 국제사회의 비난을 불러일으켰다.

1973년에 들어와 남북 간에 접촉이 지연되고 더 이상 대화의 진전은 이루어지지 않는 가운데, 북한은 8월 남북 대화의 중단을 선언했다. 이듬해 8월 15일 광복절 기념식장에서는 재일교포 2세인 문세광이 대통령을 암살하기 위해 쏜 총에 맞아 영부인인 육영수 여사가 숨지는 사건이 발생했다.

1978년 7월 4일 박정희는 통일주체국민회의에서 제9대 대통령으로 다시 선출되었다. 하지만 그해 12월 12일 실시된 국회의원 선거에서는 여당인 공화당이 야당인 신민당보다 지역구 득표율에서 1.1퍼센트 뒤지는 결과가 나왔다. 이에 힘을 받은 신민당은 선명야당을 기치로 내건 김영삼을 새 총재로 선출하고, 유신 체제에 대한 공세의 고삐를 죄었다. 이에 박정희 정권은 사법적 조처를 통해 김영삼의 의원직을 박탈했다.

이처럼 정치적으로 혼란스러웠지만, 경제 성장은 지속되었다. 1962년부터 시작된 제1차 경제개발 5개년 계획 기간 동안 수출 증가율은 연평균 44퍼센트, 경제 성장률은 8.5퍼센트를 기록했다. 그리고 1967년부터 시작된 제2차 경제개발 5개년 계획 기간 중 수출 증가율은 연평균 33.7퍼센트, 경제 성장률은 10.7퍼센트에 달했다.

1972년부터는 제3차 경제개발 5개년 계획을 추진했고, 다시 1977년부터는 제4차 경제개발 5개년 계획을 시작했다. 이때는 경공업 중심에서 중화학공업 중심으로 산업 전략을 바꿔 나갔다. 이를 통해 보다 부가가치가 높은 산업 구조로의 전환이 이루어졌다.

한편 박정희 정권은 경제 성장의 과실이 도시 지역에 집중되는 문제를 개선하기 위해 1971년부터 새마을운동을 전개했다. 이는 농촌의 개발을 촉진하는 효과를 발휘하는 동시에 농촌에 대한 정부의 통제력을 강화하는 구실도 했다.

5 · 18광주민주화운동

1970년대 말 유신 체제에 대한 저항이 거세어지는 상황에서, 신민당 총재인 김영삼의 국회의원직을 박탈한 사건은 부산과 마산 지역에서 소요 사태를 불러일으켰다. 1979년 10월 16일 부산의 대학생 5천여 명이 거리 시위에 나서자, 시민들이 이에 합세했다. 이후 마산 및 창원 지역으로 확산된 시위는 이른바 부마항쟁이라는 거대한 반정부 시위로 발전했다.

박정희 정권은 10월 18일 0시를 기해 부산 지역에 비상계엄령을 선포하고, 다수의 시민들을 붙잡아 그중 66명을 군사재판에 회부했다. 그리고 20일에는 마산 및 창원 일대에 위수령을 발동하고, 시위대를 마구 잡아들여 그중 59명을 군사법정에 세웠다.

강경 진압을 통해 사태는 곧 진압되었으나, 그 과정에서 정권 내부에서는 온건책을 주장한 중앙정보부장 김재규가 강경 진압을 주장한 경호실장 차지철의 압박을 받는 등 갈등이 불거졌다. 이런 갈등은 1979년 10월 26일 궁정동 밀실에서 벌어진 연회 도중에 김재규가 차지철을 사살하고 박정희까지 시해하는 사건으로 비화되었다.

박정희의 뜻하지 않은 죽음으로 강고했던 유신 체제는 내부로부터 붕괴했다. 그리고 유신의 심장을 향해 방아쇠를 당겼던 김재규는 10

월 28일 체포되어, 이듬해 5월 24일 내란미수죄로 사형당했다.

　독재자의 죽음으로 남한 사회에는 이른바 '민주화의 봄'이 도래했다. 그러나 쟁취하지 않고 주어진 봄은 오래잖아 새로운 권력자의 주머니로 수거되었다. 박정희 암살 사건의 합동수사본부장을 맡고 있던 보안사령관 전두환 등 신군부 세력은 사건 조사가 제대로 이루어지지 않는다는 이유로 육군참모총장 겸 계엄사령관인 정승화를 체포하고 실권을 장악했다.

　신군부는 각종 시위로 야기된 사회 혼란을 수습한다는 명분을 내세워 민주화 요구를 강압적으로 짓눌렀다. 이에 대한 반발로 5월 1일 시작된 대학가의 소요는 5월 14일 서울, 부산, 대구, 광주 등 37개 대학에서 계엄 철폐를 요구하는 시위로 번졌다. 그리고 5월 15일 서울역 시위에서 대표들이 모여 당분간 시국의 추이를 관망하기로 결정

5·18민주화운동 당시 경찰과 대치하고 있는 전남대 학생들

함에 따라 학생 시위는 소강상태를 맞았다.

신군부 세력은 당시 대통령 최규하를 앞세워 5월 18일 0시를 기해 지역 계엄을 전국 계엄으로 확대했다. 그리고 김대중, 김종필을 연행하고 김영삼을 연금하는 등 정치적 탄압을 강화하는 한편, 학생 시위 주동자들에 대한 검거에 나섰다.

비상계엄 확대 조치가 취해지자, 광주에서는 계엄령 철폐, 전두환을 위시한 신군부 인사들의 퇴진, 김대중의 석방 등을 요구하는 시위가 전개되었다. 최초의 시위는 등교를 저지당한 전남대학교 학생들과 비상계엄군 간의 충돌로부터 시작되었는데, 폭력적인 진압에 분노한 시민들이 가담하면서 점차 시위대의 규모가 커졌다.

금남로에 집결한 시민들은 투석전으로 계엄군의 강경 진압에 맞섰다. 양측의 접전이 점점 격렬해지던 와중에 발포가 이루어지면서 사상자가 발생했다. 그 후 도청 앞에서 계엄군의 철수 문제를 두고 벌이던 협상이 결렬되면서 시작된 계엄군의 무차별 발포로 죽고 다치는 이들이 속출하자, 시민들은 나주와 화순 등의 예비군 무기고에서 무기를 탈취하여 무장 항쟁에 나섰다.

그 결과 한때 시민군은 계엄군을 몰아내고 광주 시내를 장악할 수 있었다. 하지만 5월 27일 탱크를 앞세운 대규모 진압군이 시내로 진입하여 도청과 시내를 무력으로 접수함으로써, 10일 동안에 걸쳐 전개된 광주 시민들의 항쟁은 거리 곳곳에 선연한 핏자국들을 남긴 채 무참하게 진압되었다.

군사 독재와 민주화운동

　계엄 확대와 무자비한 진압을 통해 정국의 혼란을 잠재운 신군부는 5월 31일 대통령의 보좌기관이자 실질적인 비상 통치기구인 국가보위비상대책위원회를 설치했고, 상임위원장에 전두환이 취임했다.

　8월 16일 대통령 최규하가 하야하면서, 8월 27일 개최된 통일주체국민회의에서 전두환은 제11대 대통령으로 뽑혔다. 그리고 이듬해인 1981년 2월 개정된 새 헌법에 따라 구성된 선거인단 선거에서 임기 7년의 단임제 대통령에 선출되었다. 그는 신군부 출신 인사들을 주축으로 여당인 민주정의당을 창당했다.

　전두환 정권은 언론 통폐합, 삼청교육대 설치, 정치인 활동 규제 등을 통해 철권통치를 휘둘렀다. 그러나 정통성을 갖지 못한 통치는 학생 시위를 비롯한 여러 가지 형태의 저항을 불러들였다. 그 와중에 1983년 버마 방문 때는 북한 소행의 폭탄 테러로 죽을 뻔한 위기를 넘기기도 했다.

반독재 민주화운동인 87년 6월 항쟁

경제적으로는 1980년대 중반 이후 전 세계적으로 나타난 저유가, 저달러, 저금리 등 이른바 삼저호황에 힘입어 고도성장을 이어나갔다. 1986년 아시안게임을 개최한 데 이어, 1988년 올림픽 유치에도 성공하며 대한민국의 국제적 위상을 높였다.

1986년을 전후하여 민주화를 요구하는 목소리가 높아졌다. 교수들은 물론이고 교사들까지 대통령 직선제 개헌을 주장하며 민주화 움직임에 동참했다. 1987년 시위에 참가했던 학생 박종철이 경찰의 고문을 받다가 사망한 사건이 드러나면서 민주화 시위가 촉발되었다.

1987년 4월 13일 헌법 개정에 반대하는 대통령 담화가 발표되자, 민주화 시위는 더욱 격렬해졌다. 6월에는 시위를 하던 학생 이한열이 경찰의 최루탄에 맞아 사망하는 사건까지 터지면서 정권을 더욱 궁지로 몰아갔다. 이에 6월 29일 차기 대통령 후보로 지명된 여당 대표 노태우로 하여금 대통령 직선제 개헌 수용 등 시국 수습 방안을 담은, 이른바 6·29선언을 발표하게 했다.

민주화의 진척 과정

1987년 10월 직선제 개헌안이 국민투표로 확정되면서 그해 12월 16일 대통령 선거가 실시되었다. 이때 두 야당 지도자인 김영삼과 김대중이 후보 단일화에 실패해 각자 출마한 결과, 36퍼센트의 지지를 얻은 민정당 후보 노태우가 대통령에 당선되는 행운을 누렸다.

1988년 2월 25일 출범한 노태우 정부는 중국, 소련, 북한, 동유럽 국가 및 기타 사회주의 국가를 대상으로 하는 외교 정책인 북방외교를 펼쳤다. 이는 한반도의 평화와 안정을 유지하고, 경제적 협력을 통한 국익의 증진을 목표로 하는 대외 정책이었다.

이와 같은 북방외교의 추진은 1988년 서울 올림픽의 성공적인 개최로 이어졌다. 앞선 모스크바 올림픽과 로스앤젤레스 올림픽의 경우, 소련의 아프가니스탄 침공 문제로 서방 국가들이 불참하고, 다시 그 보복으로 사회주의권 국가들이 불참한 반쪽짜리 올림픽들이었다. 하지만 서울 올림픽은 이념에 따른 분열과 갈등을 극복하고, 사회주의권 국가들과 자본주의권 국가들이 모두 참여한 가운데 개최되었다.

1988년 4월 26일, 올림픽에 앞서 치러진 제13대 국회의원 총선거에서 여당인 민주정의당은 제1당이 되었으나, 과반수 의석 확보는 실패했다. 합쳐서 과반수를 넘긴 야당은 김대중의 평화민주당, 김영삼의 통일민주당, 김종필의 신민주공화당 순으로 원내 2, 3, 4당이 되었다.

여소야대 국회가 출범하면서 행정부에 대한 견제가 심해졌다. 전두환 정권 때의 비리를 조사해야 한다는 야당의 요구로 대한민국 역사상 처음으로 국회에서 청문회가 개최되었다. 5공 청문회 이후, 전두환은 대국민 사과문을 발표하고 백담사로 거처를 옮겨야 했다.

이처럼 여소야대 국회에서 눌려 지내던 여당은 1990년 1월 22일 통일민주당, 신민주공화당과 합치는, 이른바 '3당 합당'을 통해 거대 여당인 민주자유당을 만들었다. 하지만 1992년 3월 24일 실시된 제14대 국회의원 총선거에서 과반수 의석을 차지하는 데 실패했다.

1992년 12월 18일에 치러진 제14대 대통령 선거에서는 여당 후보인 김영삼이 당선되었다. 이듬해 2월 25일 대통령에 취임한 김영삼은 앞선 군사정부와의 차별성을 드러낼 목적으로 자신의 정부를 문민정부로 명명했다.

실제로도 김영삼 정부는 군의 정치 개입을 근절하기 위해 군대 내 대표적인 비밀 사조직인 하나회를 해체했다. 또한 전두환과 노태우 등 이전 군부 정권의 부정과 비리를 파헤쳐 처벌했다. 그리고 1급 이상 공직자의 재산을 공개하도록 하는 공직자윤리법을 비롯하여 공직 선거 및 선거부정방지법, 정치자금법, 정당법 등을 개정했다. 아울러 경제 투명성을 높일 목적으로 금융실명제를 실시했다.

김영삼 정권은 집권 초기부터 남북 관계 개선에 적극적으로 나섰다. 비전향 장기수인 이인모를 북한으로 송환해 남북 대화의 물꼬를 텄다. 이를 계기로 북한도 남한의 정상회담 제의를 받아들여 1994년 6월 판문점에서 남북 간 예비 접촉이 열렸다. 하지만 1994년 7월 김일성이 갑자기 사망하면서 역사적인 남북 정상회담은 수포로 돌아갔다. 이후 북한의 권력은 김정일에게 승계되었다.

국제 경제 질서의 변화에 편승하기 위한 조처로 김영삼 정부는 다자간 무역협상인 우루과이라운드에 가입했다. 또한 선진국 경제 협

문민정부를 연 김영삼 대통령

력 기구인 OECD에도 참여하여 대한민국의 높아진 경제적 위상을 대내외에 확인시켰다.

그 외에도 과거 조선총독부 청사로 쓰였던 국립중앙박물관 건물을 일제 잔재 청산의 일환으로 철거했고, 일제 식민지 교육의 잔재였던 '국민학교'라는 용어를 '초등학교'로 바꾸기도 했다.

이처럼 김영삼 정부가 일련의 개혁 정책들을 의욕적으로 추진하는 동안, 여당은 난관을 겪었다. 김영삼계 위주의 당 운영에 반발한 김종필계가 탈당해 자유민주연합을 결성했고, 민정당계는 두 전직 대통령들에 대한 사법 처리 과정에서 함께 처벌받거나 당에서 이탈했다.

이에 민주정의당은 재야인사와 직능대표를 영입해 내부에 생긴 공백을 메우면서 당명을 신한국당으로 바꾸었다. 한편, 야당 쪽에서는 1992년 12월 대선 패배와 함께 정계에서 은퇴했다가 1995년 7월 복귀한 김대중에 의해 만들어진 새정치국민회의가 1여 3야의 구도 속에서 제1 야당으로 올라서 있었다.

1994년 11월부터 김영삼 정권은 경제 개방 정책에 맞추어 세계화를 강조했다. 하지만 경제 성장이 둔화되면서 경상수지가 점점 나빠졌다. 1996년 말에는 기아자동차, 한보 등 일부 대기업들이 파산 상태에 빠져들었고, 정경유착 비리도 드러났다.

이런 여파로 대한민국이 보유하고 있던 외화가 바닥나면서, 1997년 11월 21일 국제통화기금에 긴급 자금 지원을 요청하는 경제 비상사태가 발생했다. 은행들이 문을 닫고 기업들이 도산하고 실업률이 폭증하는 가운데, 김영삼 정부와 집권여당의 인기는 크게 실추되었다.

1997년 10월 의원내각제 개헌을 연결고리로 김대중은 김종필과 연대했다. 그리고 새정치국민회의와 자유민주연합의 단일 후보가 되어

1997년 12월 18일 치러진 제15대 대통령 선거에서 신한국당 후보인 이회창을 누르고 당선되었다.

민주 정부 수립과 남북 관계의 해빙

1998년 2월 25일 대통령에 취임한 김대중은 김종필을 국무총리에 앉히고 공동정부를 구성한 후, 새 정부의 이름을 '국민의 정부'로 명명했다. IMF 체제 아래서 김대중은 기업 구조조정, 금융개혁, 외환위기 탈출 등 경제적 난제를 해결하는 데 힘을 쏟았다.

강도 높은 구조조정 덕분에 IMF로부터 빌린 구제금융 자금을 조기에 상환하는 성과를 거두었다. 하지만 국내 은행과 기업이 외국 자본에 헐값에 넘어가고, 비정규직 양산이나 빈부의 양극화가 심화되는 등의 부작용을 막지 못했다.

북한 문제에서는 김대중 정부의 햇볕정책, 즉 북한에 대한 화해와 포용 정책이 계속되면서 일정한 성과를 거두었다. 남북한 비료 협상, 정주영 현대그룹 회장의 소떼 방북, 금강산 관광 개발 사업 등이 추진되었으며, 2000년 6월 15일에는 김대중 대통령과 김정일 국방위원장 등 남북한 두 정상의 역사적인 만남이 평양에서 이루어졌다.

그 결과 남북 관계 개선과 평화통일에 대한 노력을 약속하는 선언문이 발표되고, 이어서 이산가족방문단 교환, 남북 장관급 회담, 남북 경제협력추진위원회의 구성, 경의선과 동해선 연결을 위한 복원 공사 착수 등 후속 조치가 이루어졌다. 그해 11월 김대중은 민주화와 인권을 위해 싸워 온 그간의 노력에다 남북 협력을 이룬 공을 인정받아 노벨 평화상을 수상했다.

이처럼 눈부신 성과의 이면에서는 한국 정치사에 익숙한 대립과 분열이 진행되었다. 대선 패배 후에 신한국당에서 한나라당으로 개칭한 야당과의 비생산적인 정쟁, 그리고 내각제 개헌 약속 불이행에 반발한 자유민주연합과의 결별 속에서 여당의 인기는 추락했다.

이에 총선 승리가 어렵다고 판단한 김대중은 재야인사와 1980년대의 학생 운동권 세력을 끌어들여 새천년민주당을 창당했다. 새 여당은 2000년 4월 13일 총선에서 133석을 확보한 한나라당에 뒤진 115석의 의석을 차지했다. 그리고 김대중 정권과 결별한 자유민주연합은 17석을 얻는 데 그쳤다.

2002년 일본과 공동 개최한 월드컵 축구대회에서 대한민국은 4강전까지 진출하는 기염을 토했다. 대한민국과 터키가 3, 4위전을 치르던 시점에 연평도 근해에서는 남북한의 경비정이 충돌해 해군 병사들이 전사하는 사태가 발생했다. 논란 속에서도 남북 공조 기조가 유

노벨 평화상을 수상한 김대중 대통령

지되었고, 그해 9월에 열린 부산 아시안 게임에 북한 대표 선수들도 참가해 기량을 겨루었다.

2002년 말 여당 실세와 대통령의 아들들이 연루된 비리 사건이 터지면서 집권당의 인기가 추락했다. 그 때문에 여당 실세가 퇴진하고, 대통령도 당 총재직을 내려놓고 탈당하게 되었다. 이때 여당에 불어닥친 쇄신의 바람을 타고 당내 비주류 인사였던 노무현이 차기 대통령 후보로 선출되었다.

한나라당 대통령 후보인 이회창과의 양자 대결 구도는 월드컵 성공 개최로 인기를 얻은 대한축구협회장 정몽준이 대통령 선거에 뛰어들면서 삼자구도로 바뀌었다. 이후 정몽준과 연대해 단일 후보로 올라선 노무현은 투표 전날인 12월 18일 갑작스레 지지 철회를 발표한 정몽준 측의 방해 속에서도 제16대 대통령으로 당선되었다.

노무현 정권은 새 정부의 이름을 참여정부로 명명하고, 젊고 개혁적인 비주류들을 등용하며 혁신에 나섰다. 김대중 정부의 대북 송금 특검 수용으로 여당이 분열되자, 새천년민주당을 나와 새 여당인 열린우리당 창당에 참여했다.

급진적인 개혁 추진으로 보수 세력과의 갈등이 깊어진 노무현은 2004년 3월 12일 국회에서 다수를 차지한 야당 의원들의 탄핵을 받아 대통령으로서의 직무가 정지되는 초유의 사태를 맞이했다. 탄핵 반대 시위가 연일 계속되는 가운데, 4월 15일 치러진 제17대 국회의원 총선거에서 여당인 열린우리당이 과반수를 넘긴 152석을 차지했다.

이후 헌법재판소의 탄핵소추안 기각 결정으로 직무에 복귀한 노무현은 여당의 지원하에 행정수도 이전, 국가보안법 철폐, 사립학교법 개정, 친일 반민족 행위자 조사, 대북 햇볕정책 계승 등 주요 정책들을 밀어붙였다.

하지만 야당과의 정쟁 속에서 지나치게 논란이 커지고, 기대한 만큼의 성과가 나지 않는 상황들을 겪으면서, 노무현 정부의 개혁에 대한 국민들의 실망과 피로가 쌓여 갔다. 그런 와중에서도 정경유착의 단절, 권위주의의 청산, 시민사회의 성장, 제2차 남북정상회담 등은 대체적으로 후한 점수를 받았다.

특히 2004년 준공된 개성공단은 남한의 자본과 북한의 노동력을 결합시켜 상호 이익을 취하고 한반도 평화 정착에도 일조하는 남북 경제 협력의 상징으로 자리 잡아갔다. 그리고 2007년에는 해방 이후 단절되었던 경의선 철도도 복구되었다.

이와 같은 남북 간의 긴밀한 교류 속에서도 북한 핵 문제에는 별다른 진전이 없었다. 미국의 부시 행정부는 지속적으로 북한을 압박했고, 북한은 핵확산금지조약에서 탈퇴하는 것으로 응수했다. 이후로도 먼저 핵무기를 폐기하라는 미국과 먼저 지원부터 하라는 북한의

대통령 중 가장 서민적이라는 평가를 받는 노무현 대통령

양보 없는 대치가 계속되었다.

노무현 정부의 임기 말은 한미 FTA 타결, 주식시장의 호황에도 불구하고 청년 실업률 증가, 비정규직 급증, 부동산 가격 폭등 등으로 서민 경제가 침체되었다. 그 때문에 대통령 자신과 집권 여당인 열린우리당의 인기가 크게 하락했다. 그리고 2007년 12월 19일 치러진 제17대 대통령 선거에서 여당 후보로 나선 정동영이 한나라당 후보인 이명박에게 참패하며 정권을 내주고 말았다.

보수정권 회귀

2008년 2월 25일 이명박 정권의 출범으로 대한민국에는 10년 만에 다시금 보수정권이 들어섰다. 선거 과정에서 제기되었던 BBK 주가 조작 사건 스캔들로 잡음이 여전한 가운데, 집권 초 수입량을 대폭 늘린 미국산 쇠고기 때문에 광우병 우려가 제기되자, 대규모 촛불시위가 일어나 고역을 치러야 했다.

2008년 미국발 금융위기의 여파에 휩쓸리면서, 이명박 정부는 '7년 안에 7퍼센트 성장으로 국민소득 4만 달러 달성'을 강조했던 이른바 747공약의 달성이 요원해졌다. 노무현 정부로부터 물려받은 재정적자도 줄어들기는커녕 더 큰 폭으로 늘어나게 되었을 뿐더러, 경제 활로를 찾기 위해 집중적으로 투자했던 자원-에너지 외교에서도 성과가 부실했다.

한편 퇴임한 뒤 고향인 김해 봉화마을로 귀향한 노무현이 재임 중의 친인척 비리로 조사를 받다가 2009년 5월 23일 사저 뒷산의 부엉 이바위에서 투신해 서거하는 비상한 사태가 벌어졌다. 전임 대통령의 자살을 둘러싸고 정치 탄압 논란이 일면서 이명박 정권은 비난의 표적이 되었다.

이명박 정부의 대북 노선인 '비핵 개방 3000 구상', 즉 북한이 핵을 완전히 폐기하고 개방하면 10년 안에 국민소득 3,000달러가 되도록 지원해 준다는 달콤한 제안도 북한으로부터 아무런 호응을 얻지 못했다. 더구나 북한 초병의 관광객 사살 사건을 계기로 금강산 관광 사업이 중단되는 등 남북 관계는 악화되었다. 그 와중에 2011년 김정일이 사망하고 그 아들 김정은이 권력을 세습하는 상황이 벌어졌다.

2010년 3월 26일에는 백령도 근처 해상에서 대한민국 해군 초계함인 천안함이 침몰해 해군 장병 40명이 사망하고 6명이 실종되는 사건이 벌어졌다. 여러 주장과 추측이 난무하는 가운데 북한 어뢰에 의한 폭침으로 결론이 나면서 북한에 대한 비난이 고조되었다.

천안함의 마지막 훈련 모습

같은 해 11월 24일에는 북한이 대연평도를 향하여 170여 발의 포탄을 쏘아 해병 및 민간인 2명이 죽는 사태가 발발했다. 이로써 한반도에 전운이 고조되고, 국내외적으로 북한의 명백한 도발에 대한 비난과 제재가 뒤따랐다.

2011년 8월 26일 한나라당 소속의 서울시장 오세훈이 시장직을 걸고 선별적 무상급식을 위한 주민투표를 실시했다가 실패해 중도 사퇴했다. 이후 서울시장 보궐선거일인 10월 26일 오전, 중앙선거관리위원회와 야당 후보 박원순의 홈페이지가 디도스 공격을 받고 다운되는 사건이 발생했는데, 조사 결과 한나라당 인사가 그 사건에 관련된 사실이 밝혀지면서 파문이 일었다.

2011년 12월 9일 디도스 파문으로 당시 한나라당 대표인 홍준표가 사퇴하고, 전임 대표인 박근혜가 당 비상대책위원장으로 선출되었다. 그리고 2012년 2월 13일 한나라당에서 새누리당으로 당명을 바꾼 여당은 4월 11일 제19대 총선에서 152석을 획득하여 과반 1당을 유지했다.

이후 새누리당의 대통령 후보로 선출된 박근혜는 2012년 12월 19일 제18대 대통령 선거에서 51.6퍼센트의 득표율로 야당 후보인 문재인을 누르고 당선되었다. 이로써 박근혜는 대한민국 최초의 여성 대통령 겸 독신 대통령, 최초의 이공계 출신 대통령, 최초의 부녀 대통령, 그리고 1987년 대한민국 헌법 개정 이후 최초의 과반 득표 대통령이라는 진기록을 세우면서 2013년 2월 25일 취임하게 되었다.

◆ 대한민국

1945년 8월 15일 대한민국 해방

○ 조선 건국 동맹

여운형을 중심으로 민족주의 계열과 사회주의 세력을 규합,
조선 건국 준비 위원회를 결성하고 건국 준비

○ 남북 분단

38도선을 경계로 남북에 각각 미군과 소련군이 진주,
미국과 소련의 냉전 심화로 38도선이 정치적 분할선이 됨

○ 미 · 소 공동 위원회 개최

모스크바 3상 회의의 결정에 의해 설치된 미 · 소 양국의 대표자 회의

○ 유엔 한국 임시 위원단 설치

남북한 총선거 실시 및 통일 독립 정부 수립 결의, 소련의 거절로 남한 단독 선거

○ 제주 4 · 3사건 발생

단독 정부 수립을 반대해 제주도에서 일어남.
미국은 군을 투입하여 무력으로 진압, 수만 명의 무고한 인명 피해 발생

○ 남한 단독 총선거 실시(1948. 5. 10)

우리나라 최초의 민주 선거. 남북한 총선거 제의를 북한이 거부, 남한만 실시
대한민국 초대 대통령 선출(이승만)

○ 대한민국 정부 수립(1948. 8. 15)

제1공화국 / 1948~1960

● 1대　이승만 1948~1952

○ 6 · 25전쟁 발발(1950)

소련군의 지원을 받은 북한의 기습 남침
유엔군 참전 - 인천 상륙 작전 - 중공군 개입 - 38도선 부근에서 전투- 휴전 협정

● 2대　이승만 1952~1956

○ 사사오입 개헌

1954년 자유당이 정족수 미달의 헌법개정안을 불법으로 통과시킨 2차 헌법 개정

● 3대　이승만 1956~1960

○ 4 · 19혁명

3 · 15부정선거를 계기로 학생과 시민들이 자유당 부패와 이승만 독재에 항거,
자유 민주주의를 수호를 외침, 이승만 대통령 하야

제2공화국 / 1960~1961

● 4대　윤보선 1960~1961

○ 장면 내각 성립(1960)

대통령 윤보선, 국무총리 장면. 사회적 혼란을 수습하지 못함

○5 · 16군사쿠데타(1961)

박정희를 중심으로 군인들이 군사쿠데타 일으킴

박정희를 대통령으로 하는 제3 공화국 출범

제3공화국 / 1963~1972

● 5대 박정희 1963~1967

○ 베트남 파병(1964~1973)

미국의 요청과 경제 개발 자금을 확보하기 위해 국군을 베트남 전쟁에 파병

● 6대 박정희 1967~1971

○ 3선 개헌(1969)

박정희 대통령의 3선을 허용하기 위해 단행된 개헌

● 7대 박정희 1971~1972

○ 10월 유신(1972)

박정희 대통령이 장기 집권을 위해 유신 헌법 선포(대통령에게 절대 권력 부여)

제4공화국 / 1972~1981

● 8대 박정희 1972~1978

○ 김대중피랍사건(1973)

도쿄에서 한국 야당지도자 김대중이 납치되어 한 · 일간 외교 문제로까지 비화

● 9대 박정희 1978~1979

○ 10 · 26사태(1979)

중앙 정보부장 김재규가 박정희 대통령 저격

○ 12 · 12사태(1979)

전두환, 노태우 등 신군부 세력이 정치적 실권 장악

● 10대 최규하 1979~1980

● 11대 전두환 1980~1981

○ 5 · 18민주화운동(1980)

신군부의 비상 계엄 확대 조치에 반대,

자유 민주주의 헌정 체제의 회복을 요구하는 시민들이 벌인 민주화운동

제5공화국 / 1981~1988

● 12대 전두환 1981~1988

○ 4 · 13호헌조치(1987)

전두환 대통령이 국민들의 민주화 요구를 거부, 개헌 논의를 중단시킨 조치

대통령 간선제와 7년 단임제 헌법 유지 선언

○ 6월 민주항쟁

대한민국 전국에서 일어난 반독재, 민주화 시위.

민정당 대표 노태우가 직선제 개헌, 대통령 선거법 개정 등의 6 · 29선언 발표

제6공화국 / 1988~현재까지

- 13대 노태우 1988~1993 6공
  - ○제24회 서울올림픽대회 개최

    '화합·전진'의 기치 아래, 전세계 160개국이 참가
- 14대 김영삼 1993~1998 문민정부
  - ○IMF 외환 위기

    김영삼 정부 시절 외환 위기로 국제통화기금(IMF)에 구제 금융 요청
- 15대 김대중 1998~2003 국민의 정부
  - ○6·15남북공동선언(2000)

    분단 이후 최초로 남북한 정상회담

    남한의 김대중 대통령과 북한의 김정일 국방위원장이 합의, 발표한 공동 선언
  - ○한·일 월드컵 개최(2002)

    2002년 한국과 일본이 공동 개최한 월드컵대회

    월드컵 역사상 최초로 공동 개최, 브라질이 우승했고 한국은 4강 진출
- 16대 노무현 2003~2008 참여정부
  - ○노무현 대통령 탄핵 사건(2004)

    야당 국회의원 193명의 찬성으로 가결, 5월 14일 헌법재판소에서 기각
- 17대 이명박 2008~2013 이명박 정부
  - ○금강산 관광 중단(2008)

    남한의 관광객이 북한군 피격으로 사망하는 사건을 계기로 금강산 관광 중단
- 18대 박근혜 2013~
  - ○4·16 세월호 참사(2014)

    인천에서 제주로 향하던 여객선 세월호가 진도 인근 해상에서 침몰

    승객 300여 명이 사망, 실종된 대형 참사